Origens agrárias do Estado brasileiro

Octavio Ianni

Origens agrárias do Estado brasileiro

editora brasiliense

Copyright © by Octavio Ianni

Nenhuma parte desta publicação pode ser gravada, armazenada em sistemas eletrônicos, fotocopiada, reproduzida por meios mecânicos ou outros quaisquer sem autorização prévia da editora.

ISBN: 978-85-11-08042-1
1ª edição, 1984
2ª reimpressão, 2014

Revisão: *Heliomar Andrade Ferreira*
Capa: *"Pineaples Fields Forever"*

Dados Internacionais de catalogação na Publicação (CIP)
(Câmara Brasileira do Livro, SP, Brasil)

Ianni, Octavio, 1926-2004
  Origens Agrárias do Estado Brasileiro / Octavio Ianni. – São Paulo: Brasiliense, 2014.
  2ª reimpr. da 1ª ed. de 1984.
  Bibliografia.

  ISBN 978-85-11-08042-1

  1. Agricultura e Estado Brasil 2. Economia agrícola – Brasil 3. Sociologia rural Brasil 4. Trabalhadores rurais – Brasil I. Título.

04-3050   CDD-338.1881

Índices para catálogo sistemático:
1. Brasil: Origens agrárias: Economia 338.1881

editora brasiliense
Editora Brasiliense
Rua Antonio de Barros, 1839
Tatuape - 03401-001 - São Paulo - SP
www.editorabrasiliense.com.br

Índice

Prefácio 7

PRIMEIRA PARTE
A classe operária vai ao campo

A cafeicultura 10
O escravo e o imigrante 19
O colonato 24
A transição da monocultura à policultura 32
A formação da economia açucareira 39
A expansão da agroindústria açucareira 47
A sociedade da usina 51
O operário da usina e do canavial 63
O boia-fria 71
A classe operária 81
Trabalho e multiplicação (Apêndice) 85

SEGUNDA PARTE
Classes agrárias e sociedade nacional

A constituição do proletariado agrícola 100
Relações de produção e proletariado rural 116
Boia-fria e mais-valia 132

Classes sociais rurais 142
Lutas sociais no campo 155
A sociedade agrária 160
Formas sociais da terra 173

TERCEIRA PARTE
Agricultura e Estado

A crise do café e a Revolução de 1930 192
As ligas camponesas e a criação da SUDENE 206
O Estado e o trabalhador rural 221
A questão agrária e as formas do Estado 241

Prefácio

É possível dizer que todos os momentos mais notáveis da história da sociedade brasileira estão influenciados pela questão agrária. As rupturas políticas das últimas décadas, quando o Brasil já é um país bastante urbanizado e industrializado, também revelam essa influência. A questão agrária está presente na transição da Monarquia à República, do Estado oligárquico ao populista, do populista ao militar, na crise da ditadura militar e nos movimentos e partidos que estão lutando pela construção de outras formas de Estado. Há muito campo nessa história.

A sociedade brasileira sempre esteve marcada por sua dimensão agrária. A despeito das alterações ocorridas desde a extinção da escravatura, continuam a ser importantes as bases agrárias da sociedade nacional. A industrialização e a urbanização, que se acentuaram desde 1930, modificaram largamente o mundo agrário. Pode-se mesmo falar em industrialização e urbanização do campo. Houve uma revolução na agricultura. Do ponto de vista das classes dominantes, o sertão já virou mar e o mar já virou sertão.

A cidade e a indústria não deixam de ter raízes agrárias. Em termos sociais, econômicos, políticos e culturais, é forte a presença do mundo agrário no mundo urbano. As classes sociais agrárias e urbanas misturam-se e influenciam-se em muitos lugares. Ao lado das peculiaridades regionais, ganharam dimensões nacionais. Do ponto de vista dos camponeses e operários rurais, juntamente com os operários

urbanos, a metáfora do sertão e mar ainda não se deslindou. Implica outra revolução.
É verdade que ocorrem periódicos surtos de rearticulação entre a cidade e o campo. Nem por isso, no entanto, deixam de recriar-se especificidades lá e cá. Há produções culturais, jeitos de olhar o tempo, entonações no modo de falar, estilos de fazer política, formas de organizar o trabalho, produzir e reproduzir, que expressam diversidades de cá e lá. Elas podem ser básicas para a compreensão das rearticulações que influenciam a nação como um todo. Coloca-se, pois, a conveniência de continuar o estudo das origens agrárias da sociedade e do Estado.
Os trabalhos que compõem este livro foram escritos em diversas ocasiões, entre 1961 e 1983. A primeira parte, intitulada "A Classe Operária Vai ao Campo", compreende uma pequena monografia completa. A segunda e a terceira parte, intituladas respectivamente "Classes Agrárias e Sociedade Nacional" e "Agricultura e Estado", reúnem estudos autônomos, escritos em diferentes oportunidades. Em cada texto, uma nota inicial indica a data da publicação ou a data em que foi escrito e a condição de inédito. Todos foram revistos para esta publicação. No conjunto, os trabalhos que compõem este livro abarcam um tempo que vai da abolição da escravatura a 1983.
Há temas que reaparecem aqui e acolá. São vários os que ressoam em diversos escritos, algumas vezes repetidos, em geral desenvolvidos. É claro que a sequência dos textos revela alguma sequência na análise de temas, elaboração de ideias, desenvolvimento da linguagem, alargamento da reflexão. Há muito campo nessa história.

São Paulo, 29 de março de 1984.

O. I.

PRIMEIRA PARTE

A classe operária vai ao campo*

---
* Terceira edição, revista. Este trabalho teve duas edições anteriores, como *Caderno CEBRAP* nº 24, em coedição do Centro Brasileiro de Análise e Planejamento com a Editora Brasiliense, em 1976 e 1977.

A cafeicultura

O município de Sertãozinho surgiu na confluência de vários processos históricos combinados: a expansão acelerada da cafeicultura ao longo do Oeste paulista; o declínio final do regime de trabalho escravo; a aceitação, generalização e valorização positiva do regime de trabalho livre; a imigração de trabalhadores europeus, principalmente italianos, para trabalhar nos cafezais. À medida que a formação social capitalista se constituía e generalizava, com base na forma de trabalho fornecida pelo trabalhador livre, extinguia-se a escravatura, intensificava-se a imigração de trabalhadores e expandiam-se os cafezais. Sertãozinho formou-se com a expansão do capitalismo no mundo agrário. E exprimiu bastante bem o caráter da economia e sociedade construídas pela cafeicultura no Oeste paulista.[1]

Sertãozinho surgiu nos quadros da grande expansão cafeeira de fins do século XIX e primeiras décadas do século XX. Nesse lugar, o ciclo do café começou em torno de 1880 e encerrou-se cerca de 1930. Ao longo dessa época, naturalmente, houve altos e baixos na sua vida econômica. Houve crises de superprodução, geadas, secas e empobrecimento das terras, que afetaram mais ou menos seriamente a sua cafeicultura. Em certos momentos, iniciaram-se ou desenvolveram-se

---

[1] O município de Sertãozinho, situado no Estado de São Paulo, encontra-se na região de Ribeirão Preto.

culturas tais como a do algodão e a da cana-de-açúcar, além de outras.

Inclusive iniciaram-se ou desenvolveram-se algumas atividades artesanais e fabris, principalmente relacionadas com a produção e reparação de instrumentos e equipamentos necessários à produção agrícola. Formou-se e desenvolveu-se o setor de serviços, transporte e comércio, para atender aos grupos sociais mais ou menos vinculados ao mundo agrário. Em 1900, a população do município de Sertãozinho alcançava um total de 10940 pessoas; em 1920, essa população chegava a 30.517. Em 1940, devido a desmembramentos havidos no município e também por causa das mudanças em curso na vida econômica local, a população reduziu-se a 21.290.[2] No conjunto, no entanto, entre os anos 1880 e 1930 Sertãozinho esteve bastante influenciado pela cafeicultura.

Antes de 1880, houve alguns cafezais na área; mas também houve gado e plantações de gêneros alimentícios. Ao lado de grandes propriedades inexploradas, ou pouco exploradas, havia sítios e propriedades médias. A área fora ocupada, desde meados do século XIX, por criadores, agricultores e comerciantes de terras vindos do Oeste paulista, das vizinhanças de Minas Gerais e de outras partes. Nas primeiras épocas da ocupação das terras da área, quando Sertãozinho foi fazenda, arraial, freguesia e distrito de paz de Ribeirão Preto, houve aí uma economia agropecuária diversificada e pouco vinculada ao mercado. Na década dos 80, o café tomou conta da vida econômica da área que passou a fazer parte do município de Sertãozinho; da mesma forma que já tomara conta, ou estava tomando conta, das terras devolutas, fazendas e sítios em toda a região que circunda Ribeirão Preto. Esse é o contexto em que surge Sertãozinho.

O município de Sertãozinho surge no contexto histórico do que poderíamos denominar um "segundo Oeste paulista", em alusão ao primeiro Oeste, centrado em Campinas. Sim, em termos históricos houve um Oeste paulista que englobava cidades como Campinas, Itu, Limeira e outras. Esse foi o Oeste que influenciou decisivamente a política de substituição do trabalho escravo pelo livre, e a queda da Monarquia. Foi principalmente a burguesia agrária dessa área que realizou a Convenção Republicana de Itu (1873), participou da abolição da escravatura (1888) e acabou assumindo o poder republicano

---

[2] Em 30 de novembro de 1938, pelo Decreto n° 9775, Sertãozinho perdeu o distrito de Pradópolis para o município de Guariba.

depois da queda da Monarquia (1889). Campinas era a cidade mais importante desse Oeste, por sua produção cafeeira e população. "É de Campinas... que parte a expansão cafeeira que se alastrará pelo Oeste paulista."³ Nesta cidade, em 1872, chegaram os trilhos da Companhia Paulista de Estradas de Ferro. O "segundo Oeste" paulista (a rigor mais ao norte do Estado de São Paulo), ao qual pertence Sertãozinho, pode ser centrado em Ribeirão Preto, onde a Companhia Mogiana de Estradas de Ferro chegou em 1883. "O café de Ribeirão Preto (centro da região) se torna mundialmente famoso."⁴ Em 1898, um ramal da Mogiana alcança Sertãozinho, colocando a sua cafeicultura e a sua vida econômica, política e social em contato rápido e permanente com os centros dinâmicos da economia do café. Esta nova região cafeeira já é beneficiária da extinção da escravatura, da proclamação da República, da expansão ferroviária e da imigração europeia estimulada e orientada em grande parte pela burguesia que se havia organizado econômica e politicamente com base no primeiro Oeste paulista. À medida que a fronteira econômica caminhava para o Oeste e o Norte, plantando cafezais, plantavam-se fazendas, sedes de fazendas, colônias, vilas e cidades, Sertãozinho tornou-se município nesse contexto histórico-geográfico, em 1896, ao desmembrar-se de Ribeirão Preto. Nesse momento, é um município plantado de fazendas de café, nas quais passa a predominar o imigrante italiano.

A marcha do café, ao longo do Oeste e Norte paulistas, criou fazendas e cafezais, colônias e casas-grandes, vilas e cidades. Toda uma sociedade agrária de base capitalista formou-se na região. Desde fins do século XIX, e ao longo das três primeiras décadas do século XX, a produção cafeeira predominou sobre todas as outras (algodão, cana, gêneros alimentícios etc.) e marcou decisivamente a vida econômica, política e cultural de Sertãozinho. De acordo com a crônica do lugar, foi aí que surgiram os principais reis do café brasileiro: Henrique Dumont, Francisco Schmidt e Geremia Lunardelli. Conforme escreveu Roberto C. Simonsen: "A penetração da Mogiana para além de Casa Branca abriu à exploração a extraordinária gleba de terra roxa

---

3   Caio Prado Júnior, *História Econômica do Brasil*, 3ª ed., São Paulo, Ed. Brasiliense, p. 169.
4   Caio Prado Júnior, *op. cit.*, p. 169.

ORIGENS AGRÁRIAS DO ESTADO BRASILEIRO 13

de Ribeirão Preto, onde se verificou a maior produtividade até então registrada, estendendo-se os cafezais, dentro em pouco, por São Simão, Cravinhos, Sertãozinho e Ribeirão Preto. Formaram-se, nessa zona, as grandes fazendas dos Francisco Schmidt, dos Dumont, dos Prado, em Guatapará e São Martinho, dos Junqueira, dos Cunha Bueno, dos Lacerda Soares, e de tantos outros eminentes lavradores paulistas".[5] De acordo com o relato de Antonio Furlan Junior: "Presume-se que a fazenda mais antiga de café em terras de Sertãozinho tenha sido a Fazenda Santa Maria (atual São Martinho). Foi aberta pelo Capitão Gabriel Junqueira antes de 1870, pois deixou por ocasião do seu falecimento em 1873, perto de 70000 pés de café já formados, que chegaram a produzir naquela época 400 arrobas por mil pés".[6]

À medida que avançava, a monocultura cafeeira provocava a reorganização e a dinamização das forças produtivas. Ao mesmo tempo que se instaurava o regime do trabalho livre, criava-se o mercado local, vinculado ao da região e aos centros dinâmicos do país. Nesse processo, a terra devoluta é transformada em propriedade privada. Os artigos publicados por Luiz Pereira Barreto e Martinho Prado Junior, sobre as excelências da terra roxa de Sertãozinho e outros lugares do segundo Oeste paulista faziam parte do processo de transformação da terra devoluta em elemento da empresa agrícola. Simultaneamente, à medida que avançava a monocultura cafeeira, ocorria a ocupação ou concentração da propriedade fundiária. Nas fazendas de café, as quantidades se medem por milhares e milhões: os alqueires de terra, os pés de café, as sacas produzidas, os colonos importados. "Os cafeicultores, no incontido entusiasmo de estender seus cafezais, iam adquirindo os sítios vizinhos e as terras confrontantes. Foi assim que as pequenas propriedades foram diminuindo para incorporarem na formação de médias e grandes fazendas. No decurso dos anos de 1880 a 1890, o maior comprador de terras e de pequenas propriedades foi o Dr. Henrique Dumont, no princípio, e depois a Cia. Agrícola Fazendas Dumont... De 1890 a 1900 o maior comprador de terras e pequenos sítios de diversos proprietários foi o Cel. Francisco Schmidt", que comprou pelo menos onze fazendas. Em 1917, a maior proprietária

---

[5] Roberto C. Simonsen, *Evolução Industrial do Brasil e Outros Estudos,* São Paulo, Companhia Editora Nacional, 1973, p. 196.
[6] Antonio Furlan Junior, *Documentário Histórico de Sertãozinho: 1896-1956,* Sertãozinho, Ed. Estabelecimento Gráfico Politipo Ltda., 1956, p. 74.

de cafezais era a Cia. Agrícola Francisco Schmidt, com 3.575.128 pés de café. "Naquela época a cultura cafeeira de Sertãozinho estava indiscutivelmente ligada aos nomes do Cel. Francisco Schmidt, Cia. Agrícola Fazendas Dumont e Cia. Agrícola Martinho Prado. Estas 3 firmas perfaziam a soma de 8.420.971 cafeeiros, 50% da cultura cafeeira do Município."[7]

Como sugerem esses dados, à medida que avançava a monocultura cafeeira, ocorria a ocupação e concentração da propriedade fundiária e a formação de grandes empresas agrícolas. À medida que avançava a monocultura cafeeira, ocorriam dois processos simultâneos, no tocante à propriedade da terra. Por um lado, as fazendas de café eram formadas pela compra ou anexação de sítios e fazendas preexistentes no lugar. Criadores e agricultores, grandes ou pequenos, eram induzidos a vender, entregar ou converter as suas terras em cafezais. Nesse sentido, houve alguma concentração da propriedade fundiária. Por outro lado, a cafeicultura propiciou a apropriação privada das terras devolutas disponíveis na região. Mas essa apropriação, em geral, foi realizada por meio da compra das terras.

A propósito das terras devolutas, a legislação do Império cuidava que as terras não estivessem demasiado disponíveis a quaisquer interessados. Houve a preocupação de encarecê-las, para evitar que os trabalhadores livres viessem a tornar-se facilmente proprietários, fugindo assim à condição de vendedores de força de trabalho. Já em 1842 uma recomendação governamental sugeriu que era necessário tornar mais custosa a aquisição de terras, a fim de fixar trabalhadores livres nas plantações. "Como a profusão em datas de terras tem, mais que outras causas, contribuído para a dificuldade que hoje se sente de obter trabalhadores livres é seu parecer que de ora em diante sejam as terras vendidas sem exceção alguma. Aumentando-se, assim, o valor das terras e dificultando-se consequentemente a sua aquisição, é de esperar que o imigrado pobre alugue o seu trabalho efetivamente por algum tempo, antes de obter meios de se fazer proprietário."[8] O espírito e a letra dessa recomendação foram adotadas pela Lei nº 601, de 18 de setembro de 1850, que esteve na base de todo o processo de imigração

---

[7] Antonio Furlan Junior, *op. cit.*, p. 75.
[8] Ruy Cirne Lima, *Pequena História Territorial do Brasil: Sesmarias e Terras Devolutas*, 2ª ed., Porto Alegre, Livraria Sulina, 1954, p. 82.

ORIGENS AGRÁRIAS DO ESTADO BRASILEIRO 15

e colonização havido no país durante a segunda metade do século XIX, em especial até a queda do governo monárquico. Conforme estabelecem dois artigos dessa lei: "Ficam proibidas as aquisições de terras devolutas por outro título que não seja o de compra" (Art. 1º); "Fica o governo autorizado a vender as terras devolutas em hasta pública, ou fora dela, como e quando julgar mais conveniente, fazendo medir, dividir, demarcar e descrever a porção das mesmas terras que houver de ser exposta à venda..." (Art. 14).[9] A mesma lei especifica: "O governo fica autorizado a mandar vir anualmente, à custa do Tesouro, certo número de colonos livres para serem empregados, pelo tempo que for marcado, em estabelecimentos agrícolas, ou nos trabalhos dirigidos pela administração pública, ou na formação de colônias nos lugares em que estas mais convierem; tomando antecipadamente as medidas necessárias para que tais colonos achem emprego logo que desembarcarem" (Art. 18). "O produto dos direitos de chancelaria e da venda das terras ... será exclusivamente aplicado, 1º à ulterior medição das terras devolutas, e 2º à importação de colonos livres, conforme artigo precedente." (Art. 19)[10] Quanto ao preço da terra, essa lei estabelece que os lotes e as sobras de terras "serão vendidos separadamente sobre o preço mínimo, fixado antecipadamente e pago à vista, de meio real, um real, real e meio, e dois réis, por braça quadrada, segundo for a qualidade e situação dos mesmos lotes e sobras" (Art. 14, §2).[11] "Preço que é, aliás, segundo Varnhagen, muito elevado comparativamente ao das terras particulares."[12]

Foram essas, em forma breve, as condições sob as quais estabeleceu-se a cafeicultura em Sertãozinho. Pouco a pouco, as terras foram ocupadas ou compradas, criando-se aí grandes fazendas de café. A cafeicultura transformou terras devolutas ou sítios e fazendas de gado e culturas diversas em cafezais.

Na forma intensa e generalizada em que se deu, a expansão da cafeicultura fez aumentar bastante o preço das melhores terras agricultáveis. Em especial, cresceu o preço da terra melhor para o plantio do café. Principalmente nas épocas de prosperidade dos negócios do café, o preço da terra situava-se além da capacidade aquisitiva do assalariado

---

[9] Lei nº 601, de 18 de setembro de 1850.
[10] Lei nº 601, de 18 de setembro de 1850.
[11] Lei nº 601, de 18 de setembro de 1850.
[12] Ruy Cirne Lima, *op. cit.*, p. 82.

agrícola, colono ou não. "A febre das plantações de café teve como primeira consequência a elevação do preço das terras. Ora, a pequena propriedade não pôde constituir-se senão depois que a terra se tornou barata. A alta do preço das terras ultrapassou todas as medidas... Fora das toalhas de terra violeta, férteis e das mais cobiçadas, os preços baixam; conservam-se, entretanto, dez vezes mais caros do que nos outros pontos do Brasil meridional... O preço de compra de um domínio de 25 hectares, no qual possa viver uma família, excede os recursos da maioria dos colonos; devem renunciar a ser proprietários."[13] Conforme diz um relatório do Ministério da Agricultura, em 1901: "É preciso prender o imigrante ao solo ... mas é preciso fazer isso de modo a deixá-lo à disposição da grande cultura para quando tenha necessidade dos seus braços".[14] Além do mais, havia pouca informação sobre as terras à venda. Talvez houvesse certo monopólio das informações por parte dos próprios fazendeiros e funcionários do governo. Conforme escreveu em 1887 Alfredo d'Escragnolle Taunay, então vice-presidente da Sociedade Central de Imigração: "Nada existe feito na Repartição de Terras para que um estrangeiro consiga ter a mínima informação sobre a possibilidade de adquirir qualquer propriedade, de maior ou menor extensão".[15]

Esse foi o contexto econômico-social no qual o *imigrante* se transformou em *colono,* isto é, um tipo especial de trabalhador livre, que vende a sua força de trabalho. Ao mesmo tempo que se constituía, a cafeicultura do Oeste paulista estabelecia uma forma singular de organização social e técnica das relações de produção. A política imigratória paulista visava principalmente produzir braços para a lavoura. Era necessário impedir ou dificultar o acesso desse trabalhador à propriedade da terra. Daí a conveniência de acabar com as doações e as posses espontâneas de terras. Vendê-las, encarecê-las eram formas de manter o trabalhador sob o mando do fazendeiro. Para manter o trabalhador na fazenda e alimentá-lo, permitiu-se que ele e a sua

---

[13] Pierre Denis, *O Brazil no Século XX,* Lisboa, José Bastos & Cia. Editores, pp. 210-211. Esta edição não indica o nome do tradutor nem a data da publicação. O original, em francês, foi publicado em 1908.
[14] Pierre Denis, *op. cit.,* p. 215.
[15] Alfredo d'Escragnolle Taunay, em nota (n° 20) a um texto de Luiz Couty, *Pequena Propriedade e Imigração Europea,* Rio de Janeiro, Imprensa Nacional, 1887, p. 83. Essa obra foi publicada na coleção intitulada "Livros de Propaganda da Sociedade Central de Imigração".

família cultivassem e criassem numa parcela de terra emprestada pelo fazendeiro. O regime de colonato combina o suprimento de gêneros alimentícios e a garantia de certo nível de oferta de mão de obra. "... Em São Paulo elas (as colônias) foram estabelecidas dentro das zonas cafeeiras, para tornarem-se fontes de produtos alimentícios localmente produzidos e de mão de obra extra durante o auge da colheita. Em 1899, por exemplo, uma comissão do Senado de São Paulo recomendava que as colônias de imigrantes fossem estabelecidas de tal forma que se tornassem 'viveiros' de trabalhadores para as grandes plantações."[16] A cafeicultura se instala, desde o princípio, como uma economia monetária. Trata-se de uma cultura comercial, ditada principalmente pela demanda internacional de café. O crescente comércio do café gerou nos vários "oestes" paulistas, e, inclusive em Sertãozinho, uma economia relacionada com os centros econômicos dominantes no país e no exterior. Essa condição básica da cafeicultura faz com que toda nova plantação se instale como uma atividade organizada nos moldes capitalistas que estavam regendo a marcha do café nos "oestes" do Estado de São Paulo. A organização dos negócios do café, desde a apropriação das terras devolutas à venda do produto nos mercados externos, envolvia colonos, fazendeiros, comissários, exportadores e outras categorias sociais. Desse modo, desde o princípio, essa cafeicultura liga de alguma forma a economia local à economia do país e do exterior. Em especial, a economia local constitui-se, desde os seus começos, bastante determinada pelo capital financeiro que comanda os negócios do café. "O café torna-se a base principal da economia monetária: ele requer dinheiro, produz dinheiro e depende do dinheiro. A figura do comissário, em Santos, é característica dessa produção: ele é o financiador da safra, dono da hipoteca sobre a fazenda, o agente vendedor do café e, naturalmente, o conselheiro do fazendeiro, se ele é rico, mora no estrangeiro ou no Rio, e envolve-se em política; se não pertence à *alta sociedade,* prossegue na vida solitária que seus pais levaram na fazenda. Se ele é fazendeiro pequeno, não tem, naturalmente, contato com os bancos e exportadores. Em todos os casos,

---

[16] Thomas H. Holloway, "Condições do Mercado de Trabalho e Organização do Trabalho nas Plantações na Economia Cafeeira de São Paulo, 1885-1915: Uma Análise Preliminar", *Estudos Econômicos,* São Paulo, vol, 2. n° 6, 1972, pp. 145-180; citação da p. 146. Agradeço esta informação bibliográfica a Vinícius Caldeira Brant.

o fazendeiro não pode competir no conhecimento do mecanismo de economia do dinheiro com o comissário, que possui relações com os bancos nacionais e estrangeiros, com os importadores estrangeiros e os exportadores locais, possuindo melhores informações sobre a situação do café e o mercado de dinheiro. Dessa maneira, os comissários, por serem os agentes dos agricultores, converteram-se nos seus banqueiros. A agricultura tornou-se comercializada."[17]

É claro que esses encadeamentos da economia local com a nacional e a internacional produziram efeitos econômicos correlatos, ou criavam condições econômicas para outras e novas atividades. A condição subalterna da economia local não impedia o desenvolvimento de efeitos e condições dinâmicos que abriam outras perspectivas a essa mesma economia local. Em particular: "O comércio de café alimentava uma série importante de indústrias correlatas de transportes, fabricação de sacas, máquinas agrícolas várias e manipulações intermediárias. Todas elas ganhavam dinheiro e permitiam a formação de grandes fortunas".[18] Pouco a pouco, a cafeicultura criava subsistemas econômicos locais e regionais, nos quais se configuravam interesses próprios, ainda que sujeitos às influências dos centros decisórios no país e no exterior. Tanto assim que quando a cafeicultura entrou em crise em Sertãozinho, a economia e a sociedade local já possuíam algum dinamismo próprio para reagir e reconverter as suas atividades. Ao mesmo tempo que se desenvolvia, a economia cafeeira dinamizava as forças produtivas e as relações de produção na região.

---

[17] J. F. Normano, *Evolução Econômica do Brasil*, trad. de Teodoro Quartim Barbosa, Roberto Peake Rodrigues e Laércio Brandão Teixeira, 2ª ed., São Paulo, Companhia Editora Nacional, 1945, p. 56.
[18] J. Pandiá Calógeras, *A Política Monetária do Brasil*, trad. de Thomaz Newlands Neto, São Paulo, Companhia Editora Nacional, 1960, p. 415.

O escravo e o imigrante

Mas a história de Sertãozinho não é totalmente isenta de escravaria. Antes da abolição, quando já se formavam fazendas de gado e, depois, de café, houve escravos no lugar. Há indícios de que os escravos havidos em Sertãozinho foram trazidos de outras partes do Oeste paulista, das vizinhanças de Minas Gerais e outros lugares, com os primeiros povoadores chegados desde meados do século XIX. Em Sertãozinho, no começo da cafeicultura, o braço escravo entrou tanto na formação das plantações quanto no seu trato. "Não há negar que as mais antigas fazendas de café deste Município, tais como a Fazenda Iguapé, Fazenda Dumont, Fazenda Santa Maria (hoje São Martinho) se utilizaram do braço escravo em suas aberturas. Henrique Dumont trouxe 80 escravos do Estado de Minas Gerais e do Estado do Rio de Janeiro e alugou 150 outros que o snr. Braz Arruda Barbosa trouxera de Bananal quando em 1870 veio para Ribeirão Preto, onde abriu a Fazenda São José, vizinha à Escola Prática de Agricultura, hoje Faculdade de Medicina."[1]

Há outras referências a escravos havidos em Sertãozinho. Depois de lembrar que Luiz Pereira Barreto e Martinho Prado Junior difundiram pela imprensa da então província de São Paulo as virtudes da terra roxa de Ribeirão Preto e Sertãozinho, Antonio Furlan Junior escreve que os

---
[1] Antonio Furlan Junior, *op. cit.*, p. 71.

irmãos Pereira Barreto estiveram ligados à cafeicultura do lugar. "Da irmandade Pereira Barreto merece especial menção o Cel. José Pereira Barreto, que entre outras fazendas abriu uma que foi entre as primeiras no Município de Sertãozinho, a fazenda Iguapé, que em 1887 já possuía café formado, terreiro, máquina de beneficiar café e 12 escravos. Esta fazenda foi mais tarde, em 1879, vendida a Henrique Dumont."[2] Em 1887, um ano antes da abolição da escravatura, quando Sertãozinho era distrito do município de Ribeirão Preto, havia neste município 1.379 escravos, numa população que totalizava 10420 habitantes (em 1886). Devido ao predomínio praticamente absoluto das atividades agropecuárias sobre as urbanas, essa população escrava distribuía-se da seguinte forma: 18 estavam domiciliados no meio urbano e 1.361 no meio rural. No total da população escrava do município de Ribeirão Preto, do qual Sertãozinho era distrito, havia maioria de escravos do sexo masculino (784), solteiros (1.198) e com idade abaixo de 40 anos (1.027). De qualquer forma, considerando-se que havia ali uma sociedade pioneira, formando-se com o novo surto de expansão da economia do café, é inegável que a população escrava era reduzida. Ao todo, a população escrava alcançava cerca de 13% dos habitantes do município.[3]

Ocorre que a força de trabalho escravo estava sendo substituída pela força de trabalho livre. E a força de trabalho livre estava sendo fornecida principalmente pelo imigrante italiano. Sertãozinho e o conjunto da área pertencente ao que chamei de segundo Oeste paulista estavam recebendo contingentes cada vez mais numerosos de imigrantes italianos. Os fazendeiros chegavam imbuídos da convicção de que o regime escravista estava no fim. A solução era o aproveitamento do trabalhador imigrante; e a combinação das motivações econômicas dos imigrantes com as suas propiciariam resultados positivos e rápidos. Todo o segundo Oeste paulista foi criado, enquanto economia e sociedade, como um segmento da formação social capitalista que sucedia e antepunha-se à formação social escravista em colapso. Nessa região, o término do regime de trabalho escravo não afetou nem o funcionamento nem as perspectivas de expansão das atividades econômicas. Ao escrever sobre

---
[2] Antonio Furlan Junior, *op. cit.*, p. 74.
[3] Elias Antonio Pacheco e Chaves e outros, *A Província de São Paulo – Brazil*, relatório apresentado ao presidente da Província de São Paulo pela Comissão Central de Estatística, São Paulo, Typographia King, 1888, pp. 11 e 55.

a mão de obra agrícola em São Paulo, isto é, no Oeste paulista, onde se expandia a cafeicultura, Pierre Denis fez a seguinte observação: "Em nenhum país as condições do trabalho agrícola se modificaram tão rapidamente e tão profundamente. A origem destas modificações foi, há 20 anos, a abolição da escravatura. Mas, enquanto para a maior parte dos países negreiros a libertação dos escravos é uma catástrofe econômica, enquanto noutras províncias brasileiras ela determina uma prostração geral da agricultura, em São Paulo, ao contrário, é o sinal para um maravilhoso impulso. É em 1888 que efetivamente a abolição da escravatura se decreta, e é de 1888 a 1900 que tem lugar a grande expansão das culturas de café".[4]

Conforme escreve Antonio Furlan Junior: "Todos os maiores cafeicultores de então preferiam o trabalho do imigrante europeu". Devido às condições históricas em que estava ocorrendo a formação econômica e social do segundo Oeste paulista, "o trabalho escravo das primitivas fazendas de Sertãozinho foi substituído pelo trabalho livre e remunerado do imigrante italiano".[5] O próprio Henrique Dumont, que havia trazido escravos para as suas fazendas de Sertãozinho, "trazia levas e mais levas de imigrantes peninsulares".[6] Foi tão ampla a participação dessa força de trabalho na formação e expansão da economia local, que "Sertãozinho foi construido e deve quase todo o seu progresso ao imigrante italiano".[7] Entre 1901 e 1940 entraram em Sertãozinho 18.922 imigrantes e trabalhadores nacionais. É interessante observar que esse contingente entrou na população do município segundo as exigências da expansão da economia cafeeira. Em 1901-10 entraram ali 2.055 imigrantes e trabalhadores nacionais. Nos anos 1911-20 entraram 6.729 e em 1921-30 chegaram 8.355. Portanto, foi no período 1901-30 que entrou a maioria dos trabalhadores nacionais e estrangeiros no município de Sertãozinho. Essa foi uma época de amplo predomínio da cafeicultura.[8]

É claro que nem todos os colonos que chegavam às fazendas permaneciam ali. Havia razoável instabilidade e mobilidade dos

---

[4] Pierre Denis, *O Brazil no Século XX*, op. cit., p. 156.
[5] Antonio Furlan Junior, op. cit., p. 71.
[6] Antonio Furlan Junior, op. cit., p. 72.
[7] Antonio Furlan Junior, op. cit., p. 72.
[8] José Francisco de Camargo, *Crescimento da População do Estado de São Paulo e seus Aspectos Econômicos*, 3 vols.. Universidade de São Paulo, 1952, vol. II, p. 34.

colonos, por motivos econômicos, sociais e culturais. Havia os que não se adaptavam aos meios e modos de vida com que se defrontavam na fazenda de café. Uns chocavam-se com os valores e padrões de estilo escravocrata que frequentemente irrompiam nas relações dos fazendeiros e administradores com os colonos e os seus familiares. Outros eram mal pagos pelos fazendeiros. Uns e outros podiam estranhar o monopólio do poder local por parte do fazendeiro. Também havia o interesse do colono por escolas para os filhos. Houve aqueles que procuraram outras fazendas, ou núcleos urbanos, em busca de melhores condições de trabalho e vida. E também os que conseguiam juntar alguma economia, principalmente os de família numerosa e empregada nas fainas dos cafezais. Estes tornaram-se pequenos proprietários, na agricultura, ou nas vilas e cidades. Alguns voltaram à Itália; outros foram internados em sanatórios e asilos. Todos achavam-se em processo de ressocialização e assimilação; ou passaram pelo choque cultural; ou perderam-se nele.

No conjunto, era bastante instável e móvel a população dos colonos que trabalhavam os cafezais. Inclusive os trabalhadores nacionais negros e brancos eram bastante instáveis nas fazendas. "No caso das nossas fazendas de café, foi espantosa a instabilidade dos seus operários agrícolas, fossem eles negros libertos, luso-brasileiros ou italianos. Custa-se crer como a fazenda de café conseguiu lutar e, durante um certo tempo, vencer uma tal situação. Essa instabilidade explica a luta dos fazendeiros para que sempre chegassem ao Brasil novos imigrantes. Era necessário que o seu número fosse muito acima das necessidades reais da lavoura, que a oferta de mão de obra excedesse de muito a procura, a fim de que os 'colonos' se contentassem com salários razoáveis e pudessem também ser substituídos com facilidade."[9] Mas as condições econômicas, em que eram postos os colonos sobrepujavam as condições socioculturais, ou outras, como causa da sua instabilidade e mobilidade. A maioria tinha a ambição de ganhar algumas economias e retornar depois de alguns anos. "Fazer a América" estava no horizonte de uns e outros, ainda que variasse bastante o que isso pudesse significar para cada um. Mas a verdade é que a grande maioria ganhava salários baixos e gastava muitas energias, próprias e dos membros da família que participavam do trabalho nos cafezais.

---

[9] J. Fernando Carneiro, *Imigração e Colonização no Brasil,* Rio de Janeiro, Universidade do Brasil, 1950, p. 30.

Em certos casos, a proibição de plantar culturas temporárias entre as fileiras de pés de café reduzia os colonos a condições deploráveis. Além de que não estavam nunca satisfeitos com os seus salários. A superioridade dos salários pagos nas fazendas que se abriram nas zonas novas, em desbravamento, fazia com que os colonos não renovassem os contratos de trabalho com o mesmo fazendeiro, ano após ano.[10] A despeito da razoável mobilidade social envolvida nas condições de produção predominantes na cafeicultura, a população de origem italiana em Sertãozinho foi crescendo bastante, ao longo dos anos.

Segundo Antonio Furlan Junior, em 1915 o município contava com 32.000 habitantes, dos quais 6.500 eram italianos. O recenseamento de 1920 registrou 7.344 estrangeiros numa população de 30.497. Em estudo sobre as zonas da Mogiana e Paulista, Sérgio Milliet escreveu que na década dos anos 20 a população estrangeira alcançava cerca de um quarto do total. "As zonas em questão foram as que melhor aproveitaram a mão de obra imigrante. Ao começar a imigração, iniciava-se o seu desbravamento. E ao terminar este, embora outras regiões já se abrissem ao forasteiro, as conveniências da civilização instalada atraíram sempre o colono. Daí o fenômeno curioso observado pelo prof. Lowrie de uma formação étnica de percentagens à primeira vista contraditórias: 25% de estrangeiros e 20% negros, o que significa grande número de imigrantes e grande afluência do proletariado nacional de outros Estados, mais escuro."[11] Em 1940, os estrangeiros ainda são pouco mais de 10% dos habitantes. Note-se que esses estrangeiros são exclusivamente italianos. Em 1940, quando a população de Sertãozinho tinha se reduzido a 21.290 habitantes, devido a modificações na economia local e a desmembramentos havidos no município, os italianos totalizavam 2.319 pessoas.[12]

O caráter eminentemente agrário da economia e sociedade do município perdura ao longo de todo o ciclo cafeeiro e na transição para a policultura. Tanto assim que em 1940 a população rural de Sertãozinho chega a 73,69% do total do município.[13]

---
[10] Pierre Monbeig, *Pionniers et Planteurs de São Paulo,* Paris, Librairie Armand Colin, 1952, pp. 139-140.
[11] Sérgio Milliet, *Roteiro do Café,* São Paulo, Bipa Editora, 1946, p. 54; Samuel H. Lowrie, *Imigração e Crescimento da População no Estado de São Paulo,* São Paulo, Ed. da Escola Livre de Sociologia e Política, 1938.
[12] *Censos Demográficos,* IBGE, 1920 e 1940.
[13] *Censo Demográfico,* IBGE, 1940.

O colonato

Na cafeicultura do Oeste paulista, dos vários "oestes" plantados pela marcha do café, as relações de produção basearam-se na adoção generalizada do colonato. Em Sertãozinho e no conjunto do segundo Oeste paulista, mais do que no primeiro, a cafeicultura baseou-se amplamente nesse regime, que é uma forma de trabalho livre. Aí, a cafeicultura baseou-se, desde o começo e em forma generalizada, na força de trabalho livre. É verdade que nas primeiras fazendas de Sertãozinho havia escravos. Mas foram escravos trazidos pelos fazendeiros e desbravadores que iniciaram as plantações e criações. Não houve novos e sucessivos suprimentos de mão de obra escrava. O tráfico de escravos estava proibido, da mesma forma que o comércio interprovincial interzonal de escravos. Ao mesmo tempo, a escravatura entrara em colapso, encontrava-se em extinção. Em 1888 ocorre a abolição do regime de trabalho escravo. Nesse mesmo contexto, estava ocorrendo um verdadeiro *rush* cafeeiro na região. Isto é, crescia de forma acelerada a demanda de força de trabalho. Devido à decadência em que se achava o regime escravista e à intensidade com que se expandiu a cafeicultura, em Sertãozinho o trabalho livre foi instituído de modo bastante rápido e generalizado. A demanda de trabalhadores foi tão grande que os trabalhadores nacionais que migram para a região não são suficientes para atendê-la. E a imigração europeia, principalmente italiana, que já se havia experimentado no primeiro Oeste paulista, foi apresentada ideologicamente como a melhor solução.

ORIGENS AGRÁRIAS DO ESTADO BRASILEIRO 25

Ocorre que as atividades envolvidas na cafeicultura exigiam mão de obra numerosa e relativamente diferenciada. As tarefas de desmatamento das terras virgens, preparo das terras, plantio das mudas de café, carpa dos cafezais, colheita do café maduro, secagem e escolha do café, ensacamento e outras ocupavam numerosos trabalhadores. "Na lavoura de café a mão de obra não era somente absorvida na sua manutenção, mas também na abertura de novas culturas, que se processavam ininterruptamente, e nos trabalhos acessórios, que ocupavam tantos ou mais trabalhadores do que os efetivamente empregados na lavoura de café propriamente dita."[1]

Para fazer face às tarefas exigidas pela cafeicultura, os fazendeiros mobilizaram centenas e milhares de colonos. Ao referir-se à Fazenda São Martinho, de propriedade da família Silva Prado, o historiador de Sertãozinho, Antonio Furlan Junior, escreve que em 1905 essa fazenda já contava com 3 milhões e 500 mil pés de café. Dois arraiais floresceram no interior da Fazenda São Martinho: Pradópolis e Barrinha. Em 1905 ela contava com oito colônias, com 450 casas e duas sedes.[2] Se pensarmos que a família do colono italiano, que predominou ali, tinha sete membros cada uma, podemos calcular que era cerca de 3.150 a população que habitava as colônias da Fazenda São Martinho. Esses dados dão uma ideia da massa de operários rurais trabalhando nas fazendas de café. Numerosos trabalhadores e trabalhadoras, adultos, adolescentes, crianças e velhos. Em graus variáveis, conforme a dureza e a presteza das tarefas, praticamente todos estavam engajados nas fainas das fazendas de café.

As condições sob as quais os imigrantes eram levados à fazenda e contratados os colocavam numa situação subalterna e espoliativa. Depois de chegar ao porto de Santos, eram transportados para a *Hospedaria dos Imigrantes,* na cidade de São Paulo, onde aguardavam que fossem contratados por este ou aquele fazendeiro. "A hospedaria era o mercado da mão de obra: os preços subiam quando a procura era grande e os fazendeiros faziam concorrência entre si; baixavam no caso contrário. O mercado era público; os colonos podiam comparar as ofertas."[3] Em seguida, o colono e seus familiares eram transportados,

---
[1] Roberto C. Simonsen, *op. cit.*, p. 202.
[2] Antonio Furlan Junior, *op. cit.*, p. 77.
[3] Pierre Denis, *op. cit.*, p. 175.

ainda às custas do governo, por ferrovia, até a estação mais próxima da fazenda cujo proprietário os contratou. A partir daí passavam à responsabilidade do fazendeiro. "O imigrante chega desprovido quase por completo das coisas mais essenciais e lhe entregam uma pequena casa de tijolos, limpa e alegre, construída pelo fazendeiro do Oeste paulista. Este fornece-lhe os objetos de primeira necessidade e lhe abre um crédito. O colono não paga em verdade o aluguel de sua residência, mas já de início se acha endividado. A situação para o coitado parece de abundância, após a miséria, e ele saca sem contar contra o armazém da fazenda. Infelizmente alguns proprietários incitam os colonos a comprarem, a fim de segurá-los pelas suas dívidas que são forçosamente pagas em trabalho."[4]

Sob o regime de colonato, é a família que se engaja no trabalho produtivo. O contrato de trabalho naturalmente envolvia o fazendeiro e o (ou a) cabeça da família. "Cada família recebe o número de pés de café que pode tratar: varia com o número de pessoas de que se componha. As famílias numerosas têm desde oito a dez mil pés: quando não têm mais do que um trabalhador confiam-lhe pouco mais de dois mil pés. Como a vinha, o café exige uma mão de obra numerosa relativamente à superfície das culturas; sustenta uma população agrícola densa."[5] E outro cronista esclarece: "Cada família tem sua caderneta – com débito e crédito – que constitui uma cópia dos registros da fazenda. Ao crédito são levados o trabalho fornecido pelo colono e os seus, o produto dos animais de criação própria que tenha vendido ao fazendeiro, o produto da venda do milho, dos feijões e dos legumes que tem licença para plantar; ao débito é levado tudo o que lhe foi entregue para a sua alimentação e vestimenta".[6] Naturalmente, variavam bastante os termos do acordo que o colono e o fazendeiro assumiam. Inclusive havia contratos escritos e verbais. Em certos casos, a caderneta que o fazendeiro fornecia ao colono registrava os termos do acordo. Dentre os principais artigos que caracterizavam o contrato de colonato, destacavam-se alguns. Antes de resumi-los, relembro que o colono tinha a sua viagem da Itália (ou outro país) ao Brasil e até as proximidades da fazenda paga pelo governo brasileiro. O contrato, portanto, cobria

---
[4] Max Lecrerc, *Cartas do Brasil*, trad. de Sérgio Milliet, São Paulo, Companhia Editora Nacional, 1942, p. 83. Esse livro foi escrito em francês em 1889-90.
[5] Pierre Denis, *op. cit.*, pp. 180-181.
[6] Max Lecrerc, *op. cit.*, p. 84.

as relações do colono e seus familiares com o fazendeiro apenas a partir da estação da estrada de ferro mais próxima da fazenda onde ia trabalhar. Estes, pois, são alguns artigos do contrato de colonato: "O fazendeiro fornece gratuitamente ao colono e sua família: transporte da estação ferroviária à fazenda; casa de moradia, terreno para nele fazer culturas alimentares e pasto para um ou vários animais. O fazendeiro não adianta dinheiro, mas fornece, para pagamento posterior, os gêneros alimentícios ou a alimentação necessária para o sustento da família nos primeiros tempos, enquanto as culturas alimentares do colono não estivessem produzindo. O fazendeiro obriga-se a pagar 80 mil réis pelo cultivo anual de cada mil pés de café e quinhentos réis por cada 50 litros de café colhidos. Os pagamentos de cultivo são feitos a cada três meses e os pagamentos das colheitas são feitos oito dias após a última medida tomada. Nenhum pagamento será feito sem a apresentação da caderneta.

O colono, por seu lado, compromete-se a cuidar de dois mil pés de café (ou até mesmo dez mil, conforme o tamanho da sua família), obrigando-se para isso a proteger as plantas enquanto tenras (menos de dois anos de idade), a bem conservar os pés de café sob a sua responsabilidade, livres de plantas daninhas, a cortar os ramos secos, a replantar os pés que não cresceram ou morreram e a colher o café maduro na época devida. Se o colono descurar das suas obrigações relacionadas com o cultivo, trato e coleta do café, o fazendeiro mandará que outros realizem aquelas obrigações e cobrará os custos do colono. O colono que, sem causa justificada, abandonar a fazenda, antes de completar as tarefas exigidas pelo ano agrícola, perderá metade do que tiver ganho até o momento. Se o colono quiser retirar-se da fazenda ao completar-se o ano agrícola, deverá dar um aviso prévio de 60 dias ao fazendeiro. No caso de o fazendeiro pretender licenciar o colono, depois que este tenha terminado as tarefas do ano, deverá dar-lhe um aviso prévio de 30 dias."[7]

É óbvio que essas condições contratuais variavam de um município para outro, e inclusive no interior de um mesmo município. Também variavam ao longo do tempo e conforme o tamanho da família que o

---

[7] Vincenzo Grossi, *Storia della Colonizzazione Europea al Brasile e della Emigrazione Italiana nello Stato di S. Paulo*, Milão, Società Editrice Dante Alighieri, 1914, pp. 440-445; Pierre Denis, *op. cit.*, pp. 177-9.

colono comprometia no trabalho agrícola. Cerca de 1920, em Sertãozinho, os salários pagos ao colono, na cafeicultura, eram os seguintes: de 100 a 200 mil-réis, pelo tratamento, por um ano, de 1.000 pés de café; de 20 a 40 mil-réis, pela carpa de 1.000 pés de café; e de 600 réis a 1 mil e duzentos réis pela colheita de cada alqueire (15 litros) de café. [8] A despeito da progressiva formalização das relações de produção na cafeicultura do Oeste paulista, a massa de colonos, com os seus familiares, estava submetida ao mando e, muitas vezes, ao arbítrio do fazendeiro. Em suas herdades, o fazendeiro se considerava um soberano absoluto. Os colonos queixavam-se de que os seus filhos ficavam sem escola, apartados da sociedade, analfabetos, quando os pais às vezes já possuíam alguns rudimentos de leitura. Também reclamavam contra as multas que os fazendeiros e os seus administradores lhes impunham, além de protestar contra os preços abusivos cobrados pelos armazéns das fazendas. As tensões entre colonos e fazendeiros provocaram greves de colonos, incêndio e assassinatos.[9]

Não é necessário narrar aqui a longa luta social e diplomática que antecedeu e acompanhou a criação do regime de trabalho livre e do contrato de colonato. Houve fugas de imigrantes das fazendas; houve retorno de imigrantes aos países de origem; também protestos pela imprensa e meios diplomáticos. Inclusive interrupções nos fluxos migratórios, devido aos maus tratos a que foram submetidos os imigrantes das primeiras épocas, à escravidão disfarçada ou aberta que lhes impunham. O que é necessário registrar aqui é que o contrato de colonato é o resultado de um processo de tensões, lutas e negociações, no qual envolveram-se fazendeiros, colonos e governos.[10] Tantas

---

[8] Fillippo Peviani, *Due Millioni di Italiani in Brasile*, Roma, Società Editrice Romana, 1922, pp. 104-105. Consultar também Lucy Maffei, Hutter, *Migração Italiana em São Paulo: 1880-1889*, São Paulo, Instituto de Estudos Brasileiros, 1972, p. 98.

[9] Pierre Monbeig, *Pionniers et Planteurs de São Paulo*, Paris, Librairie Armand Colin, 1952, pp. 138-139; Eugênio Bonardelli, *Lo Stato di São Paulo del Brasile e l'Emigrazione Italiana*, Turim, 1916. Livro citado por Pierre Monbeig, *op. cit.*, pp. 138-139.

[10] Pierre Denis, *op. cit.;* Max Leclerc, *op. cit.;* Vincenzo Grossi, *op. cit.;* Caio Prado Júnior, *História Econômica do Brasil*, 3ª ed., São Paulo, Editora Brasiliense, 1953, cap. 19; Pierre Monbeig, *Pionniers et Planteurs de São Paulo, op. cit.*, pp. 137-146; Constantino Ianni. *Homens Sem Paz*, São Paulo, Difusão Europeia do Livro, 1963; Edgar Carona, *A República Velha*, São Paulo, Difusão Europeia do Livro, 1970, esp. pp. 31-33 e 243-245; Emília Viotti da Costa, *Da Senzala à Colônia*, São Paulo, Difusão Europeia do Livro, 1966; Sérgio Buarque de

foram as tensões, lutas e negociações, que no Brasil o sindicalismo rural surge nessa época.

Evaristo de Moraes Filho sugere que num país predominantemente agrário, na época em que se extingue o regime de trabalho escravista, "não podíamos deixar de iniciar a nossa legislação sindical senão por este lado".[11]

O Decreto-Lei nº 979, de 6 de janeiro de 1903, praticamente inicia a formalização do sindicalismo rural no país. Parece evidente que responde aos problemas das relações de produção surgidos nas regiões cafeeiras. Em seus artigos primeiro e nono, o decreto estabelece: "É facultado aos profissionais da agricultura e indústrias rurais de qualquer gênero organizarem entre si sindicatos para o estudo, custeio e defesa de suas terras. É facultado ao sindicato exercer a função de intermediário do crédito a favor dos sócios, adquirir para estes tudo o que for mister aos fins profissionais, bem como vender por conta deles os produtos de sua exploração em espécie, beneficiados ou de qualquer modo transformados".[12] É evidente a referência desses dispositivos às condições de trabalho do colono nas fazendas de café. Outro decreto governamental, de nº 1637, expedido em 1907, pode ser considerado o instrumento legal básico de todo o sistema sindical que se estabelece no país na época.[13] Mas não afeta as relações de produção no campo, que se organizavam em termos do Decreto nº 979 e dos contratos de colonato que fazendeiros e sitiantes acertavam entre si. Mesmo porque as tensões, lutas e negociações entre fazendeiros, colonos e governantes seguiam um curso muito especial, ditado pelas exigências da reprodução do capital na cafeicultura. Tanto assim que a Lei nº 1299-A, de 27 de dezembro de 1911, do governo do Estado de São Paulo, cria o *Patronato Agrícola,* com a finalidade de "auxiliar as execuções das leis federais e estaduais no que concerne à defesa dos direitos e interesses dos operários agrícolas". O Patronato é subordinado ao secretário da Agricultura e tem sua sede na capital do Estado de São Paulo. Ele se

---

Hollanda, *Brasil Monárquico,* vol. 3 (Reações e Transações), São Paulo, Difusão Europeia do Livro, 1967, caps. IV e VI.
[11] Evaristo de Moraes Filho, *O Problema do Sindicato Único no Brasil,* Rio de Janeiro, Editora A Noite, 1952, pp. 184-185.
[12] Evaristo de Moraes Filho, *op. cit.,* p. 185, nota 191.
[13] Evaristo de Moraes Filho, *op. cit.,* pp. 186-188. Em seu artigo 9º, o Decreto nº 1637 reafirma que os sindicatos agrícolas continuarão a ser regidos pelo Decreto nº 979.

faz representar no interior do Estado por 106 promotores públicos. Essa lei obriga o fazendeiro a organizar a sua escrituração agrícola e a fornecer aos colonos as cadernetas que reproduzem os lançamentos feitos pelo fazendeiro em seu livro de contas correntes. Dentre os seus vários fins expressos, a Lei estadual nº 1299-A, de 1911, destina-se a "fiscalizar as cadernetas dos operários agrícolas, a fim de verificar se estas se revestem das formalidades prescritas pela Lei federal nº 6437, de 27 de março de 1907". Também destina-se a defender os colonos de aliciadores inescrupulosos, fiscalizar as agências de venda de passagens e câmbio, promover a organização e a fiscalização de "cooperativas entre operários agrícolas para a assistência médica, farmacêutica e ensino primário".[14]

Realmente, o Decreto federal nº 6437, de 1907, define duas entidades básicas das relações de produção que se estavam formalizando nas fazendas de café: o *operário agrícola* e a *caderneta* do operário agrícola. "Consideram-se 'operários agrícolas' os jornaleiros, colonos, empreiteiros, feitores, carreiros, carroceiros, maquinistas, foguistas e outros empregados no prédio rural." E a caderneta é o instrumento legal, de propriedade do colono, na qual o fazendeiro é obrigado a registrar, em ordem cronológica, as parcelas de débito e crédito que resultam do seu contrato com o colono. A escrituração da caderneta deve ser feita mensalmente, encerrando-se sempre com a declaração de qual é o saldo devedor ou credor. Em toda controvérsia que o operário agrícola tenha com o fazendeiro, a caderneta é considerada prova legal suficiente.[15]

Eram essas, em forma breve, algumas das principais características das relações de produção predominantes nas regiões da cafeicultura, principalmente no Oeste paulista. À medida que se expandia a cafeicultura, pelos vários "oestes" que se sucediam no curso da marcha do café, acelerava-se a adoção das instituições, valores e padrões mais coerentes com as exigências da reprodução do capital. As condições de reprodução do capital na cafeicultura, conforme elas se estabeleceram em fins do século XIX e primeiras décadas do século XX, determinaram uma formalização mais ou menos rápida e ampla das relações de produção. Tanto assim que os próprios documentos governamentais

---

[14] Lei estadual (SP) nº 1299-A, de 27 de dezembro de 1911. Consultar também Fillippo Peviani, *Due Millioni di Italiani in Brasile,* Roma, Società Editrice Romana, 1922, cap. IX.
[15] Decreto federal nº 6437, de 27 de março de 1907.

ORIGENS AGRÁRIAS DO ESTADO BRASILEIRO 31

estabelecem que o colono *é um operário agrícola*. Trata-se de um trabalhador produtivo cuja força de trabalho é vendida, sob condições especiais, ao fazendeiro, que é o proprietário dos meios de produção. Devido à forma pela qual se organizaram as relações de produção na cafeicultura do Oeste paulista, tornou-se possível proteger em parte o colono, tanto da expoliação de estilo escravista como dos efeitos negativos das crises que continuamente abalavam os negócios dos cafeicultores. Ao longo das últimas décadas do século XIX, as tensões, lutas e negociações entre fazendeiros, colonos e governantes produziram a eliminação ou, ao menos, a redução do estilo escravocrata de relações de produção. Em seguida, principalmente com a prática dos dispositivos legais estabelecidos pelas leis federais (nº 979, de 6.1.1903, nº 6.437, de 27.3.1907, e nº 1.637, de 5.1.1907) e pela lei estadual nº 1299-A, de 27 de dezembro de 1911, formalizaram-se as relações de produção de modo a proteger os interesses do colono em face das condições sociais e políticas em que se realizava a reprodução do capital na cafeicultura.

Mas essas defesas não eram sempre efetivas. Elas não tinham vigência nas ocasiões em que a cafeicultura entrava em crise; quando os negócios deste ou daquele fazendeiro não eram prósperos; ou quando o fazendeiro impunha o seu mando aos representantes do poder público. Toda grande fazenda de café tendia a ser um mundo social, isto é, político-econômico, à parte do mundo social centrado no núcleo urbano. Em certos casos, o fazendeiro de café tem a sua autoridade aumentada pelo exercício de funções públicas. Guilherme Schmidt, por exemplo, membro do grupo econômico que havia sido criado em torno do nome do coronel Francisco Schmidt, foi várias vezes prefeito de Sertãozinho. "A sua palavra autorizada era sempre respeitosamente aceitada." Esse representante da Cia. Agrícola Francisco Schmidt, que em 1917 era a maior empresa de café em Sertãozinho (3.575.128 pés de café), foi "a personalidade que centralizou durante muitos anos o poder público e econômico do Município".[16] Nessas ocasiões, o poder político-econômico da burguesia cafeeira era exercido de forma quase monolítica. A interpretação dos direitos do proletariado agrícola – pelo fazendeiro ou representantes do poder público – era realizada segundo os interesses e a posição de força da burguesia agrária.

---

[16] Antonio Furlan Júnior, *op. cit.*, p. 84.

A transição da monocultura à policultura

Em Sertãozinho, quando o café sofria crises ou entrava em declínio, a economia e a sociedade local não entravam em colapso nem permaneciam estagnadas. Aí, as forças produtivas eram reorganizadas e ganhavam novos dinamismos. Diversificavam-se as atividades produtivas e organizavam-se sob outras formas as forças produtivas. As próprias classes sociais ganhavam ponderações e arranjos diversos. Ao mesmo tempo que se estabelecia, a monocultura cafeeira começava a romper-se. O principal fator na quebra desse predomínio era a superprodução. A rentabilidade da cafeicultura gerava o *boom* cafeeiro que gerava a superprodução que gerava o abandono de cafezais e a diversificação das atividades produtivas. Paradoxalmente, ao mesmo tempo que se estabelecia, a monocultura cafeeira gerava os elementos que depois provocavam a sua crise e, por consequência, a diversificação das atividades agrárias. Esse processo recebia novos impulsos quando se repetiam as geadas e as secas que de fato atingiram a cafeicultura da região de Sertãozinho. Além das crises geradas devido ao contínuo aumento da produção, desde fins do século XIX, houve geadas e secas mais ou menos desastrosas. Tanto assim que a época mais importante do ciclo cafeeiro em Sertãozinho começa a encerrar--se em 1918, quando a grande geada ocorrida nesse ano impressionou decisivamente grandes e pequenos empresários agrícolas. Foi a partir de 18 que se iniciou um processo mais acentuado e estruturalmente significativo de diversificação das atividades produtivas na economia rural de Sertãozinho. Além das crises de superprodução, que ocorriam periodicamente, as geadas e secas induziram os cafeicultores a abandonar a cafeicultura ou a diversificar as suas culturas.

Aliás, os dados relativos ao ano agrícola de 1919-1920 mostram que nessa época era bastante diversificada a produção dos 400 estabelecimentos agrícolas então existentes no município. Note-se que em muitos estabelecimentos cultivavam-se dois ou mais produtos. Eram 149 os estabelecimentos nos quais havia cafezais. Mas em outros, ou nos mesmos, também se produziam algodão, feijão, milho, farinha de mandioca, açúcar, aguardente e outros produtos. Note-se, contudo, que a diversificação da produção agrícola não era apenas resultado das dificuldades da cafeicultura. Esse era um elemento importante na reorientação dos negócios e atividades nas fazendas de café. Mas também operava na mesma direção o regime do colonato, que implicava a produção hortigranjeira. Além disso, havia fazendeiros e sitiantes que preferiam combinar culturas perenes, como o café, com temporárias, como o feijão, milho, algodão e outras. Por vários motivos, pois, a agricultura de Sertãozinho sempre esteve relativamente diversificada. Mas no conjunto da sua economia, e ao longo das décadas compreendidas entre 1880 e 1930, o café predominou nas atividades e nas preocupações da burguesia do lugar.

Note-se que em 1920 já era bastante alta a participação de imigrantes ou seus descendentes na propriedade dos estabelecimentos rurais. Na relação dos proprietários desses estabelecimentos, os de origem estrangeira alcançam cerca de 50% do total. E dentre esses, a quase totalidade tem sobrenome italiano.[1] Ocorre que as estruturas sociais estavam se transformando, a despeito da preeminência dos interesses econômicos e políticos ligados à cafeicultura. Isto é, a própria cafeicultura estava lançando as bases sociais de novas mudanças nas atividades produtivas.

Quanto à cana-de-açúcar, vale a pena registrar que já era cultivada em Sertãozinho em fins do século XIX. Vários produtos da cana eram consumidos pela população local. "Antes de 1900 havia no Município de Sertãozinho pequenas e esparsas plantações de cana aproveitadas pelas engenhocas que se limitavam a fabricar aguardente, rapadura e

---

[1] *Recenseamento do Brasil – 1920*, Relação dos Proprietários dos Estabelecimentos Rurais Recenseados no Estado de São Paulo, Diretoria Geral de Estatística, Rio de Janeiro, 1926.

melado."[2] Uma lei municipal de 27 de novembro de 1900 estabelece isenção de impostos à pessoa ou companhia que montasse um engenho central, para fabricar açúcar, álcool e aguardente. Na exposição de motivos, justificava-se a lei com os seguintes argumentos: as terras do município de Sertãozinho prestam-se "admiravelmente à cultura da cana"; "os lavradores, amedrontados pela baixa do café, empregavam suas atividades no cultivo da cana"; "a cana preserva-se da geada mais facilmente do que o café".[3] Em 1902, a maior plantação de cana foi realizada pelo coronel Francisco Schmidt. Dedicou-lhe 60 alqueires das suas terras. "Havia preparado a terra para plantar café, mas como houve naquele ano geada, preferiu iniciar a lavoura intensiva de cana."[4]

Depois da grande geada de 1918, as secas de 1924 e 1926 mostraram aos cafeicultores grandes, médios ou pequenos que era necessário prosseguir na diversificação das atividades produtivas. Era necessário diversificar ou mudar as aplicações dos seus capitais. É claro que a grande crise econômica mundial iniciada em outubro de 1929 foi um acontecimento crucial, no processo de diversificação das atividades produtivas no campo. Mas é importante reconhecer que essa crise correspondeu a um momento — decisivo é verdade — de uma cadeia de crises provocadas pela superprodução, a geada, a seca e o empobrecimento das terras. Nessas condições é que surgem e se desenvolvem as culturas algodoeira, cítrica, da cana-de-açúcar e outras. Inclusive, surgem e se desenvolvem as unidades artesanais e fabris; e se acelera a urbanização dos núcleos populacionais.

Vejamos o que escrevem Sérgio Milliet e Carlos Manuel Peláez sobre o processo de diversificação da agricultura nas regiões pioneiras do café. "Em ambas as zonas, Mogiana e Paulista, a decadência do café teve por consequência não o abandono das terras, como na zona do Norte, mas o ensaio de outras culturas substitutivas. A rede de estradas de ferro e de rodagem, que se abriu atrás da invasão cafeeira, constituíra raízes bastante profundas para uma permanência do progresso, as facilidades de comunicação compensando os rendimentos mais fracos. A citricultura e o algodão se instalaram. ... A indústria também vai aos poucos penetrando os centros mais favoráveis ao

---
[2] Antonio Furlan Junior, *op. cit.*, p. 103.
[3] Antonio Furlan Junior, *op. cit.*, p. 103.
[4] Antonio Furlan Junior, *op. cit.*, p. 104.

seu desenvolvimento, e o fenômeno da redistribuição das terras vai operar-se em breve com a venda de lotes dos grandes latifúndios que o café não sustenta mais."[5] Esse foi o contexto em que começaram a prosperar as culturas de algodão e cana-de-açúcar em Sertãozinho. "Somente nas épocas de aguda crise cafeeira é que as outras culturas prosperavam. ... Talvez uma das culturas mais importantes e que mais rapidamente se desenvolveu, na segunda metade da década de 1920, tenha sido a cana-de-açúcar. ... Depois de 1929, o aumento da rentabilidade de uma série de produtos agrícolas veio estimular a expansão da produção. Um importante fator que contribuiu para a diversificação de culturas nos anos de 30 foi a divisão de grandes propriedades em fazendas menores... O Estado de São Paulo fizera uma ligeira tentativa de mudar a estrutura agrícola, mas os elevados lucros da cultura do café impediram qualquer melhora expressiva. O governo de Vargas também promovera e apoiara a policultura como uma das poucas alternativas que o Brasil tinha a seguir durante a década de 1930."[6] Foi por essa forma que Sertãozinho enfrentou, ao menos em parte, as consequências da crise cafeeira dos anos 30. Mesmo antes, na década dos 20, já se verificava alguma diversificação das atividades produtivas agrárias em Sertãozinho. O algodão e a cana-de-açúcar expandiam-se paulatinamente. Na década dos 30 essas e outras culturas ganharam maior significação absoluta e relativa, em face do café em decadência. "Pode-se mesmo afirmar que o algodão salvou a situação do lavrador de Sertãozinho durante a crise de 1929. O período mais produtivo do algodão no município se prolongou do ano 1933 a 1937."[7]

Estava em curso um processo mais ou menos generalizado de diversificação das atividades agrícolas. As crises da cafeicultura, a urbanização, a incipiente industrialização, a expansão das burocracias governamentais e o consequente crescimento do mercado interno abriam novas possibilidades à diversificação da produção rural. "A partir dos anos 30, o ritmo de crescimento da produção das culturas para o mercado interno superou o crescimento da produção das culturas de exportação. No final dos anos 30 e princípios de 40, essa supremacia estendia-se também à participação no valor da produção e área cultivada. Assim,

---
[5] Sérgio Milliet, op. cit., p. 54.
[6] Carlos Manuel Peláez, História da Industrialização Brasileira, Rio de Janeiro, APEC, 1972, pp. 111-112.
[7] Antonio Furlan Junior, op. cit., p. 103 (nota).

foi a partir dos anos 30 que a produção agrícola, no Brasil, tornou-se menos dependente dos mercados externos."[8] Quanto ao rearranjo da estrutura fundiária, devido à crise da cafeicultura, aumenta o número de pequenas propriedades. Apesar de crescerem em termos absolutos, as propriedades médias e grandes decrescem em termos relativos. E os latifúndios diminuem em termos absolutos e relativos. Na maioria, os novos pequenos proprietários seriam ex-colonos e ex-camaradas que compraram suas parcelas de terra com economias amealhadas; ou receberam parcelas de terras dos fazendeiros que não puderam saldar dívidas ou devolver as poupanças dos seus colonos. "Assim é que, não obstante apenas 18% da população do Estado ter sido consignada em 1920 como alienígena, 27% das propriedades agrícolas registradas pelo recenseamento estavam nas mãos de estrangeiros, sem se levar em conta um número considerável de outros que as possuíam em comum com brasileiros. Em 1934, a percentagem destas propriedades atingia 30%."[9] Estava em processo o crescimento da pequena burguesia agrária. O rearranjo da estrutura fundiária na região da cafeicultura implicava, ao mesmo tempo, o rearranjo da estrutura social e das forças produtivas. Em 1940, os estabelecimentos agrícolas de Sertãozinho alcançaram o total de 718, ao passo que em 1920, quando o município era maior, totalizavam 400.

Ao romper-se a monocultura cafeeira, desenvolveram-se as culturas algodoeira e da cana-de-açúcar, além de outras. Rompia-se a estrutura fundiária, cuja concentração a cafeicultura havia intensificado. Ao mesmo tempo, surgiam ou desenvolviam-se outras atividades produtoras, no campo e na cidade. As crises da cafeicultura provocaram o desenvolvimento das forças produtivas.

Os dados sobre a evolução da produção e área cultivada do café, algodão e cana-de-açúcar indicam, de forma bastante clara, as modificações da estrutura da economia agrária em Sertãozinho. Note-se que a área cultivada e a produção na cafeicultura reduziram-se progressiva e sistematicamente ao longo das três décadas: 1926-1956. Quanto à cultura algodoeira, a produção elevou-se um pouco entre 1926 e 1933. Depois, entre 1934 e 1944, sofreu várias oscilações. Em seguida, a

---

[8] Annibal Villanova Villela e Wilson Suzigan, *Política do Governo e Crescimento da Economia Brasileira: 1889-1945*, Rio de Janeiro, IPEA/INPES, 1973, p. 61.
[9] Samuel H. Lowrie, *op. cit.*, p. 33.

partir de 1945, reduziu-se a cerca da metade ou menos da metade do nível inicial de 1926. Convém notar que as variações havidas na área cultivada com o algodão foram menos acentuadas do que as variações da produtividade. Quanto à área cultivada e à produção da cana-de--açúcar, os índices progridem sistematicamente, ao longo das décadas 1926-56. É notável a simetria – com sentidos inversos – entre os índices relativos ao café e à cana-de-açúcar. E observe-se que é em torno de 1944 que a área cultivada com a cana-de-açúcar começa a sobrepujar a área cultivada com o café.

Na sucessão das crises da cafeicultura, devidas à superprodução, geada, seca ou esgotamento das terras, alguns colonos puderam defender as suas condições de vida. Inclusive, em várias ocasiões, quando a crise punha o fazendeiro em situação econômica particularmente difícil, foi possível alguns colonos comprarem partes da fazenda, ou receberem essas partes em pagamento de dívidas dos fazendeiros para com eles. Sérgio Milliet apanhou um aspecto dessa situação, ao escrever sobre a formação de sítios nas áreas em que a cafeicultura entrava em crise. Ele se referia às fazendas cujas terras se empobreciam. "Com efeito, as fazendas de fraca produção, largadas pelos proprietários à cata de terras mais rendosas, subdividem-se logo em pequenos sítios. A monocultura cede lugar à policultura e o imigrante, que soube ou pôde economizar, se instala."[10] A subdivisão da propriedade fundiária ocorreu de forma especialmente acentuada e generalizada nos vários "oestes" paulistas, em consequência da grande crise econômica mundial iniciada em outubro de 1929.

Ao mesmo tempo que se desenvolvia a crise, que ocorria o rearranjo da estrutura da propriedade fundiária e a formação de uma nova estrutura econômico-social, modificaram-se as relações de produção. Os dispositivos legais e os contratos de consenso perderam-se efetivamente. A crise da cafeicultura de Sertãozinho, iniciada em 1918, acentuada com as secas de 1924 e 1926, e agravada irremediavelmente com a grande crise econômica mundial iniciada em 1929, tornou uma grande massa de colonos desempregados em busca de outros lugares. Cresceu repentinamente o exército de trabalhadores agrícolas de reserva. Uma parte desses trabalhadores procurou ajustar-se no campo, em outras atividades agrícolas; outra parte seguiu para as cidades, pequenas,

---
[10] Sérgio Milliet, *op. cit.*, p. 31.

médias ou grandes, para mudar de vida. Ao apanhar o clima social e humano da crise que atingiu a cafeicultura desde 1929, Marco de Andrade escreveu: "Os armazéns se entulhavam de milhões de sacas de café indestinado. E foi um crime nojento. Mandaram queimar o café nos subúrbios escuros da cidade, nos mangues desertos. A exportação decresceu tanto que o porto quase parou. Os donos viviam no ter e se aguentavam bem com as sobras do dinheiro ajuntado, mas, e os trabalhadores, e os operários, e os colonos? A fome batera na terra tão farta e boa. Os jornais aconselhavam paciência ao povo, anunciavam medidas a tomar. Futuramente".[11]

São essas as condições sob as quais em Sertãozinho ocorre a diversificação das atividades produtivas e das relações de produção. Em especial, a partir da "grande geada de 1918, que danificou definitivamente 70% dos cafezais do Município",[12] acentua-se o processo de modificação tanto da estrutura fundiária como das atividades produtivas. Esse foi o contexto histórico em que as culturas do algodão e da cana-de-açúcar, além de outras, passaram a atrair capitais e força de trabalho. Na década dos anos 30 continua a crescer paulatinamente tanto a área cultivada como o volume da produção de cana-de-açúcar. Cerca de 1944, a cana-de-açúcar sobrepuja o café em área cultivada. O algodão, apesar de continuar a ocupar uma área igual ou maior que a da cana, na década dos anos 40, não chega a impor o seu domínio. Em 1951 a área cultivada com cana-de-açúcar sobrepuja a área do algodão. Em 1953 a cana passa a ocupar uma área maior que as áreas cultivadas com algodão e café somadas.

---

[11] Mário de Andrade, *Poesias Completas*, São Paulo, Livraria Martins Editora, 1955, p. 437. Citação do texto intitulado "Café".
[12] Antonio Furlan Junior, *op. cit.*, p. 100.

A formação da economia açucareira

Em 1975, o que sobressai em Sertãozinho são os canaviais e as usinas, nas quais se produzem o açúcar e o álcool extraídos da cana-de-açúcar. Os trabalhos e os dias das gentes, no campo e na cidade, estão influenciados, ou amplamente determinados, pela reprodução do capital aplicado nos canaviais e nas usinas. Para uns, a cana é doce; para outros, a maioria, ela é áspera.

Em Sertãozinho, o ciclo da cana-de-açúcar começou em torno de 1944. Foi nesse ano que a área cultivada com a cana ultrapassou a área cultivada com o café. A partir daí, cresceram continuamente a área plantada e o volume da produção da cana-de-açúcar. Em 1953, a área cultivada com cana ultrapassou as áreas cultivadas com café e algodão, em conjunto. Em 1974, a cana-de-açúcar abarca 86,38% da área plantada do município. E o seu valor alcança 92,68% do valor total da produção agrícola.

Foi substantiva a modificação ocorrida a partir de 1944, quando as atividades relacionadas direta e indiretamente com a cana-de-açúcar tornaram-se cada vez mais importantes, no conjunto da economia e da sociedade, no campo e na cidade. À medida que se desenvolveu e impôs, a agroindústria açucareira provocou algumas modificações notáveis no sistema econômico-social e político de Sertãozinho. Vejamos, preliminarmente em forma breve, alguns aspectos das modificações havidas no lugar: modificou-se a estrutura judiciária do município, tendo ocorrido certa concentração da propriedade. As pequena e média burguesias agrárias foram associadas, absorvidas ou subjugadas aos interesses do capital agroindustrial comandado pelo usineiro. A usina se impôs como uma categoria político-econômica nova e poderosa, no campo e na cidade. Criou-se em Sertãozinho um setor industrial ligado à agroindústria açucareira, para produzir e reparar máquinas e equipamentos. Naturalmente, esse setor atende também às demandas do terciário e do próprio secundário. Inclusive produz para clientes de outros municípios e Estados. Mas é evidente a sua vinculação às exigências tecnológicas da agroindústria açucareira. As mudanças havidas na combinação e dinâmica das forças produtivas, bem como as modificações ocorridas nas relações de produção, provocaram o desenvolvimento do proletariado rural e inclusive a modificação da sua composição interna. Cresceu progressivamente o contingente de assalariados temporários e residentes nas periferias da cidade de Sertãozinho. Devido às peculiaridades econômico-sociais e políticas da agroindústria canavieira, vista em perspectiva nacional e regional, a ação estatal tornou-se visível em todos os principais momentos das relações de produção envolvidas nas fainas dos canaviais e das usinas do lugar.

Uma primeira imagem das modificações econômico-sociais e políticas que acompanharam a expansão dos canaviais em Sertãozinho aparece nos dados relativos à evolução do número de estabelecimentos agrícolas. À medida que se desenvolveu a agroindústria canavieira, ocorreu ali um rearranjo da estrutura fundiária. Antes, em 1920, quando predominava a cafeicultura, havia 400 estabelecimentos agrícolas. Em seguida, principalmente devido às crises da economia cafeeira, multiplicaram-se os estabelecimentos agrícolas. Subdividiram-se fazendas de café. Em 1938, Sertãozinho perdeu o distrito de Pradópolis para o município de Guariba. Ainda assim, em 1940, contava com 718 estabelecimentos. Em 1950, eles eram 579. Em seguida, em 1953, Sertãozinho perdeu o distrito de Barrinha, que se transformou em município. Em 1960, os estabelecimentos agrícolas do município de Sertãozinho baixaram para 425. Mas em 1960, o município de Barrinha (que havia sido criado em 1953) contava com 93 estabelecimentos. Mesmo que todos estes estabelecimentos fossem somados com os de Sertãozinho, ainda assim houve concentração da propriedade fundiária, se comparamos os números de 1960 com os de 1950. Em 1970, os estabelecimentos agrícolas elevaram-se para 475. Um motivo para isso talvez tenha sido a atuação do *Instituto do Açúcar e do Álcool* (IAA), no sentido de proteger os plantadores de cana-de-açúcar, isto é, fazendeiros e sitiantes, em face da tendência das usinas de absorver terras e canaviais. Outro motivo poderia ter sido a prosperidade de outras culturas, como soja, milho, amendoim ou outras, que defenderam ou mesmo multiplicaram estabelecimentos agrícolas a elas dedicados. Em 1972, o levantamento realizado pelo INCRA registrou 515 imóveis rurais em Sertãozinho. Em parte, ao menos, é provável que a discrepância entre os dados do IBGE, para 1970, e os do INCRA, para 1972, seja devida aos diferentes critérios utilizados por essas duas agências de coleta de dados.[1] De qualquer forma, não deixa de ser significativo o rearranjo da estrutura fundiária verificado entre 1940 e 1972, quando as unidades rurais passaram de 718 para 515. Ao longo desses anos, a usina se impôs como o principal núcleo da agroindústria canavieira que predomina em Sertãozinho.

Foi realmente acelerada a expansão da agroindústria açucareira de Sertãozinho, ao longo dos anos 1944-1974. Em termos de área plantada, a área da cana ultrapassa o café, em 1944, e o café e o algodão, em conjunto, em 1953. Em 1956, a área cultivada com cana chegava a 12.000 hectares, ao passo que o café e o algodão cobriam 4.900 hectares. Em 1956, havia em Sertãozinho sete usinas de açúcar e cinco engenhos de aguardente. Além de outras oficinas e fábricas de produção e reparação de implementos agrícolas, havia três indústrias para fabricação ou reparação de aparelhos de usinas de açúcar.[2] Naturalmente, o município continuou a produzir café, algodão, milho, amendoim, arroz e outros produtos, para consumo local e comércio fora do lugar. Mas continuou a crescer a importância relativa e absoluta da cana-de-açúcar. Em 1968, o valor da produção canavieira alcançou cerca de 90% do valor total da produção agrícola do município. Em 1970 mantém os 90% do valor total da produção agrícola. E em 1974 a produção canavieira alcançou 92,68 do valor total da produção agrícola.

---

[1] O Instituto Brasileiro de Geografia e Estatística (IBGE) tem trabalhado com a noção de *estabelecimento,* como unidade administrativa na qual se processa "uma exploração agropecuária". Ao passo que o Instituto Nacional de Colonização e Reforma Agrária (INCRA) trabalhou em 1972 com a noção de *imóvel* rural, como unidade "que possa ser utilizada em exploração agrícola", independentemente de sua "localização na zona rural ou urbana do Município". Cf. *Estatísticas Cadastrais/1,* INCRA, pp. ix-x.

[2] Antonio Furlan Junior, op. *cit.,* pp. 52-55.

Nessa ocasião as usinas de açúcar são cinco, produzindo para o mercado regional e externo, conforme a política açucareira coordenada pelo Instituto do Açúcar e do Álcool (IAA).

À medida que se expandia, a agroindústria açucareira provocava mudanças na composição da mão de obra agrícola, em geral. Cresceu o uso de máquinas e equipamentos nos processos produtivos. Instalou-se e consolidou-se no campo a fábrica de açúcar. A organização das atividades produtivas, em função das exigências da agroindústria açucareira, induziu uma reformulação da composição das forças produtivas, composição essa na qual a força de trabalho também foi redefinida. Ao crescer a importância das máquinas e equipamentos nas atividades produtivas, desenvolveu-se a divisão social do trabalho e modificou-se a importância relativa da força de trabalho. Ao mesmo tempo, também as outras atividades agrícolas sofreram influências dos padrões de organização da produção predominantes na agroindústria açucareira. Para ajustarem-se às exigências do capital aplicado na usina, os fazendeiros proprietários de canaviais tiveram de reorganizar as suas empresas. Para obter lucros semelhantes ou maiores que os obtidos por esses fazendeiros, os proprietários de culturas de soja, milho, arroz, amendoim e outros tiveram que reorganizar ou dinamizar os seus empreendimentos. Ao longo das décadas que compreendem o ciclo da cana em Sertãozinho, generalizaram-se novos padrões capitalistas de produção, por influência do mercado açucareiro; das disponibilidades de terra, capital, tecnologia e força de trabalho; da interdependência e antagonismo entre vendedores e compradores de força de trabalho; da ação governamental, por suas leis, normas, incentivos, financiamentos etc.

Uma imagem aproximada das modificações mencionadas aparece nos dados relativos às despesas diretas da produção agrícola em Sertãozinho. Em pesquisa realizada junto a 48 proprietários agrícolas, dos quais 42 dedicados aos negócios da cana-de-açúcar, pesquisa relativa ao ano agrícola 1969-70, foi constatado que os gastos com máquinas são significativos, em confronto com os gastos com mão de obra assalariada e com animais.[3] Essa pode ser mais uma indicação

---

[3] Richard L. Meyer e Paulo F. Cidade de Araújo, *Aspectos Econômicos da Agricultura na Região de Ribeirão Preto, Ano Agrícola 1969/70*, Piracicaba, Escola Superior de Agricultura Luiz de Queiroz, 1971. Consultar também: Roberto José Moreira, *Análise do Investimento a Nível de Propriedades Agrícolas da*

da crescente mecanização dos processos de trabalho na agroindústira açucareira. Isto é, na economia açucareira cresceram os investimentos em máquinas e equipamentos. A expansão das atividades produtivas, relacionadas com o preparo da terra, o plantio, o trato, a fabricação do açúcar, o transporte e a comercialização desse produto, propiciou o uso mais generalizado de máquinas e equipamentos, de fertilizantes e defensivos, e do crédito, todos indícios do desenvolvimento das forças produtivas e das relações capitalistas de produção no mundo agrário de Sertãozinho.

Esse foi o contexto em que se modificou a composição da força de trabalho empregada na agricultura de Sertãozinho. Entretanto, entre 1940 e 1972 cresceu relativamente pouco a mão de obra agrícola no município. Mas aumentaram a maquinização e quimificação na agroindústria canavieira.

Os dados relativos à parceria e ao arrendamento podem ser de interesse para avançarmos um pouco mais na caracterização da economia e sociedade rurais no município. Em 1972, segundo os dados do INCRA, apenas 11 imóveis rurais estavam sendo explorados também por parceiros. E eram 21 os parceiros, dos quais apenas 10 sob contrato escrito; os outros trabalhavam com base em contrato verbal. No mesmo ano, eram 45 os imóveis nos quais havia arrendatários. Os arrendatários eram 49, mas eram 45 os que estavam sob contrato escrito. Apenas 4 haviam estabelecido contrato verbal. Cabe observar, ainda, que o arrendamento de terras é uma forma normal de exploração capitalista da terra. Nesse caso, com frequência o arrendatário é um médio ou pequeno empresário que compra força de trabalho e investe capital em seu empreendimento agrícola. No caso do parceiro, o regime de parceria pode significar uma forma disfarçada de assalariado rural. Com frequência a parceria é uma forma de organização social das relações de produção na qual o proprietário da terra transfere encargos ao parceiro, que luta para não proletarizar-se completamente; ou luta para escapar à condição proletária.

Contemporaneamente à expansão da agroindústria açucareira, cresceu e diferenciou-se a produção industrial. Obviamente essa produção destinava-se a atender a uma parte das exigências das atividades

---

Região de Ribeirão Preto. Estado de São Paulo, Piracicaba, Escola Superior de Agricultura Luiz de Queiroz, 1973.

urbanas e rurais da população de Sertãozinho. Desenvolveram-se as indústrias de produtos alimentares, bebidas, mobiliário, material de transporte e vários outros. Em especial, desenvolveram-se as indústrias mecânicas e metalúrgicas, além das alimentares. Há uma progressiva expansão das atividades industriais em Sertãozinho. Note-se que aumentou de 33 o número de estabelecimentos industriais, em 1940, para 172, em 1973. Em 1973, as empresas de metalurgia e mecânica, bastante ligadas à reparação e produção de máquinas e equipamentos para a agroindústria açucareira, empregavam mais de 50% do total de pessoal ocupado no setor industrial. Além dessas, obviamente também outras atividades industriais, como as de material de transporte, de produtos alimentares e algumas outras ligavam-se às demandas das populações e dos empreendimentos agrícolas.

Uma visão de conjunto da organização econômica do município de Sertãozinho pode ser obtida pelo exame da distribuição da população de 10 anos de idade e mais, segundo os setores de atividades. Os dados mostram que o setor agropecuário emprega mais de 40% das pessoas em idade produtiva. Ao passo que os outros 60% dedicam-se às atividades do secundário e terciário, em certos casos bastante vinculados às atividades do setor primário.

Ao modificar as relações de produção no campo, a agroindústria açucareira conferia, indiretamente, novo impulso à cidade de Sertãozinho. Além das demandas econômico-financeiras que o campo normalmente pode fazer à cidade, os setores secundário e terciário desenvolveram-se também um pouco sob os estímulos e as flutuações dos movimentos sazonais da economia açucareira. O tempo da agroindústria canavieira, comandado pelo movimento das épocas de safra e entressafra, confere um pouco do seu andamento à vida da cidade de Sertãozinho. A época da safra é a época do pleno emprego. As estradas e os caminhos tornam-se mais movimentados. Chegam operários de fora, de outros municípios e Estados, para trabalhar no corte da cana ou na usina.

A rigor, desde que desenvolveu a agroindústria açucareira, ela deslocou para a cidade uma parcela significativa da população agrária. À medida que se aprofundou e generalizou, o processo de proletarização inerente à expansão da economia açucareira provocou um rearranjo das forças produtivas e transferiu para a cidade uma parte significativa da mão de obra rural. Note-se que não apenas expulsou do campo, pela introdução ou expansão de processos mecanizados de trabalho. Além de expulsar uma parte da mão de obra, a agroindústria transferiu para fora das terras da usina e dos canaviais uma parte significativa da sua mão de obra permanente e temporária. Daí porque cresceu paulatinamente a população urbana, além das taxas normais de crescimento das atividades nos setores secundário e terciário localizados na cidade. Conforme indicam os dados, foi em 1960 que a população urbana de Sertãozinho ultrapassou a rural. Em seguida continuou a decrescer a população do campo. Mas à medida que se expande o mundo urbano de Sertãozinho, também urbaniza-se o mundo rural. Foi a agroindústria açucareira que tornou bastante urbanizados as relações sociais, os valores e os padrões de pensamento e comportamento nos canaviais e nas usinas.

A análise e os dados apresentados aqui não pretendem ser exaustivos. Narram apenas o perfil, algumas relações e o andamento da economia e sociedade de Sertãozinho. Ao descrever a formação da agroindústria açucareira, surgiram, necessariamente, dados e sugestões sobre as relações entre agricultura e indústria, campo e cidade, proletários e burgueses. Alguns dos temas, apenas sugeridos, serão retomados em seguida. Por agora, o que é necessário é chamar a atenção para o fato de que a expansão e o predomínio da agroindústria açucareira implicaram o aprofundamento e generalização das relações capitalistas de produção. Não se trata de dizer que o capitalismo no campo chegou em Sertãozinho com os canaviais. Não é isso.

Em Sertãozinho o capitalismo chegou com os cafezais, em fins do século XIX. Ocorre que a cafeicultura propiciou um tipo particular de organização capitalista das forças produtivas e das relações de produção. A cafeicultura provavelmente implicava uma baixa composição orgânica do capital. Isto é, implicava numerosa mão de obra agrícola, e principalmente agrícola. Nas condições históricas em que se desenvolveu a cafeicultura, a força de trabalho era fornecida principalmente por imigrantes italianos e seus descendentes. Isso significou que o proletariado agrícola dos cafezais tinha certa proteção política da embaixada e consulados italianos. Além disso, as remessas de dinheiro, que os imigrantes faziam para os seus familiares, fizeram com que o governo italiano e uma parcela da burguesia financeira desenvolvessem algum interesse pelo que ocorria com os italianos dos cafezais.[4] Por esses e outros motivos, os colonos italianos dos cafezais tiveram alguma proteção política e jurídica. De qualquer forma, o ciclo do café foi uma primeira forma de desenvolvimento das relações capitalistas de produção no campo.

Em seguida, entre 1920 e 1950, quando decai a cafeicultura, crescem momentaneamente os algodoais e diversificam-se as atividades agrícolas, e a economia e a sociedade de Sertãozinho continuam baseadas principalmente na produção para o mercado. A decadência do café foi acompanhada de um rearranjo da estrutura fundiária e da estrutura produtiva, mas não de uma decadência econômico-social do lugar. Desenvolveu-se a policultura, que seria uma segunda forma de desenvolvimento das relações capitalistas de produção no campo. Esta foi, ainda, uma forma na qual a força de trabalho foi usada extensivamente.

Depois, quando se expande e predomina a agroindústria açucareira, entra em causa uma terceira forma de organização social e técnica das forças produtivas e das relações de produção. Neste caso, passou a elevar-se a composição orgânica do capital. Isto é, desenvolveu-se a divisão social do trabalho; cresceu continuamente o capital investido em máquinas e equipamentos; e reduziu-se relativamente o montante de capital aplicado na compra de força de trabalho. Desde que essa agroindústria tornou-se preeminente no mundo agrário de Sertãozinho, modificaram-se substantivamente as relações de interdependência e antagonismo entre o campo e a cidade, a agricultura e a indústria, os operários e os burgueses.

---

[4] Constantino Ianni, *Homens Sem Paz*, Civilização Brasileira, 1972, esp. pp. 162-166.

A expansão da agroindústria açucareira

A produção açucareira do Brasil, e em especial do Estado de São Paulo, vinha crescendo mais ou menos ininterruptamente desde o término da Segunda Guerra Mundial (1939-45). Nessa ocasião se restabelece e dinamiza o comércio internacional, que havia sido interrompido ou prejudicado pelo comércio da guerra. Foi restabelecido e dinamizado o comércio de gêneros alimentícios, matérias-primas e manufaturados. E o açúcar entrou como um item importante do comércio internacional de gêneros alimentícios. Ao mesmo tempo se restabelece e dinamiza o comércio interno, devido à liberação de forças econômicas e sociais, com o término da economia de guerra na qual se achava o Brasil. Esse foi o contexto no qual se iniciou e desenvolveu uma época notável da agroindústria açucareira no Brasil, em geral, e no Estado de São Paulo, em especial. Esse foi o contexto no qual realizou-se uma notável expansão da agroindústria açucareira no município de Sertãozinho.

Entre 1951 e 1968, a produção brasileira de açúcar passou de 26.595.636 sacos de 60 kg para 68.530.445 sacos. Nesse período, a produção açucareira do Estado de São Paulo passou de 30,47% do total nacional para 48,95%. No período 1969-73, a produção brasileira continuou a expandir-se, passando de 72.215.665 sacos para 111.381.873. Nesse mesmo período, a produção da região Centro-Sul, na qual o Estado de São Paulo é o maior produtor, passa de 62,94% do total para 70,44%. Contemporaneamente a essa expansão da produção açucareira, expandem-se tanto o consumo interno como a exportação de açúcar. Com altos e baixos, naturalmente, a exportação açucareira do Brasil vinha crescendo desde o término da Segunda Guerra Mundial. Em termos de índice, o açúcar passou de 27, em 1944, para 100 em 1953. Em 1960 alcançou 258; em 1970 havia chegado a 590 e em 1973 chegou a 2.464 o índice do valor da exportação de açúcar.

A produção açucareira do Brasil ganhou novo impacto a partir de 1960, quando Cuba perdeu a sua cota no mercado interno norte--americano. A vitória da revolução socialista em Cuba, em 1959-60, foi também um acontecimento de importância na evolução do setor açucareiro no Brasil. A partir dessa ocasião, iniciou-se a exportação de açúcar brasileiro para o mercado interno norte-americano e expandiu-se cada vez mais a exportação desse produto para outros mercados. "A presença do açúcar brasileiro no mercado americano só foi possível quando, em meados de 1960, como consequência do rompimento de relações diplomáticas com Cuba, os Estados Unidos resolveram admitir novos fornecedores, a título precário e experimental. Assim, iniciamos as nossas exportações a título de *non quota,* mas com as vantagens do sistema de preferência, até que, em 1962, fomos admitidos em caráter definitivo, com uma participação básica de 6,37% elevada em 1965 para 7,56%, como até hoje (1971) permanece."[1]

As perspectivas abertas à agroindústria açucareira do Brasil naturalmente provocaram uma ação mais sistemática e generalizada do governo. Algumas decisões relativas a cotas de produção, comercialização e exportação foram adotadas, de modo a aproveitar as novas possibilidades de exportação. Também adotaram-se incentivos governamentais, destinados a melhorar a produtividade das usinas e dos canaviais. Em 1964, devido à expansão do mercado externo e à redistribuição das cotas pelas regiões, áreas e usinas do país, o Estado de São Paulo "passou a desenvolver grandemente seu parque açucareiro, ampliando o número de usinas e modernizando a tecnologia da produção, de modo que na safra de 1970-71, por exemplo, a produção da região Norte-Nordeste atingia 34% do total do Brasil, enquanto a do Centro-Sul passava a 66%; só o Estado de São Paulo

---

[1] Francisco Ribeiro da Silva, "A lei americana sobre o açúcar – 'Sugar Art' –, seus propósitos e como funciona", *Brasil Açucareiro,* nº 4, Rio de Janeiro, abril de 1971, pp. 812, citação da p. 10.

ORIGENS AGRÁRIAS DO ESTADO BRASILEIRO 49

respondia por cerca de 50%".[2] "No que diz respeito à eficiência das usinas, o Decreto-Lei n° 1.186, de 27 de setembro de 1971, relativo à fusão, incorporação e relocalização de usinas de açúcar em todo o país, representa a medida mais recente no sentido de obtenção de economias de escala condizentes com o propósito de eficiência que caracteriza a política governamental..."[3]

Esse foi o contexto no qual ocorreram a formação e a expansão canavieira do município. As cinco usinas de açúcar de Sertãozinho são, ao mesmo tempo, parte e expressão da forma pela qual se tem desenvolvido o setor açucareiro no Brasil. Em boa parte, essas usinas refletem os movimentos e andamentos da economia açucareira do país, e em especial do Estado de São Paulo. A título de exemplo, note-se a evolução da produção de sacos de açúcar da usina São Geraldo. Em 1946, eram produzidos 4.020 sacos. Em 1954 são 152.410; em 1964 passam a ser 400.855. E em 1974 foram 836.910.

É inegável que a expansão da demanda de açúcar bem como as alterações havidas no mercado internacional propiciaram condições para a expansão da produção açucareira, no Brasil, no Estado de São Paulo e no município de Sertãozinho. Mas esse processo não foi comandado apenas pela demanda, ainda que o comportamento da demanda seja crucial no que diz respeito a gêneros alimentícios. O crescimento da produção açucareira foi também o resultado do desenvolvimento das forças produtivas e das relações de produção açucareira. Progressivamente cresceu a importância relativa e absoluta da máquina, fertilizante, defensivo, energia elétrica, derivados do petróleo e da ação governamental. Ao mesmo tempo, alteraram-se a composição e a participação da força de trabalho no processo produtivo, tanto nos canaviais como nas usinas.

Uma imagem da crescente "maquinização" do processo produtivo, na agroindústria açucareira do Estado de São Paulo, pode ser obtida pelo confronto dos dados sobre "o emprego de fatores de produção, na cultura da cana" em São Paulo e Pernambuco. "Observa-se que o emprego da mão de obra em São Paulo é cerca de um quarto da força de trabalho utilizada em Pernambuco. O uso de animais é também menos

---

[2] Ruy Miller Paiva, Salomão Schattan e Claus F. Trench de Freitas, *Setor Agrícola do Brasil*, São Paulo, Secretaria de Agricultura, 1973, p. 165.
[3] Ruy Miller Paiva, Salomão Schattan e Claus F. Trench de Freitas, *op. cit.*, p. 167.

acentuado no Estado de São Paulo, que utiliza cerca de 12 vezes mais equipamentos e máquinas que Pernambuco."[4]

Em Sertãozinho, da mesma maneira que em outras áreas do Estado de São Paulo, tem crescido o coeficiente de capital investido em máquinas e equipamentos, ao mesmo tempo que se reduz relativamente a esse o capital destinado à compra de força de trabalho. Nas usinas e canaviais, o processo produtivo tem provocado a expulsão de trabalhadores, bem como a redefinição das condições de trabalho dos trabalhadores que continuam a ser necessários. Mas essa mudança na composição das forças produtivas não tem ocorrido apenas devido ao interesse dos empresários em aumentar e aperfeiçoar a produção. Também a progressiva extensão da legislação trabalhista ao mundo agrário tem sido uma condição básica da mecanização do processo produtivo. As obrigações trabalhistas impostas aos empresários, a partir das reivindicações dos operários industriais e agrícolas, têm induzido os empresários a investir cada vez mais em máquinas e equipamentos.[5] Sob vários aspectos, a aprovação do Estatuto do Trabalhador Rural, em 1963, e a criação do Fundo de Assistência ao Trabalhador Rural (FUNRURAL), em 1971, foram marcos importantes no desenvolvimento das relações de produção no mundo rural. Ao mesmo tempo, essas instituições da legislação trabalhista para o campo assinalam momentos importantes no processo de expansão do uso de máquinas e equipamentos na agroindústria açucareira. Foi esse o contexto no qual a usina expandiu ainda mais a sua influência na economia e sociedade rurais. Com a usina, a própria indústria vai ao campo e a agricultura é completamente submetida pelo capital.

---

[4] Oriowaldo Queda, *A Intervenção do Estado e a Agroindústria Açucareira Paulista*, Piracicaba, Escola Superior de Agricultura Luiz de Queiroz, 1972, pp. 112-114.

[5] Roberto José Moreira, *Análise do Investimento a Nível de Propriedades Agrícolas da Região de Ribeirão Preto. Estado de São Paulo,* Piracicaba, Escola Superior de Agricultura Luiz de Queiróz, 1973; Richard L. Meyer e Paulo F. Cidade Araújo, *Aspectos Econômicos da Agricultura na Região de Ribeirão Preto, Ano Agrícola 1969/70, op. cit.;* Oscar J. T. Ettori, Yoshihiko Sugai e Paul F. Bemelmans, "Custo de produção de cana industrial produzida pelos fornecedores cotistas em São Paulo", *Agricultura em São Paulo,* Ano XV, nos 1/2, São Paulo, 1968, pp. 33-54.

A sociedade da usina

Desde 1945 as usinas de açúcar transformaram-se em núcleos importantes da vida econômica e política do município de Sertãozinho. Ao lado das agências e organizações federais e estaduais, da Prefeitura Municipal e da empresa industrial Zanini S. A. Equipamentos Pesados, as cinco usinas de açúcar existentes em 1975 em Sertãozinho são núcleos importantes da vida econômica e política do lugar. São estas as usinas que se acham em funcionamento: Usina Albertina S. A., Usina Santa Elisa S. A., Usina Açucareira Santo Antônio, Usina Açucareira São Francisco S. A. e Usina São Geraldo. Essas usinas estão encarregadas de processar a cana-de-açúcar. Tanto a produção dos canaviais de propriedade das próprias usinas, ou das suas empresas associadas, como a dos canaviais de propriedade de fazendeiros e sitiantes, são processadas nas cinco usinas, onde são transformadas em vários tipos de açúcar e álcool. Isso significa que as relações entre os usineiros e os fornecedores de cana-de-açúcar, e entre ambos e os trabalhadores da agroindústria, não podem ser compreendidas se não compreendermos o que é a usina, enquanto um universo social, ou político, econômico e cultural.

A usina é uma fábrica fora do lugar, da cidade, no campo. Parece inserida no processo de reprodução do capital agrário. Na usina, o capital "agrário" e o capital industrial aparecem conjugados, um subsumindo o outro. De longe, vista no campo, a usina parece engolida pelo canavial; a fábrica pela planta; a indústria pela agricultura. Mas o que ocorre é o inverso, reverso. Na agroindústria açucareira, o capital industrial instalado no campo confere ao capital "agrário" as suas cores e os seus matizes. Na usina, a cana-de-açúcar é industrializada, transformada em açúcar e álcool, seguindo as exigências e a lógica da produção industrial. Aí comandam os processos físicos e químicos, mas sobressaem a máquina e o andamento maquinizado. Na usina, a força de trabalho e a divisão social do trabalho organizam-se produtivamente segundo os movimentos e os andamentos do capital industrial. Pouco a pouco as exigências da usina se estabelecem e se impõem nos canaviais, sobre os fazendeiros, os plantadores e os operários rurais. É verdade que a cana--de-açúcar se faz segundo o andamento da natureza, nas suas estações. Mas esse andamento pode acelerar-se algum pouco e aperfeiçoar-se, segundo determinações provenientes da usina. É nesse movimento que se aplicam e propagam o fertilizante, o defensivo, o caminhão, o trator, a queima das folhas, a intensidade do corte, a velocidade do transporte, a intensificação da força de trabalho. Ao desenvolver-se no campo, a usina incute no verde dos canaviais uma vibração e uma aspereza que nada têm a ver com a doçura da cana madura.

No centro desse movimento de crescente "maquinização" do processo produtivo está a usina. "A usina é uma fábrica de açúcar, com investimento complementar na produção (agrícola) da matéria-prima. Uma parte substancial do seu ativo imobilizado é constituída pelo capital fixo industrial, cuja valorização exige que sua capacidade de produção seja aproveitada em elevada proporção, com absorção de quantidades crescentes de cana. Além do mais, a exploração dos ganhos de escala provocou o aparecimento de usinas cada vez maiores."[1] Na usina, o processo produtivo envolve uma complexa divisão social do trabalho, organizada com base em processos e meios maquinizados. "Depois de esmagada a cana nas moendas, o caldo é submetido a uma série de processos físicos e químicos de purificação, para retirar as impurezas que impedem ou prejudicam a cristalização do açúcar. Logo após, o caldo beneficiado é concentrado em aparelhos de evaporação, de efeitos múltiplos, de acordo com o número de vasos evaporadores, transformando-se em xarope. O açúcar contido no xarope é cristalizado, inicialmente, nos aparelhos do cozimento a vácuo, passando a massa cozida aos cristalizadores, para esfriar lentamente, tornando-se

---

[1] Paul Singer, *Desenvolvimento Econômico e Evolução Urbana*, São Paulo, Companhia Editora Nacional, 1968, p. 333.

ORIGENS AGRÁRIAS DO ESTADO BRASILEIRO 53

viscosa e esgotando o líquido-mãe pelo depósito de novos cristais. Em continuação, a turbinagem cuida de reparar os cristais das águas-mães que os envolvem. O açúcar retirado pelas turbinas da massa cozida de primeira é chamado de primeiro jato. O mel rico volta a ser utilizado, ainda, para a obtenção de açúcar de primeira, ao passo que o mel pobre destina-se à obtenção de açúcar de segundo jato. Em algumas usinas as instalações permitem chegar à fabricação de açúcar de terceiro jato. O mel residual da última centrifugação é chamado melaço ou mel exausto, a ser utilizado como matéria-prima para a fabricação de álcool ou aguardente. As operações acima indicadas obedecem ao seguinte escalonamento: 1) esmagamento da cana e extração do caldo; 2) purificação do caldo – sulfitação, colagem, preaquecimento, decantação e tratamento dos resíduos; 3) evaporação; 4) cozimento; 5) cristalização; 6) turbinagem; 7) secagem e ensacamento. O processo sofre determinadas alterações, conforme o tipo de açúcar que se deseja obter: açúcar branco tipo usina ou açúcar escuro, tipo demerara. O cristal tem alta polarização e sofre um descoramento mais completo, ao passo que o demerara apresenta os cristais envolvidos por uma película aderente de melaço. Finalmente, o açúcar cristal, antes de ser entregue ao consumo é, via de regra, submetido a um processo de refinação, destinado a torná-lo impecavelmente alvo, diminuir-lhe o grau de umidade e retirar-lhe o cheiro que, por vezes, se apresenta como decorrência de defeito de fabricação ou por alteração subsequente do açúcar bruto."[2]

Note-se que os processos físicos e químicos envolvidos na operação da usina implicam uma complexa divisão social do trabalho, que vai do foguista ao químico, do engenheiro de máquinas ao ensacador.

Ao mesmo tempo, a usina polariza o processo produtivo que vai dos canaviais ao açúcar ensacado. Independentemente da quantidade e proporção de cana que processa, ela polariza todos os movimentos. "A usina representa o núcleo irradiador de intensas atividades, objeto de vasta legislação específica, nela centralizando-se a intervenção estatal. É o estabelecimento industrial titular de uma cota de produção de açúcar, o qual se abastece compulsoriamente de matéria-prima dentro de quantitativos rigidamente estabelecidos."[3]

---
[2] *Brasil/Açúcar,* Rio de Janeiro, Instituto do Açúcar e do Álcool, 1972, pp. 107-108.
[3] Hélio Pina, *A Agro-Indústria Açucareira e sua legislação,* Rio de Janeiro, APEC, 1971, p. 159.

Em 1975, são cinco as usinas de açúcar e álcool existentes no município de Sertãozinho. Antes, em 1956, havia sete, além de engenhos de aguardente. Em seguida, à medida que se expandem os negócios do açúcar, no Brasil e no exterior, são reduzidas a cinco, com maquinário novo e maior produtividade. Produzem açúcares para o mercado interno e para exportação.

Algumas das usinas de Sertãozinho tiveram origem em engenhos de aguardente, pois que no município floresceram os engenhos nos anos 1920-40. E estes por sua vez, em muitos casos sucederam à cafeicultura decadente. No caso da Usina Santa Eliza, a sua história estaria ligada a um engenho de aguardente. "Em 1936, os Srs. Pedro Biagi e João Marchesi adquiriram em hasta pública a propriedade denominada *Retiro,* no Município de Sertãozinho, Estado de São Paulo, e ali fundaram um engenho para fabricação de aguardente de cana-de-açúcar. Foi adotada a nova denominação de *Fazenda Santa Elisa.* Em 1937 a sociedade foi registrada sob a razão social *M. Biagi & Cia,* ocorrendo o ingresso dos Srs. Maurílio Biagi, Gaudêncio Biagi, Bandílio e João Pagano, e a saída do Sr. João Marchesi. Houve ampliação das instalações industriais criando-se um complexo que compreendia usina de açúcar e álcool, além da antiga destilaria de aguardente. Naquele ano foram produzidos pela usina 15.600 sacos de açúcar. Gradativamente, a produção foi crescendo: 17.060 em 1938, 18.000 em 1939, até atingir 125.000 sacos em 1950. Em 1951 a empresa adotou a forma jurídica de sociedade por ações, passando a girar sob a denominação de *Usina Santa Elisa S.A.,* com o capital de Cr$ 10.300,00."[4]

Em 1957 foi realizada a primeira grande ampliação das máquinas e equipamentos da Usina. Então introduziram-se cinco moinhos acionados por dois motores a vapor. Em 1959 essa Usina incorporou a Usina Irmãos Everzut Ltda. Em 1951 havia produzido 133.160 sacos de açúcar, ao passo que em 1960 produziu 483.500. Em 1968 incorporou a Usina Anhumas. E produziu 729.188 sacos de açúcar em 1970. Em 1969 teve início um programa de ampliação e renovação total das instalações, máquinas e equipamentos. "Em 1973, a Usina Santa Elisa S.A. situada no Município de Sertãozinho, no Estado de São Paulo, inaugurou as suas novas instalações industriais. Com a montagem dos

---

[4] *Histórico,* Usina Santa Elisa S.A. Consultar também: Antonio Furlan Junior, *op. cit.,* esp. pp. 113-114; "Usina Santa Elisa", *Sugar y Azucar,* vol. 69, nº 12, Nova Iorque, dezembro 1974, pp. 37-43.

novos equipamentos, a Usina Santa Elisa se transformou numa das fábricas de açúcar mais modernas do país e a sua capacidade nominal de produção chegou a 1,5 milhão de sacos de 60 kg de açúcar (90 mil toneladas) por safra. O projeto e os equipamentos foram proporcionados, por completo, por Zanini S.A. Equipamentos Pesados (empresa pertencente ao mesmo grupo Biagi, proprietário da Usina) que iniciou os trabalhos de reforma e ampliação do setor industrial em 1969."[5] "Em meados de 1973, Zanini concluiu a montagem do setor de fabricação *(boiling house)* tanto como a ampliação da estação de energia elétrica, completando assim as obras. O equipamento antigo foi desmontado e vendido."[6] Outras usinas foram instaladas na década de 40, como a São Geraldo (1946) e a Santo Antônio (1947). Mas também passaram depois por ampliações e renovações das suas máquinas, equipamentos e instalações.

Como já indiquei, a progressiva ampliação e renovação das máquinas e equipamentos na agroindústria canavieira foi e continua a ser impulsionada pelas condições de oferta de força de trabalho, por um lado, e pela própria acumulação do capital, por outro. Mas o fenômeno tende a ser verbalizado pelos usineiros, ou seus representantes, como decorrência da escassez de mão de obra, por um lado, e a necessidade de aumentar a produtividade, por outro. De qualquer forma, na agroindústria canavieira continuam a crescer os investimentos em máquinas, equipamentos, fertilizantes e defensivos. Ao mesmo tempo, continua a concentrar-se o capital agroindustrial investido no setor.

Em vários momentos, a ação governamental tem estimulado o processo de concentração do capital no setor. O artigo 56 da Lei nº 4.870, de 1º de dezembro de 1965, estabelecia que o IAA deixava a critério dos interessados "a venda, permuta, cessão ou transferência de maquinário e de implementos destinados a atender o aumento da capacidade industrial das usinas". E o Decreto-Lei nº 1.186, de 27 de agosto de 1971, destinou-se especificamente a "conceder estímulos à fusão, incorporação e relocalização de unidades industriais açucareiras". Isto é, o governo passou a conceder incentivos fiscais e financeiros às usinas e aos fornecedores, de modo a propiciar a intensificação da mecanização do processo produtivo e o aumento da produtividade. E

---

[5] "Usina Santa Elisa", *Sugar y Azucar, op. cit.; Histórico,* Usina Santa Elisa S.A., *op. cit.*
[6] "Usina Santa Elisa", *Sugar y Azucar, op. cit.*

o Ato nº 50/71, de 29 de dezembro de 1971, destinou-se a estabelecer as normas para a aplicação do disposto no referido Decreto-Lei. Dessa forma, a ação governamental passou a orientar-se expressamente no sentido da centralização ou concentração do capital agroindustrial. Nesse processo, a usina adquire ainda maior preeminência no mundo social, ou político-econômico, no qual se destacam os usineiros, os plantadores, os operários das usinas e os operários agrícolas, residentes e não residentes.

Uma parte da cana-de-açúcar processada pelas usinas tem sido produzida nas terras das próprias usinas ou suas empresas associadas, e outra parte em sítios e fazendas. Os proprietários dos sítios e fazendas são os fornecedores de cana industrial. Às vezes dedicam-se com exclusividade à cultura da cana. Outros combinam e revezam a cultura da cana com milho, algodão, arroz, amendoim e outros. Mas é grande o número de fornecedores de cana para as usinas de açúcar de Sertãozinho. Em 1975, estes são os fornecedores registrados na Associação de Fornecedores de Cana-de-Açúcar: Albertina, 33; São Francisco, 40; São Geraldo, 85; Santo Antônio, 112; Santa Elisa, 147. Ao todo, em 1975, os fornecedores de cana do município são 417.

Vejamos agora, de modo breve, alguns característicos sociais e políticos da usina. Esses característicos parecem ser, ao mesmo tempo, condição e consequência da forma pela qual ocorre a reprodução do capital agroindustrial no setor açucareiro.

Conforme já vimos, a Usina Açucareira São Geraldo foi fundada em 1946. Sua produção aumentou de 4.020 sacos de 60 kg em 1946, para 606.211 em 1970. Em 1974 produziu 836.910 sacos de açúcar. É claro que essa expansão implicou uma ampla e complexa mobilização de forças produtivas, nas quais sobressaem máquinas e equipamentos destinados a potenciar a produtividade da força de trabalho. Ao mesmo tempo, é claro, desenvolveu-se a divisão social do trabalho. Pouco a pouco a usina vai mobilizando uma massa ampla de operários industriais e agrícolas, além de empregados de escritórios, técnicos, engenheiros, químicos e outras categorias profissionais. Ao relatar o que era a Usina São Geraldo, em 1956, o cronista de Sertãozinho fazia uma síntese do que era o mundo social nesse núcleo da agroindústria canavieira. "A sede possui todas as benfeitorias e requisitos de uma usina moderna: açougue, armazém, cinema, ambulatório médico, gabinete dentário, barbearia, pensão para alojamento de 80 pessoas e 6 escolas distribuídas e localizadas na área da fazenda onde a densidade de lavradores é mais intensa. As casas da sede e dos gerentes, com seus magníficos parques, merecem um capítulo à parte. Por suas instalações e pelo conforto que oferecem colocam-se na primeira plana das construções similares de todo o país. São bem dignas dos usineiros que conseguiram uma organização de escol como é a da Usina Açucareira São Geraldo."[7] Uma notícia publicada em 1972, sobre a Usina São Geraldo, diz o seguinte: "Para a manutenção dos serviços na Usina, são utilizados 1.220 empregados, sendo que 250 operam na parte industrial e 970 na parte agrícola, que, por sua vez, utilizam-se de 62 tratores, 25 caminhões e diversos carros, possuem também um avião Cessna para uso exclusivo da diretoria".[8] Ao mesmo tempo, a usina seguia um plano de assistência social englobando ambulatório médico e gabinete dentário. Quanto às atividades educacionais, esportivas e recreativas, possuía grupo escolar, duas classes do MOBRAL, o Esporte Clube São Geraldo, campo de futebol, quadra de futebol de salão e quadra de basquete.[9] Trata-se de um mundo social amplamente urbanizado.

Características sociais, econômicas e políticas semelhantes aparecem na organização nucleada também pelas outras usinas. Em 1956, a Usina Santa Elisa já se achava amplamente urbanizada. Conforme escreveu o cronista de Sertãozinho: "A área total da fazenda Santa Elisa é de 1.700 alqueires de terra roxa mista, dos quais 900 alqueires são destinados ao cultivo da cana-de-açúcar da própria fazenda. A lavoura é mecanizada e obedece aos requisitos da moderna e racional agricultura. Sessenta lavradores vizinhos, com uma área de 335 alqueires, fornecem anualmente para mais de 30 mil toneladas de cana". E acrescenta: "Dedicam suas atividades à Usina cerca de 1.200 pessoas, que recebem assistência médico-hospitalar, enfermagem, intelectual, espiritual e até recreativa. Assim é que a Usina possui ambulatório médico, dentário, posto de puericultura, um grupo escolar com 180 alunos e uma escola isolada mista e uma igreja espaçosa. Na parte recreativa destacam-se um clube para reuniões dançantes e literárias, moderno cinema e um magnífico campo de futebol para a prática desse

---

[7] Antonio Furlan Junior, *op. cit.*, p. 115.
[8] *Sertãozinho: A Capital do Açúcar*, publicação de 1972, época da administração do prefeito municipal sr. Arnaldo Bonini, p. 9.
[9] *Sertãozinho: A Capital do Açúcar*, *op. cit.*, p. 9.

popular esporte".[10] Esse mundo social bastante urbanizado continua a desenvolver-se nos anos seguintes, sempre polarizado em torno da usina e da figura do usineiro. Como as outras, a Santa Elisa transformou-se num universo sociocultural e político-econômico urbanizado. "É composta de um núcleo principal, onde se localiza a indústria, com 3 núcleos habitacionais, totalizando 145 residências; além do núcleo principal há 3 seções: engenho central, fazenda Vassourai e Lagoa da Serra, tendo cada uma respectiva(mente) 29, 24 e 53 casas residenciais. Conta atualmente com 1.900 empregados, sendo 1.350 da lavoura, onde 750 são fixos e 600 são contratos de safra; e 550 da Indústria. Grande parte dos empregados reside na sede, e nas seções. Os demais distribuem-se pelas cidades de Sertãozinho, onde se localiza o maior contingente, e outras: Pitangueiras, Pontal, Jaboticabal, Jardinópolis, Ribeirão Preto etc. A Usina presta aos seus empregados assistência médico-odontológica, farmacêutica, escolar, religiosa etc. Os empregados mais beneficiados são os que residem na sede e seções. Os demais, de uma maneira geral, buscam em suas próprias cidades os postos do Funrural, INPS, ou outros existentes para o atendimento da população local."[11]

Não há dúvida de que a extensão da legislação trabalhista ao campo destinou-se, em parte, a proteger os operários rurais, nas suas relações com os compradores de força de trabalho. Mas é inegável que a legislação relativa à "assistência social aos trabalhadores das usinas, destilarias e fornecedores de cana" permite que o usineiro e o fazendeiro aumentem o seu controle político sobre os operários industriais e rurais. É verdade que o governo tem sido levado a ampliar e sistematizar a legislação destinada a proteger o trabalhador rural e garantir-lhe assistência social. No caso do proletariado industrial e rural que trabalha no setor da cana-de-açúcar, essa política está presentemente regulada pelos artigos da Lei nº 4.870, de 1 de dezembro de 1965, e pelo Ato nº 3, de 25 de janeiro de 1968. O artigo 36, da referida lei, estabelece o seguinte: "Ficam os produtores de cana, açúcar e álcool obrigados a aplicar, em benefício dos trabalhadores industriais e agrícolas das usinas, destilarias e fornecedores, em serviços de assistência médica,

---

[10] Antonio Furlan Jr., op. cit., p. 113.
[11] "Plano mínimo de aplicação conjunta em Assistência Social – artigo 36 da Lei 4870/65", Sertãozinho, 20 de janeiro de 1975.

hospitalar, farmacêutica e social, importância correspondente, no mínimo, às seguintes percentagens: a) de 1% (um%) sobre o preço oficial do saco de açúcar de 60 (sessenta) quilos, de qualquer tipo...; b) de 1% (um%) sobre o valor oficial da tonelada de cana entregue, a qualquer título, às usinas, destilarias anexas ou autônomas, pelos fornecedores ou lavradores da referida matéria; c) 2% (dois%) sobre o valor oficial do litro de álcool de qualquer tipo produzido por destilarias. Os recursos previstos neste artigo serão aplicados diretamente pelas usinas, destilarias e fornecedores de cana, individualmente ou através das respectivas associações de classe, mediante plano de sua iniciativa, submetido à aprovação e fiscalização do IAA". O Ato nº 3 reafirma a obrigatoriedade das associações ou cooperativas de fornecedores de responsabilizarem-se pela aplicação do disposto na alínea "b" do artigo 36 da Lei nº 4.870 "obrigatoriamente em benefício dos trabalhadores agrícolas dos fornecedores de cana e dos pequenos fornecedores e de seus familiares". O mesmo ato de 1968 especifica que as usinas e destilarias estão obrigadas a aplicar os recursos estipulados nas alíneas "a" e "c" do artigo 36 da referida lei, nas seguintes áreas: assistência médica (hospital, maternidade, ambulatório, enfermaria), medicina preventiva e higiene; assistência farmacêutica; assistência odontológica, auxílios-funeral e pré-natal; assistência educativa; e assistência recreativa.

Sob vários aspectos, pois, a usina parece polarizar as relações econômicas e políticas que estão na base do funcionamento da agroindústria açucareira. A usina pode ser vista como um mundo social (econômico, político e cultural) complexo e relativamente isolado e autônomo. Vejamos, numa síntese, alguns dos característicos da sociedade que está polarizada pela reprodução do capital agroindustrial comandado pelo usineiro.

Na usina, entendida como um complexo produtivo que engloba fábrica e plantações, as pessoas se dividem em operários industriais, operários agrícolas, capatazes, feitores, fiscais, técnicos, engenheiros, químicos, empregados de escritório e outros, além da diretoria, que engloba os proprietários. Há também médicos, enfermeiros, dentistas, professores, assistentes sociais, guardas, vigilantes, porteiros, mensageiros e outros trabalhadores. No conjunto, a população que trabalha na usina e nas plantações está organizada segundo as exigências da reprodução do capital agroindustrial, da divisão social do trabalho, das hierarquias das posições e mandos, das formas e níveis de participação no produto do trabalho coletivo dos operários agrícolas e industriais. Tudo sob o comando do usineiro e seus prepostos. Essa humanidade, que vive e se reproduz na usina e canaviais, colônias e escritórios, em geral se compõe de famílias completas, às vezes de três gerações. Distribuem-se em operários agrícolas, operários industriais, empregados etc. Na época da safra (junho-dezembro) agregam-se à população preexistente na usina e nos canaviais os trabalhadores contratados, temporários, provenientes das periferias da cidade de Sertãozinho, de outras cidades ou outros Estados, tais como: Minas Gerais, Bahia, Pernambuco ou outros. Esses são os trabalhadores temporários da época da safra, conhecidos como *paus-de-arara, boias-frias, volantes, baianos* ou outras denominações. São operários agrícolas e industriais que fazem aumentar de cerca de 50%, no caso da usina, a 100%, no caso dos canaviais, a população assalariada. Mas todos se ajustam às relações hierárquicas e estruturas vigentes na agroindústria polarizada em torno da usina. As relações e estruturas de apropriação e dominação vigentes na usina e canaviais adquirem o seu máximo dinamismo na época da safra. A rigor, a população que movimenta a usina e os canaviais está organizada em classes e setores de classes: operários rurais, operários industriais, capatazes, fiscais, empregados administrativos, técnicos, proprietários.

É claro que esse mundo social (econômico, político e cultural) está influenciado, marcado, identificado e movimentado pelos valores, padrões, normas, relações vigentes e predominantes na sociedade brasileira. Aí estão as Igrejas e seitas, os governos e governantes, as escolas e jornais, as revistas e livros, as rádios e tevês, as freiras e padres, os assistentes sociais e propagandistas, as lojas e comerciantes, os jogos e campeonatos; inclusive eleições, eleitores e eleitos. Também estão presentes no mundo social da usina e canaviais as várias organizações que definem, delimitam e fazem funcionar as relações entre as pessoas, famílias, grupos e classes sociais: o Instituto do Açúcar e do Álcool (IAA), o Programa de Assistência ao Trabalhador Rural (PRORURAL), o Fundo de Assistência ao Trabalhador Rural (FUNRURAL), a Consolidação das Leis do Trabalho (CLT), o Instituto Nacional de Previdência Social (INPS), a Cooperativa Central dos Produtores de Açúcar e Álcool do Estado de São Paulo (COPERSUCAR), a Associação dos Plantadores de Cana do Oeste do Estado de São Paulo, o Sindicato dos Cortadores de Cana de Sertãozinho, a Casa da Lavoura, a Prefeitura Municipal, a Delegacia de Polícia, o Juiz de Direito, o Promotor Público. Isto é, o poder econômico e político está organizado nas usinas, no campo, na cidade, no conjunto do município de Sertãozinho, em conformidade com as exigências do poder político-econômico expresso no Estado e em conformidade com as exigências da reprodução do capital agroindustrial investido nos negócios da cana-de-açúcar.

Nesse mundo social (econômico, político e cultural) bastante complexo, assinalado pelos perfis e dinamismos peculiares da entressafra (janeiro-maio) e safra (junho-dezembro), destacam-se várias características básicas; características que precisam ser compreendidas de forma integrada.

Em primeiro lugar, trata-se de um ambiente social amplamente urbanizado. Todas as relações e estruturas, todos os valores e padrões estão, em algum grau, impregnados das relações e estruturas dos valores e padrões vigentes e predominantes no mundo urbano. Não há, praticamente, descontinuidade entre a cidade e o campo, a indústria e a agricultura, a fábrica e o canavial.

Em segundo lugar, a força de trabalho é, ao mesmo tempo, agrícola e industrial. É verdade que o cortador de cana se distingue do operário da usina. Trabalham em condições sociais e técnicas distintas. Reproduzem-se de forma diversa, se pensamos na organização social e técnica das relações de produção. Mas estão relacionados, ligados por duas formas. Estão ligados na continuidade de um mesmo processo produtivo que ata o corte da cana, a moagem e o açúcar. Um segue e se realiza no outro, enquanto processo social de produção, enquanto realização de valor, enquanto utilização de força de trabalho. Ao mesmo tempo, estão ligados pela continuidade do mercado de força de trabalho. O cortador de cana em geral quer ser um operário na usina. O corte da cana é trabalho áspero e longo. Na safra, a jornada de trabalho frequentemente tem de 10 a 12 horas de duração. E o ganho é por tarefa realizada, cujo preço é estipulado pelo IAA, em conformidade com os interesses do usineiro. Além do mais, o trabalho no corte da cana é temporário. Dura meses. Depois termina. É instável. Na lavoura, as garantias sociais são mais precárias. Quando há cana para cortar, acima do cortador estão o capataz, o fiscal, o caminhoneiro e o fazendeiro ou o usineiro. Para o operário rural é muito visível e pesada a carga do trabalho, dos encargos, dos que precisam ser carregados. Na usina, a jornada de trabalho está regulada de forma diversa. As bases da jornada são as oito horas e o salário mínimo; o que se trabalha a mais são horas extras, pagas com acréscimos. E aí as garantias sociais são menos precárias. As próprias condições de aposentadoria são melhores. Por essas e outras razões, a massa de operários rurais está sempre pressionando no sentido de entrar na esfera de produção industrial. Naturalmente, é apenas uma pequena parcela que logra a mudança. Nem por isso, no entanto, uns e outros, operários industriais e rurais, deixam de estar num mercado de força de trabalho relativamente contínuo.

Em terceiro lugar, o mundo social no qual estão integrados a usina, os canaviais e os vários tipos de trabalhadores é um mundo no qual domina e predomina o usineiro. É a figura e a figuração do que se pode e deve fazer, do que é permitido e proibido, do que se premia e castiga. É o proprietário, dono e prefeito de tudo. As pessoas empregadas na usina e canaviais, escritórios e serviços sociais, veem nele o núcleo do poder, das decisões, das possibilidades, das proibições. Nas plantações e usina, colônias e escritórios, caminhos e porteiras, o usineiro aparece como a autoridade máxima, predominante ou quase única. Tanto assim que a Prefeitura, a Delegacia, o Sindicato, a Igreja e outras instituições não operam na área da usina e seus canaviais, a não ser por meio de alguma forma de intermediação do usineiro ou seus prepostos. Algumas relações "externas" fundamentais das pessoas, famílias e grupos que trabalham e residem nas herdades do usineiro estão sob o controle da direção da empresa. No mundo social da usina e canaviais, tudo tende a tornar-se privado, organizado segundo as exigências da reprodução do capital agroindustrial especializado na produção de açúcar e álcool.

O operário
da usina e do canavial

Em Sertãozinho, a população rural decresceu bastante, em termos relativos e absolutos, à medida que se expandiu a agroindústria açucareira. Em 1940, viviam no meio rural 73,7% da população do município. Em 1970, essa população se havia reduzido a 26,4%. Entre 1960 e 1970, a população rural caiu de 48,0 para 26,4%. Esse processo de urbanização avança ao longo das décadas, durante as quais a agroindústria canavieira passa a predominar amplamente no mundo social rural. Note-se que em 1938 Sertãozinho perdeu o distrito de Pradópolis para o município de Guariba e que em 1953 o distrito de Barrinha, até então pertencente ao município de Sertãozinho, foi elevado à categoria de município. Mas esses fatos não alteram o significado do processo.

Seria enganoso pensar que a acentuada transferência de população do campo para a cidade significou um despovoamento do campo. Nada disso. O que houve foi a expansão da agroindústria açucareira, que modificou o mundo social do campo. Mais que isso, a expansão da agroindústria provocou a urbanização do mundo rural. A população que reside ou trabalha nas usinas e canaviais passou a consumir a produção material e espiritual do mundo urbano: desde o programa de televisão à pílula anticoncepcional; do sindicalismo assistencialista aos jogos e divertimentos programados pelo usineiro ou seus prepostos; das deliberações do IAA às classes do Movimento Brasileiro de Alfabetização (MOBRAL). À medida que se reduz a população que habita o campo, este se urbaniza e redefinem-se as relações de produção na agroindústria canavieira. Tanto assim que se modifica a composição social da massa de trabalhadores envolvidos nessa agroindústria. Pouco a pouco, o colono deixa de ser a principal categoria de trabalhador. É transformado em trabalhador permanente ou temporário, em mensalista ou diarista. Muitos colonos são expulsos das colônias, dos núcleos habitacionais dispersos ao largo da casa-grande, da usina ou canaviais. As terras das colônias, suas hortas e quintais são tomados pelos canaviais ou construções das usinas. E os colonos transformam-se em assalariados residentes, alguns; e não residentes, outros, cada vez mais numerosos. Entre 1940 e 1972, os assalariados permanentes reduzem-se de 3.856 para 2.105. Na mesma época, os assalariados temporários passam de 123 para 4.177.

Esses movimentos da força de trabalho expressam os movimentos do capital agroindustrial, cujo ciclo está influenciado pelo ciclo sazonal que governa o corte da cana e a fabricação de açúcar. Conforme um relatório da Usina Santa Elisa, de Sertãozinho: "Conta atualmente com 1.900 empregados, sendo 1.350 da Lavoura, onde 750 são fixos e 600 são contratos de safra; e 550 da Indústria. Grande parte dos empregados reside na sede e nas seções. Os demais distribuem-se pelas cidades de Sertãozinho, onde se localiza o maior contingente, e outras: Pitangueiras, Pontal, Jaboticabal, Jardinópolis, Ribeirão Preto etc."[1]

Ao longo do processo de expansão açucareira, tende a reduzir-se o emprego de trabalhadores permanentes, ao mesmo tempo que aumenta o contingente dos temporários. Esse processo foi registrado por José Cesar A. Gnaccarini, em estudo sobre a agroindústria açucareira do Estado de São Paulo.[2] Nesse estudo, que inclui usinas de Sertãozinho, ele constatou que tem aumentado o contingente de trabalhadores que as usinas e os canaviais mobilizam na época da safra. Entre 1958 e 1968, os trabalhadores ocupados na entressafra passaram de 10.505 a 17.618, ao passo que, no mesmo período, os trabalhadores empregados na safra aumentaram de 15.735 para 31.225.

Esse processo de expulsão de trabalhadores das usinas e canaviais para as periferias das cidades, e simultânea transformação da estrutura do proletariado canavieiro, foi e continua a ser o produto combinado

---

[1] "Plano mínimo de aplicação conjunta em Assistência Social – artigo 36 da Lei 4.870/65", Sertãozinho, 20 de janeiro de 1975.
[2] José Cesar Aprilante Gnaccarini, *Estado, Ideologia e Ação Empresarial na Agroindústria Açucareira do Estado de São Paulo*, São Paulo, 1972, p. 194, mimeo.

de vários movimentos do capital. Vejamos dois desses movimentos, que aliás ocorrem simultaneamente, um influenciando o outro. Em primeiro lugar, tem havido uma crescente mecanização dos processos de trabalho, nas usinas e nos canaviais. O preparo das terras para plantio, a adubação, o plantio, o trato dos canaviais, a aplicação de defensivos são as várias atividades que têm incorporado processos mecânicos. Tudo isso reduz e redefine os usos da força de trabalho nos canaviais, em nome do aumento da produção e da produtividade, para atender às crescentes demandas dos mercados interno e externo. Ao mesmo tempo, cresce o coeficiente de capital investido em máquinas, equipamentos e instalações para fabricar açúcar e álcool. Tem havido várias ampliações e renovações das máquinas, equipamentos e instalações das usinas, com apoios e incentivos governamentais por via do IAA. Muda a composição técnica e orgânica do capital, crescendo bastante o capital constante, ou imobilizado em terras, máquinas, equipamentos, instalações etc. E decresce o montante do capital invertido na compra de força de trabalho. Mesmo porque a força de trabalho produz cada vez mais, devido à potenciação da sua produtividade, pela incorporação da tecnologia e a redivisão social do trabalho.

Em segundo lugar, mais ou menos contemporaneamente à expansão da agroindústria açucareira, ocorreu uma progressiva formalização das relações de produção nas usinas e canaviais. Adotou-se uma legislação trabalhista (sindical e previdenciária) que organiza e disciplina as condições políticas e econômicas de oferta e demanda da força de trabalho nessa agroindústria.

Foi em 1944 que a legislação relativa à agroindústria açucareira começou a abordar, de modo explícito, o operário rural e industrial do setor. Na legislação anterior, da qual se destaca o *Estatuto da Lavoura Canavieira* (Decreto-Lei nº 3.855, de 21 de novembro de 1941) falava-se em lavrador, parceiro ou arrendatário como fornecedores de cana-de--açúcar às usinas. Portanto, falava-se em sitiantes e fazendeiros, às vezes parceiros e arrendatários, que eram proprietários de plantações de cana. Aliás, o Estatuto da Lavoura Canavieira destinou-se principalmente a regulamentar as relações dos fornecedores de cana com as usinas, de modo a garantir a sobrevivência dessa categoria social em face da expansão do capital agroindustrial dos usineiros. E essa finalidade é especificada no artigo 2 do Decreto-Lei. E o seu artigo 3 estabelece que o Estatuto não se aplica a assalariados. O Decreto-Lei n° 6.969, de 19 de outubro de 1944, começou a definir juridicamente a condição do operário rural e industrial do setor canavieiro. Entre outros direitos garantidos aos "trabalhadores rurais" por esse decreto--lei, foi estabelecido no artigo 19 que "considera-se trabalhador rural aquele que presta os seus serviços na lavoura canavieira em caráter permanente, periódico ou transitório". Estabeleceu, também, que os trabalhadores rurais "terão a sua situação regulada em contratos-tipos aprovados pelo IAA". Ao mesmo tempo, no artigo 22 registrou que os contratos-tipos deveriam observar os seguintes princípios: proibição de quaisquer descontos em salários, por motivos de más colheitas; direito à moradia para a família do trabalhador; direito à assistência médica, dentária e hospitalar gratuita; também ensino gratuito aos filhos de trabalhadores; e garantia de indenização, no caso de despedida injusta. O artigo 23 estipulava que "o trabalhador rural com mais de um ano de serviço terá direito à concessão, a título gratuito, de uma área de terra próxima à sua moradia, suficiente para a plantação e criação necessárias à subsistência de sua família". Como se vê, tratava-se de uma tentativa de garantir o regime do colonato, numa época em que ele já começava a desagregar-se de novo. Aliás, à medida que são organizadas juridicamente as relações de produção no setor, essa mesma legislação impulsiona a mudança das mesmas relações de produção. Note-se que esse mesmo decreto-lei estabeleceu que os operários das usinas têm direito a uma "carteira profissional". E mais: "Durante a prestação de serviços industriais na usina o trabalhador rural estará subordinado aos dispositivos da Consolidação das Leis do Trabalho (CLT) e das demais leis de proteção ao trabalhador, inclusive das que regulam o salário". Mas essa lei só "pegou" anos depois, devido às mudanças político-econômicas havidas na agroindústria açucareira e no conjunto da sociedade brasileira.

    Somente em 1959 reconheceu-se que o operário da usina estava amparado pela CLT. "Já a partir de 1959 o Tribunal Superior do Trabalho entendera que os empregados rurais dos estabelecimentos industriais estavam amparados integralmente pelas disposições da Consolidação das Leis do Trabalho, sendo este entendimento também o do Supremo Tribunal Federal. Iniciou-se por essa época um movimento de arregimentação dos trabalhadores rurais das usinas e engenhos de açúcar paulistas, por iniciativa de lideranças dos sindicatos de trabalhadores industriais. O movimento centralizou-se desde o início em torno de assistência judicial para efeito de reclamações de salários não pagos, diferenças de salário, regularização das cadernetas de trabalho, indenização por estabilidade em caso de rescisão de contrato de trabalho, indenização por benfeitorias realizadas nas terras alheias, falta de prestação de contas decorrente do sistema de fornecimento por meio de 'vales' nos armazéns de gêneros de propriedade das usinas, descontos ilegais etc."[3]

Essa movimentação política acelera o processo de dissolução do colonato e a transformação dos operários rurais e industriais em operários não residentes. Ao mesmo tempo, desenvolve-se o processo de expansão do contingente de trabalhadores temporários. Diante da garantia de direitos e deveres dos operários rurais e industriais, nos canaviais e nas usinas, os sitiantes, fazendeiros, usineiros e donos de engenhos de aguardente reagem pela incorporação de máquinas e equipamentos. Reorganizam as forças produtivas e as relações de produção de modo a potenciar a produtividade da força de trabalho; isto é, aumentar o capital investido em máquinas, equipamentos, instalações e organizações. Este processo ocorre de par em par com a generalização e sistematização da legislação trabalhista (previdenciária e sindical), além de algumas leis sobre a posse e o uso da terra. Vejamos uma lista de algumas das leis editadas pelos governantes nos anos 1960-75: a Lei Delegada nº 11, de 11 de outubro de 1962, criou a Superintendência de Política Agrária (SUPRA) relativa a questões de posse e uso da terra. Competia à SUPRA "planejar, promover, executar e fazer executar" a reforma agrária, assistência técnica, financeira, educacional e sanitária. A Lei nº 4.214, de 2 de março de 1963, dispondo sobre o Estatuto do Trabalhador Rural, definiu o que se devia entender por trabalhador rural e estabeleceu os seus direitos quanto a remuneração, salário mínimo, repouso remunerado, férias, segurança do trabalho, trabalho da mulher, trabalho do menor, aviso prévio, estabilidade no emprego, sindicalização etc. "Trabalhador rural para os efeitos desta lei é toda pessoa física que presta serviços a empregador rural, em propriedade rural ou prédio rústico, mediante salário pago em dinheiro ou *in natura*, ou parte *in natura* e parte em dinheiro." A partir dessa lei, acelerou-se o processo de mudança nas relações de produção no mundo rural e na agroindústria açucareira. À medida que se estendeu,

---
[3] José Cesar A. Gnaccarini, *op. cit.*, p. 9.

a legislação trabalhista provocou uma reação político-econômica do capital agroindustrial.

Como escreveu Caio Prado Júnior, em 1963, ao comentar a promulgação do Estatuto do Trabalhador Rural, os fazendeiros e proprietários rurais em geral, "pressionados pelos seus trabalhadores e leis que valorizam a mão de obra, deverão necessariamente recorrer a um aumento de produtividade, o que importará uma substituição dos deficientes e onerosos processos de produção que hoje empregam, por outros de padrões mais elevados".[4] À mesma época, comentando a mesma lei, outro estudioso de problemas rurais escreveu: "É de se esperar que o empresário agrícola vá tentar diminuir seus encargos com mão de obra, quer através de uma mudança no tipo de exploração, quer através de uma recombinação de fatores de produção".[5] De fato, desde então acelerou-se o desenvolvimento das forças produtivas no mundo rural, ocorrendo a modificação da composição das forças produtivas e a mudança das relações de produção. Mesmo porque, nos anos seguintes, outras leis foram promulgadas e, pouco a pouco, postas em prática.

A 30 de novembro de 1964 promulgou-se a Lei nº 4.504, dispondo sobre o Estatuto de Terra, isto é, a posse e o uso da terra, com vistas à reforma agrária em algumas áreas. A Lei nº 4.870, de 1 de dezembro de 1965, também abordou a assistência aos trabalhadores do setor canavieiro em seus artigos 35, 36 e 37. O Ato nº 3, de 25 de janeiro de 1968, estabeleceu normas para a prestação de assistência social aos trabalhadores das usinas, destilarias e fornecedores de cana. A Lei Complementar nº 11, de 25 de maio de 1971, instituiu o Programa de Assistência ao Trabalhador Rural (PRORURAL) que por sua vez criou o Fundo de Assistência ao Trabalhador Rural (FUNRURAL). O FUNRURAL passou a prestar os seguintes benefícios ao trabalhador rural: aposentadoria por velhice e invalidez, pensão, auxílio-funeral, serviço de saúde e serviço social. Ao mesmo tempo, continuou válido e obrigatório o artigo 36 da Lei nº 4.870, conferindo às usinas e fornecedores a faculdade de pôr em prática a assistência social exigida pelo governo, através do IAA: "Ficam os produtores de cana, açúcar e

---

[4] Caio Prado Júnior, "O Estatuto do Trabalhador Rural", *Revista Brasiliense*, nº 47, São Paulo, 1963, pp. 1-13; citação da p. 10.

[5] Antonio Dinaer Piteri, "O Estatuto do Trabalhador Rural", *Agricultura em São Paulo*, ano XI, nº' 1 e 2, São Paulo, 1964, pp. 1-16; citação da p. 6.

álcool obrigados a aplicar, em benefício dos trabalhadores industriais e agrícolas das usinas, destilarias e fornecedores, em serviço de assistência médica, hospitalar, farmacêutica e social" certos percentuais sobre os preços oficiais de cana, açucar e álcool.

Ao longo desse processo político-econômico, que aparece sob a forma jurídica, modificaram-se as relações de produção e a estrutura da parte da classe operária ligada às fainas dos canaviais e usinas. Em resumo: "Dois fatores contribuíram para que o regime do colonato caísse em desuso em São Paulo. O primeiro deles diz respeito a um relativo controle que as usinas médias e grandes passaram a ter depois de 1960 sobre o mercado de açúcar, ao se organizarem em uma cooperativa central de vendas. O segundo refere-se, de um lado, à aprovação do Estatuto do Trabalhador Rural e à correlata agitação rural pela sua aplicação entre os anos de 1962 e 1963, e, de outro, à regulamentação entre os anos de 1965 e 1967 dos dispositivos do Estatuto da Terra dizendo respeito aos direitos dos parceiros agrícolas e relações de trabalho assemelhados, somando-se a estas disposições legais a regulamentação, feita em 1965, de um dispositivo criado por Vargas, nos tempos da ditadura, garantindo aos trabalhadores residentes áreas mínimas de terra para proverem sua subsistência, de preferência sob a forma cooperativa. Ora, o custo das terras nas regiões canavieiras atingiu, inclusive em termos comparativos com regiões não canavieiras, índices onerosos e a possibilidade de expansão da área canavieira no Estado de São Paulo já está próxima da exaustão".[6] Em seguida, além do Estatuto do Trabalhador Rural, de 1963, do Estatuto da Terra, de 1964, da Lei 4.870, de 1965, e do FUNRURAL, de 1971, outras leis e decisões governamentais, diretas ou por via do IAA, continuaram a especificar ou reformular dispositivos anteriores. Em 1974, o Decreto nº 73.617, de 12 de fevereiro, aprovou o regulamento do programa de assistência ao trabalhador rural. Ademais, a Lei nº 6.195, de 19 de dezembro de 1974, atribui ao FUNRURAL a responsabilidade pela assistência social aos acidentados em atividades rurais. Progressivamente, pois, estendeu-se no mundo rural, nas plantações e fábricas, uma legislação trabalhista principalmente assistencial. Dessa forma, as relações de produção passaram a organizar-se em termos mais formais,

---

[6] José Cesar A. Gnaccarini, *op. cit.*, p. 9.

isto é, segundo os requisitos jurídicos, ou político-econômicos ditados pelo poder estatal, diretamente ou por intermédio do IAA. Esse foi o contexto histórico em que se dissolveu o colonato na agroindústria canavieira. Esse foi o mesmo contexto no qual o proletariado rural (colonos, camaradas, empregados, agricultores, trabalhadores, agregados e outros) desenvolveu-se ainda mais. Aí surgiram os trabalhadores permanentes e os temporários, residentes e não residentes, em várias formas de organização do processo de reprodução do capital agroindustrial.

Note-se que o sindicalismo não teve maiores desenvolvimentos na área açucareira. É verdade que ele recebeu um forte impulso em 1963, com a adoção do Estatuto do Trabalhador Rural. Todo o título VI dessa lei é dedicado à organização sindical. De fato, nesse ano e nos primeiros meses de 1964 houve intensa movimentação no meio rural brasileiro, no sentido da organização e atividade sindicais. De certa forma, haviam-se combinado os fins político-econômicos da SUPRA, criada em 1962, e do Estatuto, de 1963. Em 31 de dezembro de 1964, o Decreto nº 53.517, do presidente João Goulart, reconhecia a *Confederação Nacional dos Trabalhadores na Agricultura*. Mas a partir do novo governo, instalado com o golpe de abril de 1964, o sistema sindical ficou sob intervenção. Além disso, o governo começou a transformar o sindicato rural e urbano na direção do assistencialismo "despolitizante" e ainda mais propício aos interesses empresariais. Além disso, o ministerialismo e o peleguismo inspirados na ditadura passaram a imobilizar ainda mais as organizações e as atividades dos sindicatos, no campo e na cidade, nos canaviais e nas usinas. A Portaria nº 71, de 2 de fevereiro de 1965, aumenta o controle governamental sobre os sindicatos rurais. Inclusive estabelece que os diretores do sindicato devem dar "prova de boa conduta firmada pela autoridade pública"; isto é, atestado ideológico. E o Decreto nº 67.227, de 21 de setembro de 1970, trata de acentuar o caráter assistencialista que o governo já vinha dando ao sindicato. Essa lei procura valorizar "a participação das entidades sindicais no esforço para a promoção social do trabalhador". Por meio destas leis, o sindicato é reduzido a uma organização preocupada e voltada para atividades assistenciais e recreativas, sem capacidade de discussão de questões políticas ou econômicas do interesse do assalariado do campo e da cidade.

O boia-fria

O boia-fria é provavelmente o trabalhador mais característico das relações de produção imperantes na agroindústria açucareira. Ele tem sido chamado boia-fria, pau-de-arara, volante, trabalhador temporário, diarista ou outras denominações. Ao lado do usineiro e do IAA, simboliza o caráter das relações de produção imperantes na agroindústria. Naturalmente, há outros personagens nos canaviais e usinas. Estes são alguns: administrador, capataz, feitor, fiscal, engenheiro, químico, tratorista, motorista, empreiteiro de mão de obra, trabalhador permanente, trabalhador temporário, mecânico, foguista, eletricista, colono, mensalista, diarista, servente etc. Devido às condições sazonais em que se desenvolve o processo produtivo na agroindústria, a força de trabalho não é empregada de forma permanente nas usinas e canaviais. Nesse setor econômico, a demanda de força de trabalho é razoavelmente elástica. Na usina, as máquinas param na entressafra: são desmontadas, consertadas, preparadas para entrar em plena e intensa atividade na época da safra. Durante a entressafra, pois, reduz-se a quantidade de trabalhadores empregados, ao passo que na safra todas as atividades são retomadas, desde a descarga da cana vinda dos canaviais ao ensacamento e transporte do açúcar, desde o foguista ao químico. No canavial, na entressafra, as atividades são muitas: preparo da terra para plantio, plantio, carpa, conservação dos caminhos, abertura ou limpeza de valas, córregos, riachos, rios, limpeza e conservação de pátios e quintais. Na safra, no entanto, todos são chamados para as fainas da queima das folhagens dos canaviais, o corte, carregamento da cana cortada e seu transporte para as esteiras da usina. Nessa época aumenta bastante a demanda de força de trabalho no canavial.

Nas condições em que se desenvolvem, ao longo do ano agrícola, do ciclo produtivo na agroindústria canavieira, as relações de produção implicam a demanda razoavelmente elástica de força de trabalho. E quanto mais se desenvolvem essas relações de produção, em termos de tecnologia, divisão social do trabalho, formalização das condições de oferta e demanda de trabalhadores, extensão da legislação trabalhista e previdenciária ao campo etc., quanto mais se desenvolvem essas relações, mais se exige que a oferta e a demanda de força de trabalho seja elástica. É preciso que essa força produtiva, da mesma forma que as outras, se ajuste às exigências da reprodução do capital. Daí por que a expansão da agroindústria canavieira, ao longo das últimas décadas, tem sido também um processo de expulsão do trabalhador das terras das usinas e canaviais para outros lugares, principalmente as periferias das cidades próximas.

À medida que se desenvolve, a agroindústria produz e reproduz o boia-fria, volante ou pau-de-arara. O boia-fria é a forma mais desenvolvida em que se expressa o caráter das relações de produção na agroindústria canavieira. Devido ao caráter sazonal das atividades produtivas, à formalização das condições de oferta e demanda da força de trabalho e à burocratização das condições de produção do lucro do usineiro e do fornecedor de cana para a usina, o trabalhador transformou-se num operário sem nenhum dos meios de produção, salvo o podão. Reside fora das terras da usina e do canavial. É contratado apenas nas épocas, ocasiões, meses, semanas ou dias em que é necessário para a continuidade da reprodução do capital agroindustrial. "Quando os diaristas residem fora do estabelecimento, principalmente na zona urbana, e vêm à propriedade para prestar serviços em determinadas épocas do ano, são denominados 'volantes'. A remuneração dos volantes é exclusivamente em dinheiro e a mesma é estabelecida por dia ou por tarefa executada. No geral, as diárias dos volantes são superiores àquelas recebidas pelos camaradas permanentes da propriedade. Os volantes diaristas geralmente são contratados em grupos, através de entendimento direto entre a propriedade e o chefe ou encarregado da 'turma', o qual em certas regiões é denominado 'gato'."[1] Além da legislação trabalhista, que passou a ser um dado importante do mundo social na agroindústria, também a mecanização passou a ser um dado importante desse mesmo mundo. É claro que as duas tendências combinaram-se e influenciaram-se reciprocamente: a crescente formalização das relações jurídicas, ou político-econômicas, entre compradores e vendedores de força de trabalho, por um lado, e a crescente mecanização dos processos produtivos, por outro. É o que se registra nos dois relatos apresentados a seguir. "Em algumas áreas, de agricultura mais organizada e permanente como são as lavouras de café e de cana-de-açúcar, a aplicação desses direitos (trabalhistas) tem sido feita às vezes com excessivo rigor, impondo aos empregadores multas que se podem chamar de injustas. Os proprietários agrícolas, por sua vez, procuram defender-se dos excessos de rigor da lei usando medidas cujos controles não foram previstos no quadro geral da legislação, como é o de simplesmente despedir os empregados seguindo as exigências da lei e contratá-los como diaristas (chamados de 'volantes') e através de 'empreiteiros' que tomam a si os encargos trabalhistas do empregador rural, mas que podem mais facilmente burlar as exigências legais."[2] "A lavoura da cana vem, há tempos, dispensando o trabalho do homem, antes exigido em todas as suas etapas. Hoje, o preparo do solo já é totalmente mecanizado; o plantio, parcialmente mecanizado, o mesmo acontecendo com a adubação; a carpa do terreno, que era manual, praticamente já não existe, com a aplicação mecanizada de herbicidas logo após o plantio."[3] Ao lado da legislação trabalhista, a mecanização e a aplicação de fertilizantes e herbicidas alteram o volume e a qualidade da força de trabalho engajada nas fainas dos canaviais e usinas. Esse é o contexto social no qual aumenta o número dos trabalhadores temporários, volantes, paus-de-arara ou boias-frias. "No período de maio a novembro, os fornecedores de cana contratam

---

[1] Oscar J. Thomazini Ettori, "Mão de obra na Agricultura de São Paulo", *Agricultura em São Paulo*, ano VIII, n° 12, São Paulo, 1961, pp. 13-39. citação da p. 18.
[2] Ruy Miller Paiva, Salomão Schattan e Claus F. Trench de Freitas, *Setor Agrícola do Brasil, op. cit.,* p. 218.
[3] "Safra mecanizada de cana ameaça 50 mil empregos", matéria jornalística relativa à região de Ribeirão Preto, na qual está Sertãozinho, *O Estado de S. Paulo,* 14.11.1973.

os trabalhadores volantes, os chamados boias-frias, que se deslocam da cidade para a zona rural a fim de fazer a colheita. Nos outros meses, a própria lavoura da cana exige o trabalho manual, mas já em número menor, uma vez que a mecanização está atingindo todas as fases do trabalho, e os operários não ocupados nessa atividade deslocam-se para outros municípios para a colheita de cereais, que vai de janeiro a junho: café, algodão, arroz, feijão e milho."[4]

Para comprometer as condições sociais nas quais trabalham os boias-frias, nada mais explícito do que os relatos que eles próprios fazem. Vejamos, pois, o que nos dizem as declarações de quatro boias-frias que trabalhavam em Sertãozinho à época em que foram entrevistados. Dois homens foram entrevistados por Carlos Alberto de Medina, em 1962-63.[5] Ao passo que os outros dois, uma mulher e um homem, foram entrevistados em 1975, por Maria da Conceição Quinteiro.

1) "Tenho 52 anos e uma vida agitada. Há 8 anos trabalho como diarista. Com meus dois filhos preferiria ter terra para poder descansar. Eu trabalhei antes no Cambucy. Lá comprei 5 alqueires (12 hectares) de um loteamento para pagar a prestação. Mais tarde vendi-o e comprei um terreno aqui na cidade, onde há 8 anos construí uma casinha e outra há 5 anos. Caso meus filhos queiram mesmo sair daqui e ir para Brasília, eu vendo as duas e vou comprar terra longe, porque aqui não dá jeito não. Hoje, ninguém mais pode comprar nada, nem fazer casa. O custo é exagerado. Os meus colegas estão ainda pior do que eu. Imagine que a diária legal é Cr$ 520,00, mas ela oscila, um dia sendo 300 cruzeiros, no outro 400, outro 500. Depois, não se ganha aos domingos, nem dia de chuva, nem quando se fica doente. E tem vez que falta serviço. Trabalha-se 8 horas por dia: das 7 às 13 e das 14 às 17. No intervalo se come ou se descansa. A gente recebe de 15 em 15 dias, e para saber se há serviço é só perguntar no comércio. No ano passado meu maior salário mensal foi no corte de cana, Cr$ 23.000,00. Na época das chuvas tive o menor, Cr$ 4.000,00. O máximo que se pode tirar na época das chuvas é Cr$ 8.000,00. Ganhamos muitas vezes por unidades, assim Cr$ 13,00 para limpar o pé de café, 130 e 150 cruzeiros por arroba de

---

[4] "Safra mecanizada da cana ameaça 50 mil empregos", citado.
[5] Carlos Alberto de Medina, *Sertãozinho e Jardinópolis – São Paulo,* Piracicaba, 1963, pp. 80-81, mimeo.

algodão colhido. Um homem pode catar de 3 a 4 arrobas diárias. Por empreita ganha-se mais, mas não tem horário certo."[6] 2) "Sou de Cajuru. Minha família ainda está lá. Saí, porque lá é pior. Aqui se ganha Cr$ 500,00 por dia. Lá é Cr$ 300,00. Estive lá agora e estavam ganhando Cr$ 350,00. Trabalho há 5 anos e há um mês só por diárias. Meu sogro é meeiro em Cajuru e com 2 filhos toca a roça. Na fazenda pagam Cr$ 400,00 mais casa, lenha e luz, mas eu prefiro aqui. Na próxima quinzena vamos começar a receber 630 cruzeiros por dia. Meu serviço é carpir, cortar e apanhar cana como empreitada e, por diária, plantar cana, carpir arroz e plantar feijão. No ano passado o mês em que ganhei mais, consegui Cr$ 8.000,00 e o menor salário mensal foi Cr$ 4.000,00. Minha mulher lava para fora e ganha Cr$ 2.400,00 mensais. Tenho serviço o ano todo. O empreiteiro com quem trabalho é meu amigo. Ele me adianta até Cr$ 5.000,00, depois vai descontando como se pode. Estou com ele desde que cheguei. Aos domingos não ganho. Eu gostaria de ter terra a meia e melhor salário. O pior é que 'sem leitura não se arranja emprego fixo. Terra boa, animal bom e ferramentas, isto sim, quebrava o galho'."[7]

3) "Prefiro morá mais no campo, agora a gente veve na cidade e vai todo dia pro campo, aqui temo que pagá aluguel só para dormir. No campo a gente pode criá, plantá uma coisa. Não mudamo de novo pro sítio porque eles não qué compromisso, eles preferem levá a gente de pau-de-arara. Os patrão, os dono de terra, eles prefere ajustá a turma da cidade do que nós ficá nas colônias. A gente procura o dono do pau-de-arara, leva a carteira de trabalho com 3 fotografia e a gente leva tudo pro escritório da usina. Durante o tempo que a gente trabalha, a carteira fica lá presa, quando a gente sai, vai lá e pede pra dá baixa, tendo a carteira a gente tem o seguro que é o Funrural que paga. Tou cortando cana na usina São Francisco. O dono do caminhão paga a gente, a usina paga ele. Ele não sai do serviço, tem o feitor da fazenda, e ele tem também um. O feitor fica lá olhando, vê se a gente tá trabalhando direito, e explica o que tem que fazê para os empregados novo. O dono do caminhão, ele também tem armazém, ele dá um vale, a gente vai, faz as compras e desconta no fim do mês." "Quem paga o dono do caminhão é a usina, por empreitada." "Os dias que eu

---

[6] Carlos Alberto de Medina, *op. cit.*, p. 80. Note-se que o governo brasileiro criou o cruzeiro novo em 1967, quando Cr$ 1.000,00 passaram a Cr$ 1,00.
[7] Carlos Alberto de Medina, *op. cit.*, pp. 80-81.

tou faltando é porque não tou boa do estômago e das costas, tinha que ir na fazenda tirá uma ficha pra fazê consulta na cidade. Meu patrão falou (empreiteiro) 'se a senhora não pega a ficha, a senhora não pode recebê estes dias, mas também, mesmo doente pra receber tenho que trabalhá no domingo e eu não tou boa, nem pra ir domingo. Quase todos dos que vão no caminhão morava tudo no campo. Eu corto 4 a 4 e meia toneladas por dia, tem deles que corta mais, até 11 toneladas. Eu, sabe como é, a gente vai ficando velha, não dá mais. Todo dia 10 eles paga se cai de sábado, senão eles espera o sábado pra pagá. Eles paga Cr$6,00 a tonelada, é o preço antigo, do ano passado. Só quando o instituto manda o preço deste ano é que eles pagam no novo preço, aí eles fazem o ajuste do atrasado. No nosso caminhão tem 42, 18 são tudo mulher, tem também muita criança. Das mulher, a maioria é tudo solteira. No caminhão é tudo daqui, os que vem de fora, baiano, pernambucano, mineiro, vai trabalhá só na usina, depois volta tudo. Nós do pau-de-arara não, acaba a safra e sempre tem serviço, aí vamo carpi cana. As vez a gente carpi de empreita, às vez a gente planta cana, café, aí eles paga por dia."[8]

4)"Todo ano na safra venho pra cá. Sou de Paramirim, na Bahia. Desde 1969 que eu venho. Fiquei sabendo porque meu tio vinha sempre e sabe como é, um vai falando pro outro, e um dia a gente vem também. Lá se falava que aqui era bom, a gente ganhava bem e que era chegar e arrumava logo emprego. Lá em Paramirim nós toca lavoura: plantava arroz, feijão, milho, cana etc. Toda a família ficava no campo trabalhando. Todos 5 filhos mais meu pai. A gente vive do que planta e vende. Somo 2 homem e 3 mulher. Vai de 17 a 31 anos. Eu sempre vim sozinho, junto com os outro que vem também, mas desta vez trouxe a família, viemo tudo e mais um primo. Sozinho a gente sofre muito, a gente tem que pagar tudo e não acha as coisas do jeito que a gente quer. Das vez que eu vim sozinho, cheguei a morá 2 ano em alojamento da usina, era muito ruim, era mais de 20 homem num lugar pequeno, apertado, num dava nem pra gente se mexê, deitado tinha que ficá esticado e duro. Os outros ano morei em pensão, mas era aquela nota, era pagá tudo, comer mal, o dinheiro que a gente veio pra ajuntá, acabava gastando quase tudo. Aí resolvi vim com a família, disseram por lá que todos nós arrumava emprego e viemo tudo.

---

[8] Maria da Conceição Quinteiro, *Entrevistas*, pp. 36-37.

Deixamo lá meu tio tomando conta. Todos nós tamo na usina Albertina. Eu trabalho na máquina de costura, meu irmão é turbineiro, meu pai e meu primo trabalham na caldeira. Chegamo em fim de maio, dia 23, chegamo e procuramo o empreiteiro, ele levou a gente na usina e ficou tudo acertado. Lá nós ganha por mês. Esta casa foi o empreiteiro que arrumou pra gente morá, tamo pagando aluguel, mas todos nós trabalha, então é até menos do que morá sozinho em pensão. Acabando a safra todos voltam, é difícil de um ficá. Nós mesmo vamo ficá aqui, esta e a próxima, depois voltamo. A gente vem pra cá por causa mesmo de dinheiro, porque a gente se mata demais. A gente trabalhamo todos os dias 12 horas e de domingo trabalho 24 horas. A gente sente falta de divertimento, de baile. Meu pai e minha mãe são analfabetos, nós fomo tudo na escola, sabemo lê e escrevê. Somos católicos, mas eu vou de vez em quando na missa. Eu até que gosto daqui, mas o meu pessoal gosta mais de lá, eles nunca tinham saído de lá e não se acostumam por aqui. Aqui é só bom por causa do emprego. Eu pretendo casar até os 30 anos, com moça de lá, ainda não tenho namorada, mas vai ser de lá, é mais fácil, a gente entende um ao outro, sendo do mesmo lugar. É, o casamento é sorte, pode ser que a preferência seja de moça daqui, mas melhor mesmo é moça de lá. Eu quero tê 1 ou 2 filhos ou nada, porque a gente não pode criar bastante, família grande não dá pra criar eles de acordo."[9]

Conforme sugerem os dados apresentados pelos boias-frias, a sua atividade produtiva implica a atividade do empreiteiro de mão de obra, o dono do caminhão que arregimenta e conduz diariamente os trabalhadores às fainas dos canaviais. Vejamos como dois caminhoneiros descrevem as suas atividades. O relato do primeiro foi registrado por Carlos Alberto de Medina, em 1962-63. Ao passo que o outro foi registrado por Maria da Conceição Quinteiro, em 1975.

1) "Levo e trago no caminhão a turma que vai trabalhar. Durante a safra trabalha-se de junho a dezembro e de segunda a sábado. Meu lucro é a diferença paga por tonelada de cana cortada pela usina, isto é, Cr$ 15,00. Não cobro o transporte de caminhão. Recebo o meu pagamento no sábado e pago aos trabalhadores no sábado à tarde ou no domingo pela manhã. Preciso ter um número certo de cortadores para manter uma média de corte durante toda a semana, desde que

---

[9] Maria da Conceição Quinteiro, *Entrevistas*, pp. 43-44.

não chova muito, quando não se pode trabalhar. Vou às fazendas para saber o início da safra e me ofereço. Caso a época seja modificada sou avisado antes. No ano passado, devido ao atraso da safra, sofri um pouco, pois já tinha contratado gente. Não tenho qualquer relação nem sofro qualquer jurisdição por parte do patrão da fazenda. Minha combinação é cortar tantas toneladas e procuro fazer assim, pois, caso contrário, a fazenda arranja outro empreiteiro."[10]

2) "Tenho 32 anos, casado, 3 filhos, católico. Trabalham comigo 50 a 60 boias. Eu nasci em Barrinha, casei lá, e continuei morando, mais dois anos, no sítio do meu pai, mas o que a gente plantava não dava pra tantos filhos e eles. Tenho 5 irmãos, todos moravam e trabalhavam lá. Aí vim para cá, meu pai comprou esta casa e vim morar nela. Trabalhei um ano na Zanini, era ajudante, mas não dava pra viver. Para subir de posto tinha que estudar, mas na época certa, quando era mais novo, não quis e depois de casado, com as responsabilidades dos filhos, aí não dava. Aí consegui um dinheiro, comprei o caminhão e comecei a trabalhar nisso. Trabalho para a Cooperativa de Guariba, estamos cortando cana na fazenda São Carlos. Todos os volantes são registrados na cooperativa e recebem por lá. Eu tomo conta do eito, anoto o que cada um cortou, socorro levando para a cidade quem se machuca. Entrego tudo em ordem na cooperativa para os volantes receberem. Eu ganho por cada tonelada cortada. No ano passado pagaram para mim Cr$ 1,30 a tonelada. A cooperativa é como se fosse a empreiteira para as usinas. Os volantes que eu levo são maioria homens, tem só 4 mulheres. Tem alguns menores. Todos são de Sertãozinho e moram por aqui: São João, Alvorada, Shangri-lá. Os casados tem 2 ou 3 filhos, não tem mais nem dá para viver com só esses. A gente sai daqui às 5:30 para chegar as 7 horas. O meu pessoal nunca fica parado, os que quer trabalhar, sempre trabalham. Na entressafra, tem o que nós chama de quebra-galho – é o serviço que aparece, carpa, por exemplo. Minhas crianças estão no grupo, minha mulher não trabalha. Aqui não tem serviço para mulher casada. Só pra moça. Casada só se for ser doméstica ou cortar cana. Num tem comércio ou indústria que tenha trabalho pras casadas. Então elas ou vão cortar cana, que é um serviço danado, ou agüentá patroa chata. Como eu já disse, pelo menos os meus volantes trabalham só

---

[10] Carlos Alberto de Medina, *op. cit.*, pp. 81-82.

com isso. Os outros não sei, desconheço, mas nas entressafras tem muito o que fazer também."[11] Dentre outros aspectos e relações importantes, que aparecem nos relatos dos boias-frias, sobressai a figura do empreiteiro de mão de obra. O gato, caminhoneiro, turmeiro ou empreiteiro de mão de obra (volante, pau-de-arara ou boia-fria) para o corte da cana, na época da safra, é uma categoria social particularmente importante, por vários motivos. É o empreiteiro que arregimenta, leva e trás, todos os dias, os trabalhadores que residem nas periferias da cidade de Sertãozinho (bairros Alvorada, São João, Shangri-lá e outros) e de outras cidades, como Pitangueiras, Pontal, Jaboticabal, Jardinópolis, Ribeirão Preto e outras. Diante dos trabalhadores e do dono do canavial (usineiro ou fazendeiro), é o responsável por esse movimento diário da mão de obra. Ocorre que o empreiteiro ganha em função dessa atividade. Recebe do proprietário do canavial em função da produtividade dos trabalhadores, os boias-frias, que transporta. Por isso tem interesse em levar sempre a quantidade contratada de trabalhadores, evitando as faltas. O seu caminhão, o trabalho diário de levar e trazer e a capatazia que desempenha durante o corte da cana, tudo isso é o que lhe dá o direito à paga que lhe faz o dono do canavial. Isso significa que o empreiteiro é uma espécie de empresário de mão de obra, de força de trabalho, sobre cuja produtividade ele recebe o seu ganho. Nessas condições, exerce um controle bastante grande sobre os trabalhadores que fazem parte da "sua turma" que viajam no "seu caminhão", sobre os quais ele responde junto ao dono do canavial. Ele é, ao mesmo tempo, o responsável pela *arregimentação, transporte, disciplina* e *produtividade* de cada um e todos os trabalhadores da sua turma. Além disso, é a pessoa por meio da qual o proprietário do canavial exerce o seu mando social (político-econômico) sobre os trabalhadores. É óbvio que ao empenhar-se na disciplina, regularidade e produtividade do trabalho dos boias-frias que compõem a sua turma, o empreiteiro está, ao mesmo tempo, garantindo o seu ganho e garantindo a disciplina, a regularidade e a produtividade da força de trabalho comprada pelo proprietário do canavial, fazendeiro ou usineiro. Essa situação coloca o boia-fria à mercê de duas pessoas: o empreiteiro e o dono do canavial. São ao menos essas duas pessoas as interessadas no *trabalho*

---

[11] Maria da Conceição Quinteiro, *Entrevistas*, pp. 1-2.

excedente do boia-fria. É nessa situação que o boia-fria, o cortador de cana, é levado a exaurir diariamente as suas forças (e, muitas vezes, as de membros da sua família: mulheres, velhos, menores, doentes etc.) a fim de garantir um *quantum* de *trabalho necessário* à reprodução da sua família. Nessas condições, é levado a ampliar o *quantum* de trabalho excedente exigido pelas condições de produção nas quais o dono da plantação (usineiro ou fazendeiro) submete tanto o boia-fria como o empreiteiro de mão de obra.

A classe operária

Ao lado do boia-fria, que é arregimentado e administrado pelo empreiteiro, trabalham também o feitor, o fiscal, o tratorista, o motorista de caminhão de transporte de cana. Na usina também são várias as categorias profissionais, desde o foguista ao químico, desde o ensacador ao gerente. No conjunto, as relações de produção no setor açucareiro são bastante complexas, devido às múltiplas atividades produtivas em que se subdivide e organiza a reprodução do capital. A divisão social do trabalho e a interdependência das atividades produtivas nos canaviais e usinas transformam a agroindústria num complexo social, político, econômico e cultural fundado na reprodução do capital agroindustrial. No processo de formação e expansão dessa agroindústria, o capital "agrário" foi subsumido pelo capital industrial. Ao mesmo tempo, este ganhou características singulares, assinaladas pela sazonalidade do processo produtivo, pelas peculiaridades sazonais do ciclo de reprodução do capital.

São as peculiaridades do ciclo de reprodução do capital industrial que estão na base das peculiaridades da força de trabalho exigida por ele. Ao lado da divisão dos trabalhadores em residentes e não residentes está a divisão dos trabalhadores em permanentes e temporários. Devido às condições de produção nessa agroindústria, há sempre uma parte da mão de obra que está disponível, ou a migrar diretamente das periferias das cidades aos locais de trabalho nos canaviais e usinas. Devido às condições de produção, o proletariado apresenta peculiaridades ou diferenciações secundárias que precisam ser registradas pela análise. A forma pela qual se desenvolve a divisão social do trabalho, na lavoura e na usina, nas relações entre a produção agrária e a industrial, ao longo das épocas de safra e entressafra, faz com que as relações de produção na agroindústria não sejam exatamente homogêneas ou semelhantes para todo o proletariado.

Em primeiro lugar, a sucessão das atividades relacionadas com o preparo da terra para o plantio, o plantio, a carpa, o corte da cana, o seu transporte, a moagem etc. faz com que o volume da força de trabalho empregada varie bastante ao longo das épocas, principalmente na safra, quando há ampla ocupação, e na entressafra, quando a ocupação se reduz bastante. Isso significa que cresce e decresce a massa de trabalhadores no curso de um ano agrícola ou no curso do ciclo do capital agroindustrial. Em geral, a safra vai de junho a dezembro. Disso resulta que os trabalhadores se dividem em permanentes e temporários, tanto nos canaviais como nas usinas.

Em segundo lugar, os trabalhadores são divididos em residentes e não residentes. Devido à extensão e à intensificação da exploração da terra, tecnologia e força de trabalho, o usineiro e o fazendeiro (às vezes a mesma pessoa, família ou grupo econômico) reduzem a um mínimo as famílias de trabalhadores residentes nas suas terras. Razões econômicas e políticas, principalmente desde 1960, fazem com que os trabalhadores e os seus familiares sejam expulsos das terras das empresas, usinas, fazendas e sítios. Daí por que os trabalhadores são também divididos em residentes e não residentes. Os não residentes podem residir nas periferias de Sertãozinho ou em outras cidades e vilas. Cruz das Posses, distrito de Sertãozinho, é uma espécie de reservatório de mão de obra permanente e temporária para as usinas e os canaviais. Da mesma forma são os bairros Alvorada, São João e outros, da cidade de Sertãozinho. Na época da safra, o trabalhador não residente e temporário vem também de outros municípios e Estados.

Em terceiro lugar, o trabalhador residente habita uma casa da usina ou fazenda. Não paga aluguel; ou o aluguel é simbólico. Paga a luz, tem direito de plantar pequena horta, alguma árvore frutífera, ter galinhas. É claro que essas condições diferenciam significantemente o trabalhador residente (permanente, pois) do não residente. Este apenas recebe salário: vem à usina ou à lavoura e volta todos os dias, mesmo quando é permanente. Independentemente dos níveis salariais, é inegável que um e outro se configuram como dois estratos distintos no seio do proletariado. Em termos de salário, o não residente, ou boia-fria, pode até ganhar um pouco mais que o residente. Mas este recebe a moradia e, às vezes, outras vantagens. A casa e a assistência social, na usina, por exemplo, atam o trabalhador de forma muito especial.

Em quarto lugar, quem reside na cidade possui perspectivas e relações, ou horizonte cultural, distintos de quem reside nos núcleos residenciais (colônias) das usinas e fazendas. O assalariado residente, mesmo quando motorista ou funcionário de escritório, é um pouco um "súdito" do usineiro ou fazendeiro. Há movimentos seus ou relações sociais (políticas ou outras) que são controlados, proibidos, permitidos ou tolerados. É diversa a situação do que habita em Sertãozinho. Um está sob a influência do usineiro ou fazendeiro; o outro está sob a influência do prefeito, da câmara de vereadores, do vigário, do delegado de polícia, do sindicato, do partido.

Em quinto lugar, o trabalhador da agroindústria açucareira está disperso no espaço ecológico. Distribui-se em "colônias", ou núcleos residenciais, de vários tipos (antigos e novos, bons e maus etc.) dispersos nos amplos espaços verdes dos canaviais e usinas; também distribui-se nos bairros e lugares da área urbana de Sertãozinho (São João, Alvorada, Shangri-lá etc.) e outras cidades. Essa dispersão obviamente é um dado das relações de produção, tanto quanto das condições de convívio e intercâmbio, entre os próprios operários das usinas e canaviais. Eles se reúnem principalmente por ocasião dos jogos de futebol, festas religiosas, festas de abertura ou de encerramento de safra etc., em geral organizadas e patrocinadas pelo usineiro, fazendeiro ou seus prepostos, com os recursos estabelecidos por lei e fiscalizados pelo IAA.

Em sexto lugar, ocorre a exploração combinada da *mais-valia relativa* e da *mais-valia absoluta*. Na usina, onde tudo está mecanizado, a massa de força de trabalho tem diminuído, em termos relativos, em confronto com o capital empregado em máquinas, equipamentos e organizações. Aí cresce a composição orgânica do capital, isto é, a proporção de tecnologia (máquinas, equipamentos etc.) em face da força de trabalho. Esse é o contexto social e técnico da produção de mais-valia relativa, quando a tecnologia potencia a produtividade da força de trabalho. Mas também se estende a jornada de trabalho na época da safra. Em geral, o funcionamento da usina é ininterrupto. E as turmas de trabalhadores se revesam de 12 em 12 horas. Isso significa que cada operário trabalha as oito horas normais e mais quatro. Esse é o ritmo e a exigência do ciclo da reprodução do capital. Todo operário é levado a aceitar e a ajustar-se a essas condições. Nesse caso, tende a combinar-se a produção de mais-valia relativa com a de mais-valia absoluta. Na lavoura também combinam-se as duas formas de mais-valia. A mecanização, em sentido lato, se estende: aplicam-se cada vez mais tratores, caminhões, fertilizantes, defensivos etc. Na época da safra, no entanto, a jornada ultrapassa as oito horas; e o ritmo do trabalho é intensificado. O fato de que o cortador ganha por tonelada cortada o leva a empenhar-se bastante na faina do corte. Inclusive muitas vezes ele engaja no trabalho de cortar cana a mulher e filhos. O contrato de trabalho por tarefa em geral faz com que o trabalhador trabalhe com a ilusão de que pode ganhar mais. Nessa ilusão, aplica todas as suas energias, o máximo de tempo possível.

É esse sistema de relações que está na base da capacidade do operário rural e industrial da agroindústria açucareira para negociar, pressionar, unir-se, defender interesses especiais e gerais, formular programas de atuação que correspondam aos seus interesses, elaborar uma consciência própria, articulada ou crítica etc.

Trabalho e multiplicação
(Apêndice)

Antes de pensar o filho como multiplicação, bênção, problema econômico, obstáculo ao desfruto do lazer, ou outra razão qualquer, prosaica ou elevada, a mulher do povo tende a pensá-lo como o fruto natural da sua existência. As noções de mulher e procriação complementam-se, como necessárias. A mulher prossegue a sua realização, como mulher, pela procriação. Uma senhora de 49 anos, mãe de 15 filhos e mais 2 adotivos, com as óbvias dificuldades econômicas da mãe operária, fala no significado da maternidade nos seguintes termos: "Eu digo pras minhas filha que a saúde vem dos filhos".[1] A mesma fala reaparece nas declarações de uma mãe-de-santo de um terreiro de umbanda existente no bairro operário Alvorada. Com 40 anos, mãe de 6 filhos, ela diz: "Eu tive seis filhos e acho uma boa conta. Filho é saúde. Ele limpa o corpo da mulher".[2] Como se depreende dessas afirmações, pode haver uma ideologia sobre a procriação que não tem qualquer relação direta com as condições sociais de vida. Antes de pensar o filho segundo as razões sociais mais imediatas, a mulher pode pensá-lo em termos do que lhe parece a sua realização, a sua liberdade. É claro que podemos encontrar, por sob essa ideia de mulher, alguma determinação social ditada pelas relações e estruturas sociais nas quais ela vive ou viveu.

---

[1] Entrevista colhida por Antonio Flávio de O. Pierucci, *Entrevistas*, p. 4.
[2] Entrevista colhida por Antonio Flávio de O. Pierucci, *Entrevistas*, p. 19.

Inclusive poderíamos alegar que a mulher que pensa o filho como fonte da sua saúde, como realização natural, estaria, em última instância, impregnada seja da ideia de bênção, seja do universo cultural comunitário, no qual a procriação tende a ser sinônimo de prosperidade. Mas essas interpretações não impedem que aquelas afirmações indiquem uma ideia de procriação que não está, nem mediata nem imediatamente, determinada pelas exigências da prática social, político-econômica, do presente.

É claro que a prática sexual, como atividade lúdica, exercício da liberdade ou procriação, não se exerce de modo colado às exigências da prática social (político-econômica). Há valores culturais e padrões de comportamento, de cunho religioso, educacional, étnico-racial, político, econômico ou outro, que, ou propiciam aquela colagem, ou provocam o desencontro entre a prática sexual e a prática social, entendida esta como político-econômica. São múltiplas e heterogêneas as mediações que permeiam o percurso das pessoas entre a usina, o canavial e as manifestações da libido. As condições culturais que permeiam e organizam o trabalho e os dias das pessoas, na usina, no canavial, na casa, no descanso, estão permeadas dos ideais e das influências de agências e agentes ideológicos os mais variados. Além do usineiro, fazendeiro, empreiteiro, capataz, fiscal, assistente social e outros agentes do processo produtivo, cotidianos no horizonte intelectual do trabalhador, há também outros agentes e agências. Há a igreja e o padre, o terreiro de umbanda e o chefe do terreiro, a medicina e o médico, a escola e o professor, a televisão e a telenovela. Em graus variáveis, todos estão inseridos nas relações sociais cotidianas dos trabalhadores, para ajudá-los a salvar o seu corpo e a sua alma dos seus desacertos e dos desacertos dos outros. Tudo isso entra na vida cotidiana do trabalhador, tornando complexas e heterogêneas as relações entre o sentido da sua prática sexual e o sentido da sua prática social.

Não é fácil avaliar a influência da ideologia do *professor* e do conteúdo do ensino de 1º e 2º graus na prática sexual das pessoas do meio operário. Em primeiro lugar, o pessoal do ensino provém principalmente da classe média urbana. E leva consigo, às classes e aulas, a sua maneira peculiar de ver e avaliar as coisas e as pessoas. Em segundo lugar, o conteúdo do ensino é estabelecido pelos agentes e agências educacionais do governo federal, estadual ou municipal. Isso significa que o ensino é definido com base numa concepção de "cidadania" que se funda nas razões de Estado, antes do que nas exigências peculiares das relações sociais neste ou naquele município, ou lugar. É a combinação dessas duas características da escola e do professor, ou do ensino, que explica a forma pela qual a "questão sexual" é mais ou menos uma questão proibida, ou muito difícil, nas escolas de 1º e 2º graus. Mas é evidente que por trás dessa proibição, ou dificuldade de abordagem da questão sexual, há uma ideologia mais ou menos articulada do que deve ser a prática sexual do adolescente e do adulto. Vejamos o que nos diz o diretor de um grupo escolar e ginásio, pessoa de 35 anos. E o que fala a diretora de um instituto de educação, pessoa de cerca de 45 anos. Respectivamente, são estas as suas declarações: 1) "Não há nenhuma orientação sexual, a não ser esporadicamente, e isso nas classes mais adultas (ginásio que funciona no noturno). O que temos são orientações individuais na medida em que certos problemas surgem: há grande promiscuidade na população (filhos naturais são comuns, evidenciados pela certidão de nascimento só com o nome da mãe). Geralmente a criança conta o (mau) exemplo de casa e o professor orienta para não seguir esse exemplo. A troca e inconstância de pais, as crianças até já aceitam". 2) "Há, mas muito por cima; não temos orientador educacional e geralmente é o professor de biologia que dá a orientação. Os alunos têm muito interesse e perguntam, mas como o assunto é delicado é dada uma explicação até certo nível, esperando que amadureçam. Existe o namoro, mas a diretora chamou a atenção de um casal para não namorar na escola por respeito com os colegas, sobretudo, menores. Já apareceu um caso de menina grávida (no segundo colegial, com 15 ou 16 anos), mas 'aconteceu lá fora'; no caso, os pais quiseram o casamento do casal e a menina acabou perdendo o nenê logo depois de casar. A maioria casa porque as famílias se reúnem."[3]

É claro que o *médico* exerce a sua influência sobre as práticas sexuais a partir dos ensinamentos da medicina. Mas é necessário reconhecer que esses ensinamentos variam, substituem-se, progridem, ou modernizam-se, segundo os desenvolvimentos da indústria dos medicamentos, utensílios e equipamentos. Daí por que a ideia de planejamento familiar pode implicar tanto a difusão da pílula anticoncepcional como a realização da cesariana para aproveitar a ocasião e amarrar as trompas. Baseados nos ensinamentos da medicina e em

---

[3] Entrevistas colhidas por Micaela Krumholz, *Entrevistas*, pp. 3 e 6.

razões "humanitárias", em geral o médico preconiza a limitação de filhos para os cônjuges operários que aparecem nos consultórios, clínicas, ambulatórios, hospitais ou maternidade. Alegam que se justificam a pílula e outros recursos da tecnologia da medicina, a fim de fazer com que o número de filhos seja proporcional aos recursos de que a família dispõe para mantê-los.

Um médico ginecologista e obstetra, de 35 anos, com quatro filhos, diz que o tamanho da família em Sertãozinho tem diminuído de modo notável. "O pessoal antigo tinha 15 a 20 filhos e a impressão é de que os filhos não estão acompanhando os pais: as famílias agora têm 2, 3 e com 4 filhos já acham ruim." E explica a limitação dos filhos nos seguintes termos: "Acho que a razão é econômica, a maioria que corta cana mal ganha para viver; a primeira providência é diminuir os filhos para diminuir os gastos". E acrescenta: "Todos falam no problema de limitar os filhos; 80% das mulheres que terminam uma gravidez querem limitar, ou pelo menos não ter outro imediatamente, e eu oriento: se é para ter filhos em condições precárias, é melhor não ter. Eu ajudo mesmo com remédios".[4]

Outro médico, cirurgião e clínico, com cerca de 45 anos e pai de quatro filhos, faz as seguintes observações: "Há 20 anos era comum encontrarem-se famílias com 12,15 filhos; hoje é raro, mas se encontram mais no meio rural: é uma questão de nível social. Há 30 anos a zona rural de Sertãozinho era grande, hoje há muito êxodo rural. Antigamente as fazendas tinham 50-80 famílias de colonos. Hoje, quando têm 3 filhos já pedem para ligar as trompas, nem querem mais a pílula. As pessoas de baixo nível aceitam quando a gente propõe a operação". E acrescenta: "As pessoas não limitam mais por condição social e econômica: não têm condições financeiras de comprar a pílula".[5]

Também não é fácil caracterizar a influência das *Igrejas* e *seitas*, padres e mães-de-santo nas práticas sexuais do proletariado da agroindústria canavieira de Sertãozinho. Além da diversidade e dos

---

[4] Entrevista colhida por Micaela Krumholz, *Entrevistas*, pp. 20-21. Cabe lembrar aqui que o recenseamento de 1970 registrou que um pouco mais de 63% das famílias do Estado de São Paulo compunham-se de uma a cinco pessoas. O mesmo censo registrou que chegavam a um pouco mais de 71 as famílias do município de Sertãozinho compostas de uma a cinco pessoas. Fonte: IBGE, *Senso Demográfico*, 1970.

[5] Entrevista colhida por Micaela Krumholz, *Entrevistas*, pp. 25-26.

desencontros entre as recomendações de uns e outros aos seus seguidores, é difícil conhecer o modo pelo qual os ensinamentos piedosos transformam-se em práticas sexuais. A espiritualidade da fala do padre e da mãe-de-santo nem sempre reaparece na espiritualidade da libido. Mas é inegável que ambas relacionam-se, influenciam-se, em algum grau. Inclusive as Igrejas e seitas acompanham, de algum modo, o espírito do tempo. Segundo o médico ginecologista e obstetra já mencionado: "Acho que antigamente a religião era um fator inibidor sobre o uso do MAC: hoje a Igreja parou de falar, e há uma série de padres que falam na pílula; a Igreja está evoluindo".[6]

Um vigário do município de Sertãozinho revela muito bem esse *aggiornamento* entre o seu modo de pensar e as razões do planejamento familiar. É claro que ele encontra razões doutrinárias para justificar os seus ensinamentos aos casais que ele orienta em questões de família. Sugere que a *Humanae Vitae,* encíclica lançada pela Santa Sé a propósito do assunto, não impede que o padre procure adequar os seus ensinamentos às situações particulares. "Cada caso é um caso. Cada mulher tem uma constituição diferente, muitas são desreguladas e só o médico pode saber o que aconselhar em cada caso. Eu sempre digo: cabe aos casais, e não ao padre o planejamento familiar. ... Para mim, se o casal em sã consciência acha que só pode ter dois filhos, tenha dois filhos. ... Eu sou muito liberal nesse sentido. A lei foi feita para o homem e não o homem para a lei. ... Muitos católicos ainda se sentem culpados quando evitam filhos e acusam isso no confessionário como pecado. Às vezes é gente que já tem seis, sete filhos, a mulher toma pílula e se sente culpada. ... Eu absolvo quem se acusa de estar tomando a pílula e digo para continuar tomando. Sobretudo os mais pobres são mais resistentes à nova orientação da Igreja, eu acho mesmo que aqui em Sertãozinho a Igreja (católica), das religiões é a mais liberal neste aspecto. ... Uma vida familiar digna não pode dispensar o planejamento familiar."[7]

Ao referir-se às posições das várias Igrejas e seitas, em face da produção de filhos, isto é, do planejamento familiar, o referido vigário faz a seguinte observação: "Os crentes e mesmo a Umbanda são muito aferrados à ideia antiga de que um grande número de filhos é uma

---

[6] Entrevista colhida por Micaela Krumholz, *Entrevistas,* p. 24.
[7] Entrevista colhida por Antonio Flávio de O. Pierucci, *Entrevistas,* pp. 14-16.

bênção, um dom de Deus que não se deve recusar. ... É gente que veio da roça, sempre viveu na roça, com aquelas famílias grandes, muitos irmãos, aprenderam que é assim e demoram a mudar".[8] De fato, a atitude das mães e pais-de-santo, em face da procriação, parece um pouco o que seria a atitude do referido vigário, antes da onda neomalthusiana orquestrada por governantes e suas agências. O pai-de-santo de um centro de umbanda criado há seis anos no bairro Alvorada, na cidade de Sertãozinho, diz que os filhos devem nascer "sempre conforme a natureza". É contrário a qualquer método artificial, pílula ou aborto, para o controle da natalidade. "O espiritismo condena, pois a pessoa tem de adquirir filho, que é o determinado por Deus, do contrário diminui o número de cristãos nesse mundo. Se a pessoa quer evitar filho, deve seguir a natureza. A natureza é uma coisa perfeita, os homens devem respeitar as suas leis, que é a vontade de Deus. Mesmo uma moça solteira que por acaso pegou um filho, mesmo que traz problema, tem de aguentar o problema. Deixa nascer."[9] Já é um pouco diversa a recomendação de uma mãe-de-santo de um terreiro de umbanda situado no mesmo bairro Alvorada. Note-se que esse é provavelmente o principal bairro operário da periferia da cidade de Sertãozinho. Ali habita boa parte de famílias de trabalhadores temporários, boias-frias, da agroindústria canavieira do município. Ela tem 40 anos, é casada, com seis filhos. Diz que se deve controlar a natalidade segundo a "natureza". E refere-se a um método de controle que seria mais natural. "A pílula é coisa contra Deus. As coisas deve ser como a natureza. Pode muito bem funcionar sem a pílula, não pode? É só seguir o período certo, dez dias antes, dez dias depois. O certo é esse. ... Eu acho que para evitar filho tem tanto outro jeito de acordo com a natureza, que não precisa nada dessa história de comprimido."[10]

Não é unânime o pensamento dos responsáveis pelas Igrejas e seitas. A prática sexual, enquanto prática da procriação, é vista sob diferentes óticas. Há a ideia de que filho é uma bênção de Deus. Mas há também a ideia de que o controle da natalidade pode ser exercido segundo a "natureza". E também há a ideia de que as modernas técnicas

---

[8] Ibidem, p. 15.
[9] Entrevista colhida por A. F. de O. Pierucci, Entrevistas, p. 22.
[10] Ibidem, pp. 18-19.

de controle podem ou devem ser aplicadas, desde que se trate de atender às peculiaridades da "natureza da mulher".

Essas posições, ou as suas variantes, não deixam de guardar alguma congruência com as posições dos tecnocratas da saúde ou os agentes da indústria médica. Eles alegam razões "humanitárias" ou econômicas, para justificar o uso das mais variadas técnicas de controle da reprodução da classe operária.

Sim, independentemente das razões morais, humanitárias, religiosas ou econômicas de médicos, professores, padres, pais ou mães-de--santo e governantes, é inegável que o que está em jogo nisso tudo é a reprodução da classe operária. A despeito das complexas, heterogêneas ou contraditórias mediações culturais que estão em jogo nas condições de procriação das famílias operárias, é inegável que a indústria médica, a sistemática do ensino formal e as direções dos ensinamentos das Igrejas e seitas não nascem das condições e interesses das famílias operárias; em geral elas se impõem às famílias operárias. É verdade que estas famílias não são passivas; elas reagem segundo os seus interesses, as suas condições de vida. Mas é inegável que a sua ideologia sobre a procriação, ou sobre a reprodução social da classe operária, é bastante influenciada pela ideologia que os médicos, os professores, os padres, os pais e mães-de-santo, os representantes do poder público divulgam em seus conselhos, recomendações, pílulas ou outras técnicas de atuação.

Não foi o tamanho da família que se reduziu em Sertãozinho. Foi a prática sexual que ganhou outra definição social. Ao ganhar outra definição social, a prática sexual passou a produzir famílias de tamanho menor. Ao modificarem-se as condições da prática social (basicamente político-econômica), modificaram-se as condições da prática sexual, como intenção lúdica, exercício da liberdade ou reprodução. É verdade que o tamanho da família tem se reduzido no município. "O número de filhos está diminuindo, tanto no campo como na cidade. Isso eu posso afirmar porque este é o único cartório civil."[11] Se tomarmos três gerações de casais com filhos, pode-se observar que a geração mais velha teria tido cerca de duas vezes mais filhos do que a seguinte e três vezes mais do que a geração mais jovem. Essa relação pode variar. E de fato varia, segundo o grupo social, étnico, racial, a confissão religiosa, a classe social, o grau de urbanização dos valores culturais e padrões de

---

[11] Entrevista realizada por Maria Conceição Quinteiro, *Entrevistas*, p. 31.

comportamento assumidos pelos cônjuges etc. Em geral, no entanto, diminuiu de modo notável o tamanho da família no município de Sertãozinho. É que se modificaram as condições da prática sexual, como prática subordinada à prática organizada pelas relações e estruturas político-econômicas vigentes no lugar. Antes, sob a cafeicultura, nos começos do século XX, o mundo social era basicamente rural. O colono organizava a sua vida social segundo o andamento do ciclo do capital agrário. De permeio às relações capitalistas de produção, havia um universo cultural de cunho comunitário. Ao lado das relações de produção, nas quais se articulavam o fazendeiro e o colono, havia a possibilidade de que o colono organizasse a sua vida, ou a vida da sua família, de modo a explorar mais ou menos o trabalho assalariado, a horta, a criação, o quintal. Nesse contexto, a multiplicação dos filhos era mais ou menos diretamente a multiplicação de braços produtivos. A família grande poderia ser um modo de gerar poupanças com as quais o chefe da família, ou seu sucessor, poderia comprar um sítio ou abrir um negócio.

Depois, sob a agroindústria açucareira, desde 1945, o mundo social passa a ser basicamente urbano. O operário rural e o operário da usina organizam a sua vida social segundo o andamento do ciclo do capital agroindustrial. De permeio às relações capitalistas de produção, há um universo cultural de cunho societário. Esse é o reino do contrato. Ao lado das relações de produção, nas quais se articulam o usineiro, o fazendeiro, o operário agrícola e o operário da usina, não há a possibilidade de que os operários organizem a sua vida de modo diferente das exigências estritas do ciclo da reprodução do capital agroindustrial. Tanto assim que os operários são classificados em residentes e não residentes, permanentes e temporários. O boia-fria, pau-de-arara ou volante, nasce com o desenvolvimento do capital agroindustrial, sob o qual a força de trabalho adquire a sua forma mais acabada de força produtora de mais-valia. Sob o capital da agroindústria, a força de trabalho é contratada na rigorosa escala determinada pelas exigências da reprodução do capital. Agora, a vida social do trabalhador está mais amplamente determinada pela vida do capital. São as exigências da prática social (basicamente político-econômica) determinada pela agroindústria que determinam as condições da prática sexual. O trabalhador pode ser solteiro; e há necessidade de trabalhador solteiro sem laços que o fixem no espaço social ou ecológico. É verdade que a usina necessita de alguns trabalhadores residentes, preferivelmente com suas famílias, estáveis, sossegados, fixados. Mas a usina e o canavial necessitam também de trabalhadores móveis, ágeis, transferíveis, contratáveis segundo as conveniências da ocasião, da safra, do corte da cana, da moagem. Nessas condições, a prática social torna a subjugar a prática sexual, enquanto intenção lúdica, exercício da liberdade ou procriação. Nas usinas e canaviais "as crianças perturbam o trabalho", diz um gerente de usina. Reciprocamente, o operário da agroindústria vê a procriação em termos econômicos. E parece decidir pelo número de filhos principalmente com base em motivos econômicos. Uma senhora de 30 anos, casada há nove anos, diz que teve 13 irmãos. Mas tem apenas três filhos. "Três está bom". Não quer mais, porque a vida está custosa. "Os filhos querem de tudo: calçado, roupa nova do jeito deles e tá tudo caro; eles vêm ao mundo para dar falta das coisas."[12]

Na forma pela qual se deu a expansão do capitalismo no município de Sertãozinho, houve ali ampla urbanização das relações sociais, desde as relações econômicas às de família. Em algumas décadas, os valores culturais e os padrões de comportamento peculiares do mundo urbano impuseram-se e generalizaram-se no mundo rural. Nos canaviais e usinas consomem-se a novela de televisão e a pílula anticoncepcional, da mesma forma que todas as relações sociais tendem a ser regidas pelo contrato. Em 1975, no município de Sertãozinho, não há mais o mundo rural: tudo se acha urbanizado. Desenvolveram-se as relações de produção e as forças produtivas, o que fez diversificarem-se as atividades sociais, acentuar-se a divisão social do trabalho, aumentar a importância do proletariado, acelerar a circulação de mercadorias e ideias. O campo virou cidade. Houve uma espécie de "secularização" generalizada das relações sociais, dos valores culturais, dos padrões de comportamento. Diminuiu a importância do universo comunitário, da igreja, do padre, do fazendeiro, do valor de uso, ao mesmo tempo que aumentou a importância do universo societário, da televisão, do INPS, do FUNRURAL, do agente da burocracia estatal, do valor de troca. O contrato universalizou-se como modo de organizar as relações básicas entre as pessoas, sejam as relações de trabalho, na usina ou canavial, sejam as relações sexuais, na família. A educação formal, a profissão, a carteira de trabalho, o salário regular e outros fatos da vida

---

[12] Entrevista colhida por Micaela Krumholz, *Entrevistas*, p. 2.

do trabalhador ganham preeminência sobre o compadrio, o parentesco, a confissão religiosa, a identidade étnica.

Essa transição tem sido revelada pelas pessoas mais antigas do lugar. A senhora de um alfaiate relata uma parte desse processo. Ela pertenceu a uma família de 14 filhos. Mas teve apenas quatro. E diz: "Sertãozinho, em 1934, não tinha nada, era uma cidadezinha pequena, com carros de tração animal. As pessoas eram todas conhecidas, era uma grande família. Parecia só uma família, não tinha também essa população toda, agora tem muita gente de fora, de Minas, Bahia. Antes vinham sozinhos, agora vêm com a família, trabalhar nas usinas. Hoje as famílias têm muito menos filhos. Minha mãe teve 14, eu tive 4, não dá pra criar tantos, cada um faz economia como pode. Tenho três filhos casados, dois têm 2 filhos, o outro 3. Era bom aquele tempo, uma sociedade italiana. Aquela festa, casamentos, a sinceridade na amizade, valia a pena viver. Eram muitos católicos, uma piedade; agora está mais ou menos, tem muitos crentes, protestantes e espíritas. Agora tem festividades, o carnaval é muito bom e animado, tem clubes. As famílias, hoje, mudaram a tradição antiga, há menos amizade. Não se conhece mais ninguém, não se tem aquele convívio, não se visita mais como antes. Agora se vive dentro da família. As famílias ainda são gente caridosa, gente muito boa".[13]

Ao mesmo tempo "despovoa-se" e urbaniza-se o campo. À medida que se expande o capital agroindustrial, que aumenta a composição orgânica do capital nos negócios da cana, reduz-se o contingente de trabalhadores residentes nas áreas dos canaviais e das usinas. Esse processo aparece na fala de uma senhora de 41 anos de idade, analfabeta, cujos filhos trabalham no corte da cana e cujas filhas são prostitutas. Diz que "agora no campo tem pouca gente morando. Todo mundo trabalhava na roça, os patrão começou mandá todo mundo embora por causa do seguro, do abono, das aposentadorias, aí todo mundo se acudiu na cidade".[14]

Esse é o contexto no qual o sexo ganha nova subordinação às relações de produção. "Secularizam-se" as relações entre os sexos. Isto é, a procriação passa a subordinar-se, sob nova forma, às exigências ou às possibilidades do andamento das relações de trabalho. A figura

---
[13] Entrevista colhida por Maria da Conceição Quinteiro, *Entrevistas*, p. 10.
[14] Entrevista colhida por Maria da Conceição Quinteiro, *Entrevistas*, p. 38.

do padre perde o seu halo sagrado, ou mágico, de quem tudo sabe e legitima perante Deus e os homens. A generalização das relações de produção, a mercantilização de todas as relações sociais reduzem ou mesmo eliminam o caráter sagrado da família, da procriação. Nesse processo, o sexo se emancipa um pouco do mandamento bíblico e passa a ser um pouco mais um exercício do escasso lazer que se aperta entre o trabalho e o sono. "Tão cansado que nem cheiro de mulher a gente sente", diz um operário rural.

São várias, e muitas vezes heterogêneas, as razões que os trabalhadores da usina e do canavial alegam para reduzir o número de filhos, em comparação com os filhos tidos por seus pais e avós. Dizem que filhos pequenos dão muito trabalho; que impedem a mãe de trabalhar na lavoura ou em outra atividade. Além do mais, trata-se de ter poucos filhos para aliviar uma economia doméstica de parcos recursos. Também influi a ambição de educar os filhos e dar a eles melhores condições de vida. A criação dos filhos limita a liberdade da mulher, para trabalhar fora da casa, emancipar-se das tarefas domésticas, desfrutar de alguma "liberdade". No mundo operário, no qual imperam o contrato, o valor de troca, o trabalho excedente, a mais-valia e o confronto crescente com a máquina, o operário é levado a conceber a família como um grupo social em sofrença. Além do custo da criação, não é certo que o número de braços aumenta o ganho. Há o emprego incerto, as flutuações sazonais do emprego, o controle do processo produtivo pelo empreiteiro, capataz, fiscal, fazendeiro, usineiro. Sob o capital agroindustrial, a multiplicação dos braços garante apenas a multiplicação das bocas; não garante a multiplicação do ganho. Todos os momentos das relações de produção estão rigorosamente organizados Segundo as exigências da reprodução do capital. E isso está explícito na legislação por meio da qual o governo instaura a harmonia entre o capital e o trabalho na agroindústria canavieira: Instituto do Açúcar e do Álcool, Estatuto da Lavoura Canavieira, INPS, FUNRURAL, legislação sindical etc. As principais esferas da existência do operário, da usina e do canavial estão rigorosamente organizadas segundo as exigências da reprodução do capital. Trata-se de um capital agrário e industrial que continuamente se articula e rearticula no sentido da concentração-centralização, no sentido do crescente aumento da composição orgânica do capital. Esse processo é, em boa parte, organizado e incentivado pela ação governamental. Nesse processo, o proletariado, na usina e no canavial, vê crescer apenas o poder do usineiro e do governo.

O que está em jogo, na agroindústria açucareira, é a crescente elevação da composição orgânica do capital. Isto é, aumenta a proporção do capital empregado em terras, máquinas, equipamentos, adubos, defensivos, meios de transporte e comunicações, ao mesmo tempo que se reduz a proporção do capital empregado na compra de força de trabalho. Esse processo, em boa parte, está fundado nas relações de produção. À medida que os vendedores de força de trabalho ampliam ou aperfeiçoam a sua capacidade de negociar as condições de trabalho, os compradores de força de trabalho tratam de aperfeiçoar a tecnologia e a divisão social do trabalho, a fim de reduzir a massa de trabalhadores a um grupo menor, mais controlável e produtivo.

A expulsão de famílias de operários das usinas e canaviais para a periferia da cidade de Sertãozinho, ou de outros núcleos urbanos, não foi apenas o resultado do redimensionamento, ou ampliação, do mercado consumidor dos derivados da cana-de-açúcar. Esse processo foi e continua a ser, também, o resultado da alteração das relações de produção na agroindústria canavieira. O Estatuto da Lavoura Canavieira (1941), o Estatuto do Trabalhador Rural (1963), o Fundo de Assistência ao Trabalhador Rural (1971), além de outros dispositivos legais, estabeleceram condições de negociação da força de trabalho diversas das que prevaleciam anteriormente. Esse foi o contexto no qual ocorreu, e continua a ocorrer, a realocação social e ecológica das famílias operárias. A partir do momento que o proletariado rural, ou agroindustrial, ganha novos instrumentos de negociação, o usineiro e o fazendeiro reformulam a organização técnica e social das suas empresas. O problema é reduzir, ou controlar, a capacidade de barganha dos vendedores de força de trabalho. Essa é a situação na qual ocorre a transformação da massa de colonos, ou trabalhadores residentes, que era a grande maioria nas usinas e canaviais, em: 1) trabalhadores residentes e trabalhadores não residentes; 2) trabalhadores permanentes e trabalhadores temporários. Modifica-se a estrutura da classe operária. À medida que se desenvolvem as relações de produção e as forças produtivas, modifica-se a composição orgânica do capital (na usina e no canavial) e altera-se a estrutura do proletariado da agroindústria canavieira.

Essa é a configuração social, isto é, político-econômica, na qual o usineiro e o proprietário do canavial passam a preocupar-se, sob nova perspectiva, com os seguintes problemas: em primeiro lugar, a redução relativa do contingente de trabalhadores indispensáveis à continuidade e expansão do processo produtivo; em segundo lugar, a redução, ao mínimo indispensável, do contingente de famílias de trabalhadores residentes nas terras da usina e do canavial; em terceiro lugar, contratar trabalhadores na escala estrita das exigências do processo produtivo, ao longo do ciclo do capital agroindustrial: safra e entressafra. Daí a produção de duas categorias básicas de operários nessa agroindústria: o residente e o não residente. Um deles, o residente, em geral precisa ter família para entrar nessa categoria. O usineiro e o proprietário do canavial preferem, como residentes, os que estão casados. E mesmo acham natural que tenham alguns filhos. O homem casado é mais estável. E mais estável ainda quando tem filhos. Ele se apega à casa e ao lugar, que o usineiro e o proprietário do canavial lhe apresentam como um privilégio. A casa e o emprego permanente capturam o trabalhador, tornando-o mais dócil às condições do comprador da força de trabalho. Essa é a categoria de trabalhadores que é induzida a ser casada, ter filhos, mas não ter senão alguns filhos. Poucos filhos libertam a mulher para o trabalho assalariado. E quando duas pessoas da família trabalham, os seus salários individuais podem ser menores. A outra categoria de trabalhador, o não residente, este aparece como uma pessoa só, no horizonte do usineiro ou proprietário do canavial. É um tanto secundário que ele tenha família ou filhos. Mais secundário ainda se o não residente for trabalhador temporário. Quando o trabalhador não residente é também um trabalhador temporário, então o ideal é que ele seja só. Essa condição torna-o perfeitamente ajustável às estritas exigências do ciclo do capital agroindustrial. Ou melhor, o trabalhador temporário, boia-fria, pau-de-arara ou volante é aquele que compõe, ao mesmo tempo, o exército ativo e o exército de reserva de trabalhadores. Ele entra e sai do processo produtivo, exatamente no mesmo andamento desse processo, ao longo das épocas de safra e entressafra.

SEGUNDA PARTE

Classes agrárias e sociedade nacional

A constituição do proletariado agrícola*

A estrutura agrária brasileira está sendo alcançada por modificações decorrentes da dinâmica dos núcleos capitalistas localizados no país e no exterior. Ela recebe estímulos mais ou menos vigorosos, que provocam transformações de profundidade diversa em seu interior. É que o processo capitalista de produção necessariamente acaba envolvendo as áreas pré-capitalistas, integrando-as num todo. A expansão, sob suas diversas modalidades, é inerente à dinâmica do sistema, quando já estruturado em certo grau. Em consequência, o capitalismo transforma de algum modo os sistemas "marginais", seja modificando-lhes as estruturas seja anexando-os como apêndices.

É o que se está verificando no Brasil. Áreas como o Norte pioneiro do Paraná, como extensos trechos do Estado de São Paulo, como os campos de arroz e trigo do Rio Grande do Sul apresentam desenvolvimentos diretamente vinculados à expansão do capitalismo no campo. As transformações sofridas pela economia açucareira, com a destruição do engenho pela usina, fenômeno que ocorre no Nordeste bem como no interior paulista; as modificações provocadas na fazenda de café, uma empresa de exploração agrícola que se molda cada vez

---

* Publicado pela primeira vez pela *Revista Brasileira de Estudos Políticos,* nº 12, Belo Horizonte, 1961. Teve uma segunda edição no livro de minha autoria intitulado *Industrialização e Desenvolvimento Social no Brasil,* Rio de Janeiro, Editora Civilização Brasileira, 1963.

ORIGENS AGRÁRIAS DO ESTADO BRASILEIRO 101

mais pelos padrões "racionais" de utilização do capital; as alterações provocadas pelos frigoríficos nos modos de criação e comercialização de suínos e bovinos; a instauração de fábricas de produtos agrícolas em conserva; a atuação do Estado; o crescimento do mercado interno, consumidor de gêneros de subsistência; eis aí alguns dos principais fatores que produziram e continuam provocando modificações mais ou menos extensas na estrutura da economia agropecuária de certas regiões do país.

Essas transformações ocasionaram a incorporação de recursos "racionais" de organização e administração das empresas, bem como de procedimentos tecnológicos avançados[1]. Desde as modificações nos modos de exploração da força de trabalho até a adoção do avião como meio de comunicação, passando pelo trator, adubos, rotação das lavouras, exame científico das possibilidades das terras etc., a economia agrária sofreu e continua sofrendo progressivamente a ação de fatores internos e externos que revelam, entre outros fenômenos, a expansão da mentalidade capitalista no campo. Os fenômenos conhecidos como "êxodo rural", ou "migrações internas", são também expressões demográficas e ecológicas de processos econômicos e sociais que atingiram substancialmente o chamado "complexo rural" tradicional. A progressiva constituição de uma *economia nacional* é, em última instância, um resultado da elaboração do capitalismo no meio brasileiro. No caso da economia agrária, esse processo apresenta facetas que merecem análise. Uma delas diz respeito às transformações que atingem o trabalho responsável pela produção agrícola para o mercado nacional e externo. Vejamos alguns dos seus principais caracteres.

---

[1] Com relação às transformações internas das empresas agrícolas e pastoris no Brasil, no sentido apontado aqui, veja-se por exemplo: Pierre Monbeig, *Pionniers et Planteurs de São Pauto,* Librairie Armand Colin, Paris, 1952; Pierre Monbeig, "As Tendências Atuais da Agricultura em São Paulo", em *Novos Estudos de Geografia Humana Brasileira,* Difusão Europeia do Livro, São Paulo, 1957, pp. 182-191; Mario Mazzei Guimarães, "Balanço da Experiência de Campinas", *Folha da Manhã,* São Paulo, edições dos dias 8, 10, 14, 16, 17 e 22 de abril de 1959 e 9 de maio de 1959; Pierre Monbeig, "A Zona Pioneira do Norte do Paraná", em *Ensaios de Geografia Humana Brasileira,* Livraria Martins Editora, São Paulo, 1940, pp. 56-72; Paulo Schilling, *Trigo,* edição do Instituto Superior de Estudos Brasileiros, Rio de Janeiro, 1959; Harry William Hutchinson, *Village and Plantation Life in Northeastern Brazil,* University of Washington Press, Seattle, 1957.

Antes, contudo, cabe observar que a intenção destas reflexões não é descrever de modo exaustivo o processo de formação do proletariado agrícola no país, tomando todas ou as suas principais manifestações. Isso nem é possível nem é desejável neste momento. Será nossa preocupação aqui apreender o estado e a direção do processo em curso. Nesse sentido, a proletarização será vista como um fenômeno que se liga à divisão do trabalho, processo este, por sua vez, inerente às transformações dos modos de produção. Assim, a sua extensão e intensidade serão compreendidas como diretamente dependentes da rapidez das alterações que atingem o sistema produtivo.

Aspectos da revolução agrária

Os modos de utilização do trabalho na economia rural brasileira têm oscilado desde o braço escravo até o assalariado livre que se oferece no mercado, passando por diversas formas de escambo, mutirão, diferentes contratos de parceria e arrendamento etc. Historicamente encontramos, num limite, o escambo com os índios do litoral, o que subsiste na atualidade em certas regiões interiores do país, e, no outro, o trabalhador livre, que oferece sua força de trabalho em troca de salário. Hoje, a mentalidade capitalista e os padrões "racionais" de administração, produção etc. estendem-se por áreas cada vez mais amplas. Os colonos, parceiros e arrendatários que viviam no interior da fazenda, como componentes de uma estrutura patrimonial, estão se transformando em camarada, diarista, mensalista ou volante. O que a fazenda rechaça do seu interior, porque as modificações do mercado revelam cada vez mais oneroso, ela somente contrata para tarefas, prazos e preços rigorosamente predeterminados. Dessa forma liquidam-se pouco a pouco os componentes não capitalistas das relações entre o fazendeiro e o trabalhador, agora transformando-se em empresário e proletário.

Nesse longo processo de transformações, poderíamos apontar como marcante certa fase da passagem da economia escravocrata para a economia fundada na utilização do trabalhador livre. Antes da abolição da escravatura, justamente nas áreas mais importantes do sistema econômico colonial brasileiro, no século passado, o trabalho sofreu uma modificação essencial. As transformações da economia e do sistema sociocultural em certas regiões propiciaram a emergência de condições para os desenvolvimentos preliminares de um processo de racionalização econômica. No momento em que um conjunto de fatores (escassez de escravos para atender à expansão ou organização de fazendas, o crescimento do mercado consumidor de café etc.) se conjuga, verifica-se uma evolução na mentalidade dos fazendeiros, no sentido de adotarem novos padrões de atuação. As formas tradicionais de organização, administração, manipulação dos fatores de produção etc. revelaram-se insatisfatórias.

Uma das consequências da nova situação foi adotar-se outro modo de utilização da mão de obra no trabalho agrícola realizado nas fazendas de café. Os fazendeiros, em face das peculiaridades do trabalho escravo na época (escassez da oferta, preços altos do escravo, o que significava elevadas inversões, riscos de doenças, mortes, fugas etc.) optaram pela progressiva incorporação do trabalho "livre" à economia da fazenda. Especialmente nas fazendas do Oeste paulista de meados do século passado, a utilização de imigrantes europeus expandiu-se, lentamente a princípio, mas com rapidez em seguida. Quando as formas mais eficazes de contrato foram encontradas, em consequência da alteração de um conjunto de fatores, entre os quais podem ser apontados até os padrões patrimoniais de tratamento do empregado como escravo, fosse ou não negro, a utilização do imigrante branco, assalariado ou parceiro, expandiu-se com rapidez.

Mas a substituição do escravo pelo trabalhador livre processou-se lenta e contraditoriamente. Verificou-se todavia, progressivamente, ao mesmo tempo que transformações estruturais mais amplas. O próprio sistema sociocultural sofria alterações radicais, ao mesmo tempo que evoluía a estrutura econômica e que o trabalho escravizado era restringido em sua área de dominação. Isto fica bastante claro nos acontecimentos mencionados por Thomas Davatz, em *Memórias de um Colono no Brasil*.[2] Os incidentes relativos à execução e cumprimento dos contratos de trabalho entre o fazendeiro e os colonos revelam como eram profundas as implicações sociais e culturais do processo em curso. Na realidade, os contratos de parceria não

---

[2] Thomas Davatz, *Memórias de um Colono no Brasil*, 1850, tradução, prefácio e notas de Sérgio Buarque de Hollanda, Livraria Martins Editora, São Paulo, 1941. A propósito desses aspectos da substituição do trabalho escravo pelo livre, veja-se também J. J. von Tschudi, *Viagem às Províncias do Rio de Janeiro e São Paulo,* trad. de Eduardo de Lima Castro, Livraria Martins Editora, São Paulo, 1953, p. 119 e segs.

poderiam ser cumpridos fielmente num ambiente em que as condições socioculturais não eram plenamente satisfatórias para a elaboração de atitudes e normas de comportamento condizentes com as exigências da situação. Os contratos eram um produto do processo de racionalização do comportamento social produtivo e não encontravam os suportes sociais adequados à sua vigência. Preocupado com outros problemas, Louis Couty apanhou um dos principais aspectos da questão ao afirmar que os senhores das fazendas, formados no meio de escravos, inconscientemente concebiam tudo em termos do trabalho escravizado.[3] De fato, esse foi um dos entraves à incorporação de outras formas de trabalho produtivo. Havia, na ordem patrimonialista, que começava a desfazer-se, elementos suficientemente vigorosos para impedir ou prejudicar aquela transformação. No processo de racionalização do comportamento humano e da organização burocrática das empresas, pois, as motivações, as atitudes, as normas sociais, etc. somente encontram possibilidades de concretização quando se apoiam em condições socioculturais adequadas. Mesmo as atitudes sociais emergentes precisam encontrar suportes sociais e culturais no meio em que ocorrem.

Mas vejamos como se apresenta o fenômeno no presente. Se tivéssemos de relacionar as principais categorias ligadas às atividades agrícolas, poderíamos dizer que no território brasileiro encontram-se atualmente: fazendeiros e latifundiários, sitiantes posseiros, capatazes, arrendatários, parceiros, empreiteiros, colonos, agregados ou moradores, peões, camaradas, volantes, tratoristas. O simples enunciado dessas expressões indica imediatamente uma determinada posição na estrutura da economia agrária. Elas exprimem formas distintas de produtividade do trabalho, ou, mais precisamente, graus diversos de apropriação do produto da força de trabalho.

Mas encontram-se distribuídos de forma desigual pelo território brasileiro. Condensam-se em certas áreas diferentemente de outras. Nesse sentido, revelam estágios diversos da estrutura econômico-social capitalista. Em poucas palavras, enquanto em determinadas regiões predominam formas "tradicionais" de exploração do trabalho, como a economia de subsistência, o colonato ou os regimes tradicionais de arrendamento e parceria, em outras o que conta é o trabalho do camarada

---

[3] Louis Couty, *La Petite Culture et l'Immigration Européenne*, Rio de Janeiro, Imprensa Nacional, 1887.

assalariado em dinheiro. Num extremo encontramos o complexo rural tradicional, enquanto que no outro temos o sistema capitalista. Em graus diversos, o complexo rural herdado do passado vem sendo destruído em algumas regiões do país. Esse fenômeno pode ser apanhado sob diversos ângulos. A insuficiência dos dados leva-nos a escolher aqueles sobre os quais dispomos de evidências mais ricas de significação. Essa opção é criticável. Entretanto, pode ser defendida se se considerar que os ângulos selecionados servem como pistas exploratórias.

O processo de proletarização do homem do campo encontra alguns obstáculos nos arrendatários e sitiantes, que não estão preparados para perder os escassos meios de produção que possuem e, muito menos, a relativa autonomia econômica que estes lhes proporcionam. A agonia desses componentes do mundo rural tem assumido formas extremas, até mesmo no plano da luta armada.

Quando uma área de economia natural é alcançada pela expansão da economia de mercado, as terras evidentemente são valorizadas; em consequência, o conflito de interesses se aguça. Numa região em que há *posseiros,* isto é, indivíduos que, sem deter os instrumentos legais de propriedade, ocupam o solo, as tensões se acentuam, especialmente com aqueles que possuem títulos legais de sua posse; ou então com os chamados grileiros, que obtêm escrituras falsas de propriedade. O mesmo ocorre com os pequenos arrendatários e os sitiantes, que resistem apenas transitoriamente às pressões do sistema. A história recente da sociedade rural brasileira conta com diversos conflitos dessa natureza, como, por exemplo, os de Porecatu, no Noroeste paranaense, e os de Santa Fé do Sul, no Estado de São Paulo.[4]

Esse fenômeno foi examinado em toda a sua complexidade em estudo recente. Em monografia ainda inédita,[5] Antonio Cândido faz uma análise completa do processo de desorganização do *bairro* do interior paulista, visto como uma unidade econômica e sociocultural que atende satisfatoriamente aos mínimos vitais do caboclo. Descreve as transformações que sofre a unidade, acompanhando as modificações ocorridas nos âmbitos do grupo de vizinhança, da família e do indivíduo,

---

[4] Sobre o papel do *grileiro* na expansão pioneira de São Paulo, por exemplo, ver Pierre Monbeig, *Pionniers et Planteurs de São Paulo, op. cit.,* pp. 125-128.
[5] Cf. Antonio Cândido, *Os Parceiros do Rio Bonito,* MS.

tanto na alternativa da desorganização completa da personalidade como na da absorção plena pela sociedade urbano-industrial; ou ainda, no caso da sua completa incorporação aos assalariados do campo, bem como sua inclusão no contingente de reserva de força de trabalho do setor industrial.

No mesmo sentido, os acontecimentos havidos no interior de Minas Gerais, em 1955, em Catulé (no município de Malacacheta)[6], exprimem um evento limite no que diz respeito aos efeitos destrutivos do choque de duas ordens econômico-sociais diversamente estruturadas. Trata-se de uma comunidade de caboclos que foi destruída em consequência da expansão capitalista. Nesse caso extremo grande parte do grupo foi atingida pelo desespero.

Da mesma forma, mas em grau diverso, os médios e pequenos proprietários agrícolas perdem paulatinamente as possibilidades de manter as condições anteriores de produção. Como se afirma em uma carta de reivindicações de lavradores do Estado do Espírito Santo, "não há qualquer assistência técnica, nem fornecimento de inseticidas, de sementes e adubos. Não há crédito nem financiamento para as culturas dos médios e pequenos proprietários".[7] Os benefícios da ação estatal raramente atingem esses agricultores. Os latifundiários dominam as principais vias de acesso àquela assistência.

Assim, os sitiantes de um ou alguns alqueires veem o seu pânico aumentar, impotentes para reduzi-lo. Em verdade, estão se transformando em componentes integrados do sistema, na condição de assalariados. Ou, mais precisamente, são trabalhadores autônomos cujos rendimentos do próprio trabalho são retidos nas mãos de outros, como o atacadista, por exemplo, que não só conhece a estrutura e a dinâmica do mercado como está em condições de manipulá-los segundo os próprios interesses.

Mas a organização política dos sitiantes pode às vezes alcançar um grau mais adiantado de estruturação, conseguindo, talvez

---

[6] Cf. "A Aparição do Demônio no Catulé", por Cario Castaldi, Carolina Martuscelli e Eunice T. Ribeiro, *Estudos de Sociologia e História,* por Maria Isaura Pereira de Queiroz e os autores citados, São Paulo, Editora Anhembi Limitada, 1957, pp. 17-130.

[7] Cf. *Carta de Reivindicações dos Lavradores e Trabalhadores Agrícolas do Estado do Espírito Santo,* assinada por José A. das Virgens, pela diretoria da Associação dos Lavradores e Trabalhadores Agrícolas do Espirito Santo, Vitória, 7.9.1958, p. 2.

transitoriamente, aplacar ou diminuir os efeitos desorganizatórios da expansão de formas mais refinadas do capital. Em Pernambuco, sitiantes e arrendatários organizaram-se em associações destinadas exatamente a aumentar a sua capacidade de resistência aos grandes proprietários. Segundo as expressões de Francisco Julião, as ligas camponesas, reunindo "foreiros e pequenos proprietários de terra", almejam o "combate pelos meios pacíficos das formas mais cruéis e odiadas de exploração do trabalhador que arrenda a terra para nela se fixar e manter-se".[8]

Sob o ângulo que nos interessa aqui, é inegável que essa luta do sitiante e arrendatário de tipo tradicional, em Pernambuco, Espírito Santo, Paraná etc. exprime uma fase determinada do processo de desorganização da economia natural, de subsistência, do bairro de vizinhança, ou outras formas de utilização dos meios de produção e trabalho. As manifestações desses agricultores, mesmo quando assumem formas estruturadas, talvez não passem de expressões transitórias de um processo avassalador, que acabará eliminando certos grupos de pequenos proprietários e formas menos ortodoxas de salariado. São tensões que conduzirão à expulsão do colono, rendeiro, parceiro etc. do interior da fazenda ou latifúndio, isto é, à sua proletarização.

Como se vê, o mundo caipira, que inegavelmente possui uma fisionomia própria, elaborada no decorrer de um longo processo de formação iniciado com a colonização portuguesa, está sendo atingido intensamente pela expansão do capitalismo no campo. Nos parágrafos anteriores já ficou evidente que há uma ordem econômica sofrendo diretamente efeitos desorganizatórios. Trata-se da economia natural, que subsiste ainda em muitas áreas do país, mas que em outras está sendo progressivamente alcançada, modificada e destruída.

Entre as formas de cooperação vicinal, requisitos fundamentais à manutenção do funcionamento das comunidades caboclas, destaca-se o *mutirão*. Esta é a instituição principal do bairro. Estruturado econômica, social e culturalmente, o *mutirão* é muitas vezes o responsável mais importante pela manutenção da coesão grupal, para a adaptação do grupo ao meio natural, o desenvolvimento do trabalho produtivo

---

[8] Cf. Francisco Julião, "As Ligas Camponesas II", em *O Estado de S. Pauto,* São Paulo, 9.12.1959, p. 4.

em condições de atividades lúdicas etc.[9] Pois bem, essa instituição está sendo modificada e destruída pelas transformações da economia agrária brasileira. Revelando uma forma comunitária de exploração do trabalho humano, não resiste ao impacto das modificações do mercado de trabalho e à introdução de novos bens de consumo provocados pela economia de mercado. Juntamente com a própria comunidade cabocla, desorganiza-se o mutirão, que é sua instituição econômica fundamental.

No processo de destruição desse complexo, múltiplas formas intermediárias são preservadas transitoriamente, enquanto nem as condições concretas de vida nem os homens se renovam completamente. Neste caso, perdem progressivamente os seus caracteres mágicos, lúdicos, sociais, e preservam apenas os seus requisitos econômicos positivos para o contexto em que se inscrevem. *A troca de dias de serviço* pode ser considerada uma dessas formas intermediárias, que se preserva, em condições especiais, mesmo na área pioneira do Norte paranaense. Muitas vezes o homem que se instalou numa gleba no Paraná praticava o mutirão no interior de Minas Gerais, na Bahia ou em outros Estados. Mas no seu novo ambiente já não vê significação nessa prática, percebendo, às vezes com clareza, a sua ineficácia econômica. Reconhece, a seu modo, que a ajuda mútua implica uma concretização insuficiente da força de trabalho, pois aí a divisão do trabalho é elementar. A solução almejada é o trabalho assalariado do diarista ou mensalista, que é dispensado logo que terminem as suas tarefas. Assim se fazem os *volantes*.

Aliás, o mutirão se presta grandemente a uma ilustração significativa do processo que estamos esboçando. A análise das transformações do que no Norte do país se conhece por *batalhão* é provavelmente um ângulo rico para a compreensão da maneira pela qual o capitalismo alcança, envolve e transforma o mundo rural. Nele podemos apreciar não apenas a desorganização da economia e das formas sociais comunitárias tradicionais, como também a proletarização de um dos setores da população rural. O homem do bairro caboclo, quando a área em que habita e trabalha é atingida pelas modificações estruturais da sociedade inclusiva, sofre uma expulsão inapelável. É rechaçado para

---

[9] Para uma análise das formas de ajuda mútua no Brasil, veja-se: Antonio Cândido, *op. cit.;* Emilio Willems, *Cunha*, São Paulo, 1948; Clovis Caldeira, *Mutirão*, São Paulo, Companhia Editora Nacional, 1956; esta obra contém extensa bibliografia sobre o assunto.

outros setores da economia, sem conseguir preservar os seus escassos meios de produção, cuja tecnologia é extremamente pobre e, portanto, inútil em sistemas produtivos mais complexos. Assim, o membro da comunidade cabocla será assalariado nas fazendas, onde o trabalho às vezes é apenas sazonal; ou então irá para os centros urbanos integrar-se no sistema industrial; ou, ainda, será incorporado ao contingente de reserva do proletariado agrícola ou urbano.

Todavia, o processo de proletarização pode ser posto sob outros ângulos, alguns dos quais merecem referências especiais. A evolução da composição da população ocupada nas atividades primárias tem sido vista como uma consequência da transferência de contingentes humanos das atividades extrativas e agropecuárias para os setores secundário e terciário, onde a renda *per capita* é considerada maior. Haveria uma atração de um para os outros setores da economia.

Mas essa é uma explicação insuficiente, pois se prende mais à expressão demográfica do fenômeno, perdendo de vista a verdadeira questão. Quando constatamos a redução relativa da população empregada no setor primário e associamos esse evento às transformações internas que vem sofrendo a economia agrária em certas áreas do país, o fenômeno adquire outra configuração. As inovações tecnológicas nas atividades agrícolas, a adoção de procedimentos racionais de organização e administração da empresa, além de outros fatores, têm determinado, em boa parte, a expulsão de parcela dos trabalhadores agrícolas. É também esse o significado do decréscimo de 71% para 64% da população ocupada no setor primário, sobre o total dos indivíduos ativos em 1940 e 1950. Todavia, esses dados adquirem outro significado quando observamos que apenas pequena parcela da população rural é proprietária de terras. Em 1950, conforme Moacyr Paixão, a população brasileira ligada às atividades rurais dividia-se em dois grupos distintos: 24% dos indivíduos pertenciam a famílias proprietárias e 76% a famílias sem terras.[10] Portanto, cerca de 25 milhões de pessoas viviam do trabalho executado sob as mais diferentes formas de contrato (parceria, arrendamento, agregação, assalariado de tipos diversos etc.), mas sem possuir terras.

---

[10] Cf. "Elementos da Questão Agrária", por Moacyr Paixão, em *Revista Brasiliense*, nº 24, São Paulo, julho-agosto de 1959, pp. 25-48; dados extraídos da p. 37.

Enquanto isso, no mesmo período de 1940 a 1950, o contingente ocupado nas atividades secundárias aumentou de 9 para 13%; e o do setor terciário cresceu de 20 para 23%. Evidentemente o mercado de trabalho no setor industrial, bem como as condições de vida no meio urbano, exercem atração sobre a população campesina. É na cidade que se criam e geralmente se concentram os benefícios da "civilização". Mas é à intensificação da produtividade do trabalho, estimulada pela expansão da economia nacional e internacional, que cabe boa parte da responsabilidade pelo deslocamento do trabalhador de um para outro setor da economia, ou então para o contingente desempregado. Mas como se comporta essa população dedicada às atividades agropecuárias? Examinada sob o ângulo que nos interessa neste momento, verificamos que o fenômeno assume uma feição mais definida.

Como já vimos, na atualidade o contingente de trabalhadores agrícolas se distribui em diversas categorias. Em termos econômicos, cada grupo participa de modo singular da apropriação dos bens produzidos, como ocorre com os colonos, agregados, empreiteiros, peões, camaradas, vaqueiros etc. Entretanto, deixando-se de lado algumas nuanças regionais, vejamos como se caracterizam os principais tipos de trabalhadores. Inicialmente, há o *sitiante* ou pequeno proprietário, que trabalha diretamente a terra, geralmente com seus familiares e eventuais vizinhos ou camaradas. Os *arrendatários* ou foreiros também trabalham pessoalmente ou com membros da família e assalariados, pagando aluguel pelo uso da terra. Em alguns casos, como se verá, são verdadeiramente empreendedores capitalistas. *Parceiro é* aquele que também paga pela utilização das terras, mas segundo as oscilações da produção. Neste caso o proprietário recebe uma parcela variável do produto do trabalho do contratante e seus eventuais auxiliares. O *empreiteiro,* por sua vez, se compromete a realizar uma tarefa determinada, que tanto pode envolver uma planta de ciclo anual, como o arroz ou algodão, como uma perene, como o café. E *camaradas* finalmente, são aqueles que recebem salários pela venda de sua força de trabalho. Entre estes destacam-se os permanentes e os temporários; ou então, os mensalistas e diaristas.[11] Essas são as principais categorias de

---

[11] Como diz Nestor Duarte, "a grande propriedade, em regime econômico mais avançado, como o capitalismo, no qual ela propende a se apresentar na forma da grande empresa, de que há numerosos exemplos, entre nós, na cultura do açúcar, do café e do próprio cacau, provoca, ao contrário (do latifúndio

trabalhadores disseminados pelo território brasileiro e incorporados, sob formas diversas, à economia de mercado; isto é, uma economia já capitalista em algumas áreas ou em constituição como tal em outras. Mas se conduzirmos a análise mais adiante veremos que esses diversos tipos de trabalhadores acabam, afinal, recebendo em troca do seu trabalho dinheiro ou produtos. Segundo estudo recente efetuado por economistas da *Conjuntura Econômica,* o sistema de remuneração vigente no meio rural comporta quatro grupos principais: "os empregados que recebem salários em dinheiro; os que são remunerados em espécie; os empregados total ou parcialmente remunerados com a permissão de plantio de culturas de subsistência em determinados trechos de terra cujas colheitas a eles pertencem, dando em troca certo número de dias de trabalho por semana na lavoura principal da propriedade; empregados que recebem uma quota-parte de sua produção, podendo essa remuneração ser em produtos" ou em dinheiro.[12] Essas ou outras variantes de remuneração possuem um significado econômico-social fundamental. Trata-se, em qualquer dos casos, de formas efetivas ou dissimuladas de salários. Em termos da estrutura econômico-social capitalista do país, o conteúdo dos pagamentos e as formas de contrato dos trabalhadores não escondem o fenômeno básico da venda e compra de força de trabalho. Sob esse ponto de vista, tanto o pequeno arrendatário como o sitiante, quando inseridos em economia de mercado, precisam ser vistos como vendedores de força de trabalho.[13] Um pequeno proprietário agrícola, por exemplo, visto em termos de um sistema capitalista de produção ao qual está ligado, pode ser enquadrado

---

tradicional), a concentração da população agrária para instituir o regime do operário assalariado, regime idêntico ao da indústria moderna". (Cf. *Reforma Agrária,* por Nestor Duarte, Rio de Janeiro, 1953, p. 17.) Para outras informações relativas aos diversos tipos de trabalhadores agrícolas no Brasil, bem como às condições de contrato, consulte-se, entre outros: Moacyr Paixão, "Elementos da Questão Agrária", em *Revista Brasiliense,* n° 24 e 25, São Paulo, 1959; Caio Prado Júnior, "Contribuição para a Análise da Questão Agrária no Brasil", em *Revista Brasiiiense,* n° 28, São Paulo, março-abril, 1960, pp. 163-238; *Conjuntura Econômica,* ano X, n° 12, Rio de Janeiro, dezembro, 1956, pp. 71-77; "A Verdadeira Situação da Agricultura Paulista", em *O Estado de S. Pauio,* 12.8.1959, p. 10.

[12] Cf. *Conjuntura Econômica,* citada, p. 72.
[13] A propósito desta compreensão da posição do trabalhador autônomo no sistema capitalista, veja-se Karl Marx, *El Capital,* 3 tomos, trad. Wenceslao Roces, Fondo de Cultura Econômica, México, 1946, tomo II, p. 125.

no grupo dos que se apropriam apenas parcialmente dos produtos do próprio trabalho. Estão de tal maneira vinculados ao sistema, que entre ele e o mercado consumidor interpõem-se os comerciantes de diversos tipos, os quais muitas vezes realizam os papéis do capitalista. Naturalmente, empreiteiros ou sitiantes podem transformar-se em empresários capitalistas. Isto, todavia, depende do modo de manipulação dos elementos da produção, de tal maneira que não só entrem na plena posse do produto como também tenham possibilidade de comprar força de trabalho alheia, apropriando-se em consequência dos valores produzidos. E é exatamente isto que ocorre com certos arrendatários, como aqueles dos arrozais e trigais do Rio Grande do Sul.[14] Trata-se de capitalistas, pois que, manipulando capitais constantes e variáveis, produzem para um sistema mercantil. Sem ser donos das terras (e muitas vezes são citadinos), estão cumprindo, talvez provisoriamente, a tarefa de instalar a agricultura capitalista nos campos do Sul.

Portanto, a constituição do proletariado agrícola é um fenômeno que resulta das transformações dos modos de produção. Este mesmo processo geral, que modifica, redefine ou elimina agregados, colonos, arrendatários, parceiros, sitiantes, pecuaristas, latifundiários etc. está operando no sentido de redistribuir os grupos humanos em duas categorias principais. Na nova estrutura em emergência, os assalariados, sob as suas diversas formas, e os proprietários dos meios de produção, também sob as mais diferentes configurações, serão as classes sociais fundamentais.

Além disso, o mesmo processo gera consigo modificações da economia de subsistência, de produção direta, em economia de mercado, de produção indireta, socialmente complexa. A divisão do trabalho, fenômeno necessário à consolidação do sistema econômico-social capitalista, possibilita maior produtividade da força de trabalho, pois permite a especialização profissional, a redução dos esforços do trabalhador a movimentos simples etc. O que está ocorrendo nas culturas de arroz e trigo no Sul, com a transformação do peão em tratorista e mecânico, é um fenômeno que se liga ao desenvolvimento da especialização das atividades produtivas.

Como vemos, a força de trabalho assume as configurações que o sistema econômico-social impõe. Há um sistema que produz o escravo, que é mantido no interior da fazenda, consumindo apenas alimento,

---

[14] Cf. Paulo Schilling, *op. cit.*, esp. pp. 23-30.

vestuário e senzala. Outro sistema vai gerar o colono, cuja remuneração será em espécie ou dinheiro, mas que continuará no interior da fazenda, onde terá habitação e lote de terra para culturas de subsistência. Esta será uma forma intermediária do desenvolvimento da unidade no sentido de uma empresa organizada em bases "racionais". Mas essa evolução somente se completa com a expulsão do trabalhador do interior da fazenda, fenômeno que está ocorrendo em algumas regiões do país. Neste caso o empresário não terá uma unidade estruturada de forma híbrida, onde coexistam elementos dos sistemas patrimonial e capitalista. Agora a fazenda é definida como uma empresa organizada "racionalmente". E do trabalhador, que deve habitar fora da unidade, compra-se a força de trabalho avaliado em dinheiro. No bairro, patrimônio, vila ou cidade onde habitar, ele comprará os seus sapatos, a sua roupa, os medicamentos, o arroz e o feijão. Da fazenda, de onde o trabalhador extraía anteriormente os seus meios de subsistência, levará somente o salário (diário, semanal ou mensal), como o operário da indústria.

A marcha da proletarização

Evidentemente, estas digressões apoiam-se em duas preliminares básicas. Uma delas estabelece que a estrutura agrária brasileira também está sendo envolvida no processo de desenvolvimento econômico. A outra, implícita em toda a análise, diz respeito ao caráter primordial da força de trabalho no processo de produção. Uma compreensão objetiva da formação de uma camada proletária ligada às atividades agrícolas no país somente pode ser alcançada se atribuirmos a devida importância ao papel decisivo da força de trabalho no contexto da produção econômica e da vida social. Como diz Celso Furtado, os pontos cruciais da teoria do desenvolvimento devem ser formulados do seguinte modo: "1) O desenvolvimento consiste, basicamente, no aumento da produtividade física do conjunto da força de trabalho, eliminado o efeito de fatores naturais. 2) Logra-se o aumento da produtividade física do trabalho por meio da acumulação de capital e da assimilação do progresso técnico".[15] Como se pode observar, as duas proposições revelam a

---

[15] Cf. Celso Furtado, "Fundamentos da Programação Econômica", em *Econômica Brasileira*, vol. IV, nº 1 e 2, Rio de Janeiro, janeiro-junho de 1958, pp. 39-44; citação extraída da p. 40.

compreensão do trabalho como atividade geradora de riqueza. Capital e progresso técnico associados ao caráter criador da força de trabalho, eis os "fatores" essenciais do desenvolvimento econômico.

Portanto, o fenômeno da proletarização do trabalhador do campo, conforme é apanhado no esboço que acabamos de apresentar, não pode ser suficientemente avaliado senão quando o consideramos como um processo resultante da constituição do capitalismo no Brasil. As transformações das relações de produção, que atingiram decisivamente o setor industrial, alcançam progressivamente o setor agropecuário, e promovem as alterações determinadas pela dinâmica interna do sistema.

Como o processo de industrialização se apoia, entre outros "fatores", numa oferta sempre folgada de força de trabalho, o sistema industrial exerce uma ação polarizadora sobre a população agrícola, promovendo deslocamentos para centros industriais. Estimulada pelo crescimento do mercado consumidor de gêneros provocado pela expansão da industrialização, a agricultura altera-se de maneira a ajustar-se às novas condições. Em decorrência e em concomitância com esse processo, a empresa agrícola se modifica, promovendo por sua vez a expulsão de parte dos trabalhadores, que se encaminham para os centros industriais. E, além disso, como resultado das modificações estruturais que ocorrem na agricultura, entre as quais sobressai o regime de trabalho assalariado, cresce a capacidade do mercado consumidor de artigos industriais. Há uma interação contínua, progressiva e cumulativa entre os diversos "sistemas" econômico-sociais envolvidos na realidade brasileira. A economia de subsistência é continuamente alcançada e modificada pela economia de mercado, já mais vigorosa; e esta, por sua vez, encontra-se periódica ou constantemente estimulada pelo comércio internacional, ao qual se liga por diversas formas e sob a ação dirigente do Estado. As inter-relações entre elas, em consequência, estão levando à extensão do modo capitalista de produção às atividades agropecuárias ainda estruturadas em moldes de economia natural.

Em síntese, a integração dialética dos "sistemas" de produção, que resulta do aparecimento de um conjunto de condições que puderam ser apenas apontados, transforma o modo de utilização do trabalho, provocando a proletarização. Liquidam-se progressivamente os remanescentes das relações patrimoniais entre o fazendeiro e o trabalhador agrícola. Com sua paulatina alienação, transforma-se em trabalhador livre; isto é, livre de oferecer-se em qualquer área do mercado e consumir o seu salário, sem possuir os meios de produção. Assim se completa a sua transfiguração. As modificações da produção, portanto, exigem alterações qualitativas nas relações entre os homens. Na agricultura brasileira, elas afetam a empresa agrícola em seus componentes fundamentais, transformando pouco a pouco o fazendeiro em capitalista, o capataz em gerente, o lavrador em proletário. Isto significa que se alteram os requisitos "tradicionais" de convivência. À medida que se modificam as condições inerentes ao complexo rural, onde foram gerados alguns dos problemas focalizados, elaboram-se pouco a pouco outras condições econômico-sociais de interação, propiciando a emergência de atritos e tensões entre as classes sociais envolvidas. Problemas tais como níveis de salários, tipos de contratos de trabalho e organização dos trabalhadores em sindicatos começam a ser postos pelas novas condições de vida.[16] Ainda que prejudicados pelo excesso da oferta sobre a procura de trabalho e pela manipulação de técnicas tradicionais de resolução de tensões, os trabalhadores agrícolas paulatinamente estão sendo levados a propor-se essas questões em termos políticos. Os problemas que até o presente foram regulados segundo as posições relativas dos indivíduos, definidos isoladamente, exigem soluções políticas novas. À medida que as condições de competição no mercado de trabalho se modificam e assim que a "cidade" deixar de ser uma solução possível, ainda que precária, para o desemprego no campo, em algumas áreas os assalariados agrícolas começarão a aglutinar-se em torno de reivindicações de classe.

---

[16] Note-se que as poucas disposições legais relativas ao trabalhador rural não têm sido postas em prática. Alguns grupos políticos, todavia, têm feito tentativas malogradas no sentido de torná-las efetivas e estendê-las. Com relação a "salário mínimo", "férias", "contrato de trabalho" etc., veja-se *Consolidação das Leis do Trabalho"*, 2ª ed.. Editora Saraiva, São Paulo, 1955, Art. 7º, § b, e artigos 76, 129, 505 e 506. Às pp. 409-419 dessa obra encontra-se o texto do Decreto-Lei nº 7038, de 10.11.1944, que dispõe sobre a sindicalização "de todos os que, como empregadores ou empregados, exerçam atividades ou profissão rural". Posteriormente, no último governo de Getúlio Vargas, foi criado o Serviço Social Rural, com o fim de "educar" e orientar o trabalhador do campo.

Relações de produção e proletariado rural*

A história do trabalhador agrícola brasileiro pode ser dividida em três períodos principais: no primeiro, predomina o *escravo;* no segundo, o *lavrador;* e no terceiro, o *operário rural.* As crises e lutas havidas na sociedade agrária brasileira, desde a Lei do Ventre Livre, de 1871, até o Estatuto do Trabalhador Rural, de 1963, assinalam as condições em que se desenvolve o longo processo de transformação do escravo em *trabalhador livre.* A lei de 1871 declara livres os filhos de mães escravas nascidos desde então. E a lei de 1963 regulamenta as condições de contrato de trabalho e sindicalização no setor agrário. Ao longo dessas décadas, houve principalmente escravos (indígenas, negros, mestiços), agregados, colonos, seringueiros, parceiros, assalariados, peões, volantes e outros. Mas também pelourinhos, troncos, tocaias, invasões de terras, greves, prisões e assassínios políticos. E, ainda, romarias, santos milagrosos, monges, profetas, cangaceiros, ligas camponesas e sindicatos rurais. Essas manifestações assinalam as sucessivas metamorfoses do trabalhador agrícola brasileiro.

---

* Publicado pela primeira vez, sob o título "Relações de Produção e Proletariado Rural", por Tamás Szmrecsányi e Oriowaldo Queda (orgs.l, *Vida Rurale Mudança Social (Leituras Básicas de Sociologia Rural),* São Paulo, Companhia Editora Nacional, 1973. Em seguida, sob o título "A Formação do Proletariado Rural", em Octavio Ianni. *Sociologia e Sociedade no Brasil,* São Paulo, Editora Alfa-Ômega, 1975.

A transformação do escravo em operário, pois, não foi um processo rápido, harmônico e generalizado. Tomou quase um século para desenvolver-se. Aliás, somente caminhou na medida em que se desenvolveram as forças produtivas e as relações sociais de produção, no setor agrário e no conjunto do subsistema econômico brasileiro. Em outras palavras, o surgimento do proletariado rural, como categoria política fundamental da sociedade agrária brasileira, ocorreu na época em que se efetivou o predomínio da cidade sobre o campo, quando o setor industrial suplantou o setor agrícola (econômica e politicamente) no controle das estruturas de poder do país. Se quisermos compreender como aparece o proletariado rural brasileiro, como categoria política, podemos concentrar a nossa atenção principalmente nas décadas posteriores à Revolução de 1930.

O contexto histórico

Em primeiro lugar, a Grande Depressão Econômica dos anos 1929-33 e a Revolução de 1930 assinalam o fim do Estado Oligárquico no Brasil. Foi nessa época que as burguesias agrária e comercial, ligadas ao setor externo (exportação e importação), perderam o controle exclusivo do poder político para as classes urbanas emergentes (empresários industriais, classe média, militares, operários). Ainda que não tivesse perdido de modo completo o domínio do poder político federal (e nos principais Estados da União), a Revolução de 1930 representou uma vitória da cidade sobre o campo; isto é, das classes sociais urbanas sobre as classes sociais rurais. Criaram-se algumas das condições que iriam favorecer o predomínio do setor industrial sobre o setor agrário, principalmente a partir da década de 1950.

Em segundo lugar, o setor industrial foi adquirindo preeminência no conjunto do subsistema econômico brasileiro; e passa a desenvolver-se em escala mais acelerada do que o agrário. Isto significa que a reprodução do capital, no conjunto da economia brasileira, passou a ser governada pela reprodução do capital industrial localizado também no interior do subsistema econômico brasileiro. As transformações que acompanham a crise dos anos 1929-33 e a 2ª Guerra Mundial, de 1939-45, criaram as condições propícias à transição para um sistema econômico em que predomina c setor industrial. Assim, particularmente nos anos 1950-60, as decisões sobre política econômica governamental passaram a ser tomadas em função dos interesses e das perspectivas abertas à burguesia industrial, em sentido lato.

Deve-se notar, entretanto, que os setores industrial e agrário não são estanques. Ao contrário, no âmbito das forças produtivas (capital, tecnologia, força de trabalho e divisão social do trabalho), são complementares e interdependentes. Na verdade, essas relações de complementaridade e interdependência tendem a desenvolver-se.

Em terceiro lugar, foi-se desenvolvendo cada vez mais a dupla subordinação que caracteriza a situação da sociedade rural, desde a época em que a burguesia agrária perdeu a hegemonia política para as outras classes sociais, particularmente a burguesia industrial. Já não era apenas o produto do trabalho agrícola que se realizava como mercadoria no âmbito da cidade e do comércio mundial, sob o controle de outras empresas, grupos e interesses. O excedente econômico efetivo produzido pelo setor agrário passou a ser apropriado em outras esferas do sistema econômico nacional e mundial. Além disso, as decisões de política econômica passaram a ser tomadas principalmente em função dos interesses predominantes no setor industrial, nacional ou internacional.

Um dos principais elos nessa cadeia de subordinações é o trabalhador agrícola. É ele que se encontra no centro do sistema de relações e estruturas que caracterizam a dupla subordinação em que se encontra a sociedade agrária brasileira.

Ocorre que a produção de excedentes econômicos, nos setores secundário e terciário (tipicamente urbanos), tem estado sempre apoiada também na capacidade que esses setores têm revelado para apropriar-se de uma parte do excedente econômico produzido no setor agrário. Vários são os meios por intermédio dos quais se realiza a transferência de uma parte do excedente agrícola para a cidade e o exterior. Dentre esses meios, habitualmente utilizados para determinar a direção e o grau de transferência do excedente agrícola, destacam-se os seguintes: 1) informações precárias sobre as condições do mercado de gêneros, matérias-primas etc. produzidos no setor agrário; 2) ação de grupos econômicos nacionais e estrangeiros, habitualmente centralizados em torno de atividades industriais, empresas de comercialização ou estabelecimentos bancários; 3) atuação do sistema bancário, em geral vinculado a empresas e grupos industriais nacionais e estrangeiros; 4) funcionamento do sistema de comercialização dos produtos agrários (gêneros alimentícios, produtos tropicais, matérias-primas), em geral vinculados àqueles grupos ou empresas nacionais e internacionais. É óbvio que esses meios operam em concomitância. Além disso, revelam o modo pelo qual se efetivam as relações de subordinação que caracterizam a sociedade agrária, em face da sociedade urbana e industrial. No centro dessa situação está uma espécie de troca desigual.

Isto é, as condições por meio das quais se verifica a mercantilização do produto do trabalho agrícola permitem que se realize uma troca aparente de iguais e uma troca real de desiguais. Devido à potenciação diferencial da força de trabalho (na indústria e na agricultura) e às práticas monopolísticas de grupos nacionais e estrangeiros sediados nos centros urbanos, o intercâmbio econômico entre o setor agrário e o setor industrial resulta numa troca de desiguais.

A própria divisão social do trabalho desenvolve-se em graus diferentes (quando se compara a indústria e a agricultura), favorecendo a potenciação da força de trabalho operária. A dependência da produção agrícola face às condições naturais (estações, chuvas, climas etc.), estabelece limites ao ritmo de reprodução do capital agrário. Na prática, o operário rural trabalha maior número de horas que o operário industrial, para adquirir o produto do trabalho deste, produzido com menor quantidade de força de trabalho. Ainda que os processos de mercado tendam a equalizar os trabalhos sociais particulares, é inegável que o trabalhador rural retém uma parcela menor (em comparação com o industrial) do produto do seu trabalho. Assim, independentemente das ligações entre empresas agrícolas, industriais, comerciais e bancárias e das acomodações dos seus interesses particulares, no âmbito dos grupos econômicos e das corporações, é inegável que o proletariado rural se encontra numa situação pior, quanto às possibilidades de apropriação de parte do produto do seu trabalho.

Como vemos, o trabalhador rural se encontra no centro de um sistema bastante amplo e complexo de produção. É como se ele fosse o vértice de uma pirâmide invertida. Como fornecedor de força de trabalho, segundo as condições do setor agrário, o excedente que produz é apropriado em diferentes setores do sistema econômico. E esse excedente é repartido entre os seguintes elementos do sistema econômico global: o proprietário da terra, o arrendatário da terra, o comerciante de produtos agrícolas na cidade, o comerciante de produtos agrícolas no mercado mundial, a empresa industrial que consome matéria-prima de origem agrícola, o aparelho governamental.

Esse é o contexto mais geral em que se criam as condições sociais, econômicas, políticas e culturais nas quais surgem fenômenos tais como o messianismo, o cangaço, a liga camponesa, o sindicato rural. E é por intermédio desses movimentos sociais e políticos que ocorre a paulatina metamorfose do lavrador em proletário.

História do trabalhador rural

A transformação do lavrador em operário não ocorre de uma só vez, de modo rápido, igual e generalizado por toda a sociedade agrária. Esse é um processo às vezes lento, repleto de contradições.

No âmbito das condições econômicas, a gênese do proletariado rural depende da transformação do lavrador em trabalhador livre assalariado; isto é, em vendedor de força de trabalho. Em outros termos, no âmbito das condições econômicas, a gênese do proletariado rural depende da separação entre o produtor (o lavrador) e a propriedade dos meios de produção. Talvez se possa dizer que a ocasião em que o operário aparece como categoria econômica, social e política é aquela em que já não possui, nem de fato nem imaginariamente, os meios de produção.

Assim, podemos distinguir duas configurações econômico-sociais e políticas no processo de transição do lavrador em operário. Na primeira, o lavrador está inserido no universo prático e ideológico característico da grande unidade econômica. Esse é um universo sociocultural de tipo comunitário. "Na grande plantação o homem que sai ou entra na sua casa está saindo ou entrando em uma parte da propriedade. Assim, nenhum aspecto de sua vida escapa ao sistema de normas que disciplina sua vida de trabalhador. Desta forma, a experiência da vida prática não lhe permite desenvolver-se como cidadão e ganhar consciência de responsabilidade com respeito ao seu próprio destino. Todos os atos de sua vida são atos de um agregado, de um elemento cuja existência, em todos os seus aspectos, integra a grande unidade econômico-social que é a plantação de cana. Esses homens pouca ou nenhuma consciência têm de integrar um município ou um distrito, que são a forma mais rudimentar de organização política; mesmo quando suas habitações estejam grupadas em alguma aldeia, esta encontra-se implantada dentro de uma 'propriedade', razão pela qual a vinculação impessoal com uma autoridade pública perde nitidez em face da presença ofuscante da autoridade privada."[1]

A segunda configuração econômico-social e política resulta da ruptura daquelas relações de produção. Devido a novos desenvolvimentos das forças produtivas, decorrentes das transformações do mercado, em âmbito nacional e internacional, rompem-se os vínculos (jurídicos, morais, culturais, sociais, políticos) que mantêm o lavrador como parte do sistema social da fazenda. Isto é, verifica-se a ruptura entre a propriedade dos meios de produção e o lavrador. No momento em que o trabalhador agrícola se transforma em assalariado (tanto em sua prática como em sua ideologia), então surge o proletário rural. "Em outras palavras, o sistema capitalista de produção se ampliou e aprofundou, ao mesmo tempo que se apuravam as relações capitalistas de trabalho. Paralelamente declinaram os padrões de vida dos trabalhadores. Isso porque aquele progresso foi acompanhado, como tinha naturalmente de ser, por larga expansão das lavouras de cana necessárias para o adequado abastecimento em matéria-prima das modernas usinas. O que em contrapartida foi reduzindo o espaço disponível para culturas de subsistência mantidas pelos trabalhadores e das quais eles tiravam o essencial de sua manutenção. Também a intensificação do trabalho necessário para fazer frente às novas exigências da produção acrescida foi roubando ao trabalhador o tempo livre de que dispunha para se dedicar às suas culturas particulares de subsistência. Ele se transforma assim progressivamente em puro assalariado, sem outra fonte de recursos que o salário percebido. Vê-se deste modo na contingência de adquirir seus alimentos, em proporções crescentes, no comércio e a preços relativamente elevados em confronto com o acréscimo de salário obtido em compensação pela perda do direito de ter suas próprias culturas. Seu padrão e condições de vida, portanto, se agravaram. (...) Coisa semelhante vem ocorrendo em São Paulo com a substituição em proporções crescentes do antigo 'colono' das fazendas de café, pelo diarista, isto é, o assalariado puro."[2]

---

[1] Celso Furtado, *Dialética do Desenvolvimento*, Rio de Janeiro, Editora Fundo de Cultura, 1964, pp. 141-142. Citação extraída do cap. 3, sobre "O Processo Revolucionário no Nordeste".
[2] Caio Prado Júnior, *A Revolução Brasileira*, São Paulo, Ed. Brasiliense, 1966, pp. 152-153.

Entretanto, a gênese do proletariado rural não se dá apenas em decorrência das transformações das condições econômicas. É verdade que o desenvolvimento das forças produtivas (capital, tecnologia, força de trabalho, divisão social do trabalho) e das relações sociais de produção (de colono, ou agregado, a assalariado) fundamentam a metamorfose do lavrador em proletário. Mas esse processo ocorre em combinação com modificações dos valores culturais e padrões de comportamento. Efetiva-se por intermédio de crises e movimentos revelados em fenômenos como o messianismo, o cangaço, a liga camponesa e o sindicato rural.

O *messianismo,* por exemplo, está geralmente ligado a transformações nas relações sociais de produção. É bem verdade que esse nível da realidade social nem sempre é bastante visível. Muitas vezes, a crise nas relações de produção não surge no primeiro plano, permanecendo encoberta pelas condições socioculturais do movimento messiânico. Este, em geral, se manifesta como fenômeno social e cultural; ou melhor, como fenômeno religioso. Por isso, tendem a permanecer em segundo plano, ou esquecidas, as suas condições econômicas. É o que se verifica, em graus variáveis, nos acontecimentos relacionados a Canudos, Juazeiro, São Leopoldo, Contestado, Catulé etc. Entretanto, em quase todos os principais movimentos messiânicos havidos no mundo rural encontram-se manifestações mais ou menos desenvolvidas da crise nas relações sociais de produção. No estudo que fez sobre o movimento liderado pelo monge e profeta João Maria (e suas reencarnações) no Contestado, nos anos 1912-16, Maurício Vinhas de Queiroz chegou às seguintes conclusões: "Só teremos compreendido profundamente o que houve nos sertões do Paraná e Santa Catarina se considerarmos os fenômenos aí registrados como decorrentes de uma crise de estrutura. Acumularam-se através dos anos problemas sociais de toda espécie, nunca resolvidos, agravaram-se os conflitos latentes entre as várias classes e camadas, e assim foram geradas fortíssimas tensões (...). Podemos assegurar que (as tensões sociais havidas) no Contestado se originaram principalmente do anseio de terras, de bem-estar e de segurança que era sentido pelo povo sertanejo; mais ali do que em qualquer outra parte do Brasil porque, entre outros motivos, se assistia à entrega de lotes a colonos estrangeiros. Esta aspiração coletiva se chocava com a organização social e política representada pelos *coronéis,* a qual não apenas negava os meios institucionalizados de satisfazer às necessidades da massa setaneja, como até privava da terra muitos que já a possuíam.

Tal era o conflito básico que provocava as maiores tensões, as quais se tornaram tanto mais acirradas quanto na situação se introduziram sentimentos nativistas, uma vez que a terra era entregue não apenas a simples colonos – muitos dos quais, apesar de tudo, permaneceram despojados e vieram a participar da luta – mas a grandes companhias como a *Brazil Railway* e a *Lumber*. Ora, numa região e numa época em que os valores religiosos e mágicos perpassavam toda a ideologia, onde a religião possuía sentido tão pragmático que as roças eram benzidas e se acreditava curar as pessoas rezando sobre as feridas, onde servia inclusive para justificar as desigualdades e legitimar a estrutura social existente, não há que estranhar tenha sido impregnada de crenças religiosas e de misticismo a atmosfera explosiva e emocionalmente carregada que as tensões produziam. Explica-se desse modo que a revolta camponesa no Contestado – a qual conseguiu no seu apogeu reunir contra os *coronéis,* os grandes fazendeiros e as companhias estrangeiras todos os outros grupos e camadas sociais que constituíam a maioria da população – haja se revestido de aspecto religioso e se atualizado como um movimento messiânico".[3]

A atividade religiosa é também uma forma de protesto. Por trás da aparente resignação que acompanha a reza, a procissão, a romaria e o movimento messiânico, está o descontentamento face às condições presentes de vida. E esse descontentamento tende a manifestar-se de modo inesperado, quanto mais difíceis se tornam as condições sociais e econômicas de existência. Em muitos casos, o messianismo pode ser a primeira manifestação coletiva desesperada diante de uma situação de carência extrema.

O *cangaço,* por seu lado, nasce muito mais diretamente do sistema de violência monopolizado pelo latifundiário, dono de engenho, fazendeiro ou *coronel.* Nasce das relações políticas de dominação vigentes numa região em que o poder público não está presente; ou está presente em termos apenas simbólicos. Nesse sentido, exprime as tensões e os conflitos surgidos entre os próprios fazendeiros, no processo de concentração da propriedade; ou nas lutas pelas áreas de

---

[3] Maurício Vinhas de Queiroz, *Messianismo e Conflito Social (A Guerra Sertaneja do Contestado: 1912-1916),* Rio de Janeiro, Ed. Civilização Brasileira, 1966, pp. 285-286.

influência e mando. "Não podiam mostrar-se de repente demolidores de instituições respeitadas: precisavam mantê-las, apesar de réprobos, eram de alguma forma elementos de ordem, amigos da propriedade, de todos os atributos da propriedade. O que eles combatiam era, não a propriedade em si, mas a propriedade dos seus inimigos."[4]

Em outro momento, o cangaço passa a exprimir as reações da "classe baixa" contra as condições econômicas de apropriação vigentes na região em que o fazendeiro é senhor quase absoluto. Isto é, o cangaço acaba fugindo ao controle desse mesmo fazendeiro, adquirindo o caráter de *banditismo social*. Além do mais, os grupos cangaceiros são formados por "criaturas vindas de baixo". "O cangaceiro de hoje, infinitamente distante do coronel, não conta com ele, nenhuma razão tem para confiar nele. E se o utiliza algumas vezes, é porque o aterroriza, ameaça o que ele mais preza (...). O cangaço no Nordeste se apresenta sob dois aspectos, ou antes ... podemos observar lá dois cangaços: um de origem social, outro, mais sério, criado por dificuldades econômicas. Por isso afirmei que as perseguições e as injustiças apenas contribuíam para o mal-estar geral. Determinaram o aparecimento de homens como Casimiro Honório, Jesuíno Brilhante, os Morais e Antônio Silvino. Alguns desses realizaram sozinhos as suas façanhas, outros necessitaram instrumentos para defender-se e foram buscá-los na classe baixa. Os instrumentos libertaram-se, entraram a mover-se por conta própria, adotaram processos diferentes dos que usavam os antigos patrões. Tornaram-se chefes, como Lampião, engrossaram as suas fileiras. Foi a miséria que engrossou as suas fileiras, miséria causada pelo aumento de população numa terra pobre e cansada."[5]

A liga camponesa e o sindicato rural, por fim, são contemporâneos. Surgem na mesma época, quando se dá o divórcio definitivo entre o lavrador e a propriedade dos meios de produção. São criados quando se rompe a base do "universo comunitário" em que o fazendeiro, o capataz e o lavrador apareciam como membros de um mesmo *nós* coletivo. Isto é, a liga e o sindicato clarificam as fronteiras reais (econômicas, sociais, culturais, políticas, ideológicas) que dividem o fazendeiro e o trabalhador rural, quando o lavrador se transforma em proletário.

---

[4] Graciliano Ramos, *Viventes das Alagoas*, 2.ª ed., São Paulo, Livraria Martins Editora, 1967, p. 154.
[5] *Ibidem*, pp. 154-156.

Note-se, entretanto, que a *liga camponesa* expressa politicamente as reivindicações do trabalhador rural incluindo camponês e operário. Nasce como uma reação desse trabalhador às condições econômicas e sociais adversas em que se encontra, enquanto produtor. Expressa uma reação à forma pela qual se reparte o produto do trabalho, quando uma pequena parcela deste é retida pelo próprio trabalhador. "O trabalhador agrícola médio vem sendo enganado a cada passo de sua vida: no momento de ser contratado; quando recebe os salários; quando o produto é dividido; ou na hora de ser despedido. Trabalha num regime de quase completa instabilidade e insegurança. Vive em contínuo temor de dispensa, de punição e ocasionalmente de terror. Não tem casa decente, nem alimentos e água suficientes, nem instrução, nem facilidades médicas, nem esperanças de melhoria (...). Pedidos para melhoria das condições de vida e de trabalho só podem ser feitos em circunstâncias que devem ser humilhantes para quem os faz (...). Para cada trabalhador despedido, existem muitos substitutos nas vizinhanças. Os empregadores geralmente têm mantido os seus trabalhadores 'em movimento', desorganizados e desorientados, pobres e sem instrução. Sendo sistematicamente eliminadas as possibilidades de acumular economias, resulta um estado permanente de dependência do empregador. Na qualidade de devedores, fregueses, arrendatários ou 'vendedores' de produtos agrícolas, eles são até considerados como uma fonte de renda adicional dos proprietários de terras (...). Acontece ainda que quem está bem organizado é o empregador: ele rebate qualquer ameaça ao seu quase absoluto controle sobre o trabalhador por meios coletivos sutis e sem alarde (...). Embora alguns grandes empregadores de mão de obra admitam a existência de graves injustiças e mau tratamento do trabalhador rural ... o modelo de conduta que domina o cenário rural é o dos grandes proprietários de terras e o seu conteúdo é marcado pelo ponto de vista que considera os trabalhadores rurais como instrumentos de trabalho, e não como indivíduos com direitos a benefícios sociais, políticos e econômicos que a sociedade pode distribuir."[6]

O trabalhador rural é o elo mais fraco na cadeia do sistema produtivo, que começa com a sua força de trabalho e termina no mercado internacional. Ele parece ser o vértice de uma pirâmide invertida,

---

[6] Comitê Interamericano de Desenvolvimento Agrícola (CIDA), *Posse e Uso da Terra e Desenvolvimento Sócio-Econômico do Setor Agrícola: Brasil*, publicado pela União Pan-Americana, Washington, 1966, pp. 615-616.

no sentido em que o produto do seu trabalho se reparte por muitos, sobrando-lhe pouco. Esse é o contexto em que surge a liga camponesa, simbolizando a reação do trabalhador rural às precárias condições de vida vigentes no mundo agrícola.

"Em 1955, surge a 'Sociedade Agrícola e Pecuária dos Plantadores de Pernambuco', mais tarde chamada de 'Liga Camponesa da Galileia'. Essa iniciativa coube aos próprios camponeses do 'Engenho Galileia', município de Vitória de Santo Antão, não muito longe do Recife (...). Sendo uma sociedade civil beneficente, de auxílio-mútuo, seu objetivo era fundar uma escola primária e formar um fundo para adquirir caixõezinhos de madeira destinados às crianças que, naquela região, morrem em proporção assustadora. O estatuto da sociedade fala de outros objetivos mais remotos, como aquisição de sementes, inseticidas, instrumentos agrícolas, obtenção de auxílio governamental, de assistência técnica. No 'Engenho Galileia' havia, como ainda hoje, 140 famílias camponesas, totalizando quase mil pessoas. As autoridades negavam-lhes o direito de ter uma professora, e o dono do latifúndio, um absenteísta, apesar de ter filhos diplomados, graças ao foro arrancado anualmente daquela pobre gente, também não cumpria o artigo da Constituição Federal que obriga todo estabelecimento agrícola com mais de 100 trabalhadores a manter escola gratuita para eles e os filhos. Na sua humildade, os camponeses da Galileia, depois de constituírem a diretoria da sociedade, com Presidente, Vice-Presidente, Tesoureiro e outros cargos, convidaram o próprio senhor de engenho para figurar como Presidente de Honra. Houve posse solene, saindo o dono da terra satisfeito porque era o único da região a receber essa homenagem dos foreiros explorados.

Advertido, pouco depois, por outros latifundiários de que acabara de instalar o comunismo em seus domínios, tomou imediatas providências para impedir o funcionamento da escola. Não quis mais ser Presidente de Honra da sociedade. Foi além, exigindo a sua extinção. Os camponeses resistiram. Ele os ameaçou de despejo. Os camponeses se dividiram. Uma parte não se intimidou. Era a maioria, a essa altura liderada pelo ex-administrador da 'Galileia' José Francisco de Souza, o velho 'Zezé', como é conhecido de todo o País, um camponês que tem hoje perto de 70 anos de idade, mais de 40 morando naquelas terras. Sereno, honesto, respeitado pela bondade e espírito de tolerância, resistiu a todas as ameaças e violências desde então praticadas

ORIGENS AGRÁRIAS DO ESTADO BRASILEIRO 127

contra ele e seus liderados, sendo, por isso, conduzido, várias vezes, à presidência efetiva da Liga, de que é o chefe pela eleição unânime dos camponeses de Pernambuco.

Começaram, sem tardar, as intimidações, as chamadas à Delegacia de Polícia, à presença do Promotor, do Prefeito, do Juiz. Procuraram isolar os mais responsáveis, como Manoel Gonçalvez, João Vergílio, José Braz de Oliveira, entre dezenas de outros. O cerco apertava-se, dia após dia. Os camponeses buscam a ajuda de um advogado."[7]

Como vemos, a "Sociedade Agrícola e Pecuária dos Plantadores de Pernambuco" transforma-se na "Liga Camponesa da Galileia", à medida que se mesclam o campo e a cidade. Essa transição exprime a metamorfose do lavrador, frequentemente morador, colono, sitiante, empregado, em proletário rural, como nova categoria política. À medida que os trabalhadores lutam para que as suas reivindicações sejam atendidas, desenvolvem-se os antagonismos entre esses mesmos trabalhadores e os latifundiários, fazendeiros, usineiros, empresários ou os seus representantes. Nesse processo, entram em ação a polícia, o advogado, o deputado, o governador etc. À medida que as reivindicações dos trabalhadores rurais vão-se efetivando, segundo os novos meios propostos por esses mesmos trabalhadores, desenvolvem-se as contradições de classes. Ao mesmo tempo, diluem-se as fronteiras entre o campo e a cidade. Ou seja, desenvolvem-se as relações políticas que estavam germinando com a transformação das relações sociais de produção. Em pouco tempo, aparece o proletariado rural, como categoria política nova. E tende a apagar-se a imagem do lavrador, como expressão social e política de uma fase anterior no desenvolvimento da organização social da produção. Em graus e ritmos diversos, esse processo estava ocorrendo em distintas regiões do país.

A partir de 1964, no entanto, as ligas camponesas praticamente deixaram de existir. Aos olhos dos novos governamentais do país, eram demasiado politizadas e independentes do controle do aparelho estatal.

O *sindicato rural,* por seu lado, é muito mais o resultado combinado das reivindicações do trabalhador rural e da atuação do Estado. O sindicato rural aparece como uma técnica social de institucionalização

---
[7] Francisco Julião, *Que São as Ligas Camponesas?* Rio de Janeiro, Ed. Civilização Brasileira, 1962, pp. 24-25.

das relações de produção, segundo as exigências de um Estado capitalista em fase de rápido "amadurecimento". Em especial, surge como uma técnica de formalização do mercado de trabalho no setor agrícola. Note-se que somente a partir de 1963, com o Estatuto do Trabalhador Rural, é que se sistematizam as condições de contrato de trabalho e sindicalização na sociedade agrária brasileira. A Consolidação das Leis do Trabalho, de 1943, não revelava preocupação especial com o trabalhador agrícola. Ao contrário, estava orientada no sentido de definir e regulamentar apenas as condições de oferta e demanda de força de trabalho na cidade (setores secundário e terciário). Somente 20 anos depois, devido ao agravamento dos antagonismos sociais rurais, os poderes Legislativo e Executivo se movimentaram no sentido de formalizar as condições do contrato de trabalho no campo.

Assim, em pouco tempo começaram a multiplicar-se os sindicatos rurais por todo o país. Antes, mais que os sindicatos, foram as ligas camponesas que se multiplicaram, particularmente nos anos 1955-63. Depois, quando foi promulgado o Estatuto do Trabalhador Rural, os sindicatos passaram a ser criados numa escala maior que as ligas. Absorviam muitas destas, devido aos maiores recursos organizatórios e financeiros dos partidos políticos e movimentos sociais (Partido Comunista do Brasil, Partido Trabalhista Brasileiro, Igreja Católica etc.) interessados em criar e desenvolver as suas bases políticas.[8] A própria Superintendência para a Reforma Agrária (SUPRA), órgão do governo federal nos anos 1963-64, incentivou a criação de sindicatos rurais. Foi assim que começou a reduzir-se o campo de ação do principal líder nacional das ligas camponesas, o deputado federal Francisco Julião, do Partido Socialista Brasileiro. A 31 de dezembro de 1963 já havia no Brasil 270 sindicatos rurais e 10 federações sindicais oficialmente registrados. E 557 outros sindicatos, além de outras 33 federações, estavam aguardando registro oficial.[9]

---

[8] "Mas organizar é difícil. Muito mais organizados do que Julião são o Partido Comunista e a Igreja Católica. Igreja e PC dizem hoje que o trabalho das Ligas Camponesas de Julião cessou com a fundação dos Sindicatos Rurais (...). As Ligas estão por toda parte mas os Sindicatos as estão devorando." Cf. Antonio Callado, *Tempo de Arraes* (Padres e Comunistas na Revolução sem Violência) José Álvaro Editor, Rio de Janeiro, 1964, pp. 58-59.

[9] Robert E. Price, *Rural Unionization in Brazil*, The Land Tenure Center, University of Wisconsin, Madison, agosto 1964, p. 83. Dados extraídos de publicação da SUPRA.

A sindicalização rural foi o último acontecimento político importante, no processo de conversão do lavrador em proletário. Entretanto, depois da fase excepcional das ligas, quando camponeses e operários rurais pareciam empenhados em definir um projeto político mais próximo dos seus interesses, a sindicalização rural teve o caráter de uma reação moderadora. Com ela se inicia a fase de burocratização da vida política do proletariado rural, ao vincular o trabalhador rural, o sindicato e o aparelho estatal, com ou sem a mediação de partidos políticos.

Também a sindicalização rural sofreu drástica interrupção, a partir de 1964, quando se formou o governo do marechal Humberto de Alencar Castello Branco. Foram eliminados da cena política brasileira vários líderes de movimentos que se desenvolviam então no meio rural: Francisco Julião, Miguel Arraes, Gregório Bezerra, Leonel de Moura Brizola e outros. Os sindicatos, no entanto, não foram colocados fora da lei, como as ligas. Mas houve intervenção governamental em muitos, porque o governo militar não concordava com a maneira pela qual eles conduziam as reivindicações dos trabalhadores do campo.

É óbvio que essa interferência estatal no sindicalismo rural não evitou que se desenvolvessem problemas sociais no campo. Ao contrário, a forma pela qual foi interrompida a atividade sindical no meio rural brasileiro provocou o agravamento dos antagonismos sociais. Tanto assim que o proletariado rural teve de reiniciar a sua luta pelo direito à sindicalização, como condição preliminar para reivindicar melhores condições nos contratos escritos ou verbais de trabalho, como medida básica para preservar fisicamente o proletariado rural.[10]

Classe econômica e classe política

Em síntese o processo de conversão do lavrador em proletário, enquanto categorias políticas, envolve as seguintes condições: 1) o

---

[10] Quanto às tensões e lutas sociais no campo: "Lavradores pedem que estatuto vigore", *O Estado de S. Paulo,* 11 de novembro de 1969, p. 9; "No campo só o patrão é contra a associação". *Jornal do Brasil,* Rio de Janeiro, 4 de maio de 1970, p. 3; "Continua invasão no Paraná", *O Estado de S. Paulo,* 13 de dezembro de 1970, p. 92; "Denunciada escravidão no Pará", *O Estado de S. Paulo,* 27 de setembro de 1970, p. 10; "Onde a terra pode custar a morte"; *Jornal da Tarde,* S. Paulo, 14 de abril de 1970, p. 11; "Lavradores iam ser vendidos em Mato Grosso; detidos os caminhões". *Folha de S. Paulo,* 26 de julho de 1968, p. 5.

desenvolvimento das forças produtivas, tais como capital, tecnologia, força de trabalho e divisão social do trabalho. Esse desenvolvimento está diretamente relacionado aos movimentos do mercado nacional e internacional de produtos tropicais, gêneros alimentícios e matérias-primas para fins industriais; 2) a transformação das relações de produção, conforme essas relações se exprimam na expropriação de trabalhadores como o colono, morador, agregado, seringueiro, meeiro, parceiro, empreiteiro, rendeiro, assalariado, peão, volante e outros; 3) a "superação" do messianismo e do cangaço pela liga camponesa e o sindicato rural, como formas de organização e compreensão das condições de existência social do trabalhador rural.

É óbvio que essas condições não se realizam simultaneamente, nem de modo harmônico e generalizado, por toda a sociedade brasileira. A análise dos diferentes aspectos dessas condições de formação do proletariado rural revela que a sociedade agrária brasileira apresenta desigualdades e descontinuidade de vários tipos. Essa situação, entretanto, não impede que se possa descrever e indicar a tendência predominante das relações de produção. Nesse sentido é que a transformação das relações econômicas, sociais e políticas produzem uma modificação qualitativa nas condições de organização e compreensão do trabalhador rural.

Enquanto *lavrador*, o trabalhador rural se encontra prática e ideologicamente vinculado à fazenda, ao fazendeiro, aos meios de produção, aos outros trabalhadores e suas famílias, à capela e à casa-grande. Ele se compreende como membro de um *nós* fortemente carregado de valores e relações de tipo comunitário. É bem verdade que nesse ambiente ele não se apropria a não ser de uma parcela reduzida do produto do seu trabalho. Entretanto, as relações sociais em geral, inclusive as suas relações com o fazendeiro (ou seus prepostos), estão carregadas dos significados peculiares dos valores e padrões de ação e pensamento específicos da fazenda, como sistema patrimonial de organização social da vida. Nesse ambiente, predominam as relações face a face, características dos grupos primários. Por isso é que o fazendeiro (ou mesmo seu preposto) pode ser compadre do lavrador. Em nível ideológico, aí está o reino do *valor de uso*. Isto é, as relações de produção não são claramente vistas e avaliadas em termos da economia de mercado, de dinheiro. A despeito de produzir para o mercado e ser alienado de boa parte do produto do seu trabalho, o lavrador não dispõe das condições sociais e culturais indispensáveis à compreensão da sua situação real. É apenas uma classe econômica, subalterna; vive na condição de uma classe-em-si. Esse é o ambiente sociocultural, econômico e político em que podem surgir movimentos religiosos (romarias, curandeiros, padres milagrosos, monges, profetas) ou manifestações de violência de tipo anárquico (tocaia, vindita, cangaço).

Enquanto *proletário, o* trabalhador rural se encontra prática e ideologicamente divorciado dos meios de produção, da fazenda, da casa-grande, da capela, do fazendeiro ou seus propostos. Encontra-se fora da fazenda, física e ideologicamente. O seu grupo, o seu *nós,* são principalmente os outros trabalhadores. E o fazendeiro, com os seus prepostos (feitor, capataz, administrador ou outros) são os *outros.* Uns e outros estão divorciados, são estranhos. Podem conceber-se como diferentes, quanto a direitos, deveres e ambições. Organizam-se e pensam a si mesmos como categorias distintas. Em nível ideológico, aí se generaliza o reino do *valor de troca.* Isto é, as relações de produção passam a ser compreendidas e avaliadas com maior clareza, como relações mercantilizadas ou mercantilizáveis. Nesse contexto, o trabalhador aparece como uma classe política, elaborando uma consciência política mais autônoma, como classe para si. Essas são as condições socioculturais, econômicas e políticas em que surgem as ligas camponesas e os sindicatos rurais. Além das revoltas de cunho religioso e da violência anárquica, messianismo e cangaço, surgem movimentos políticos de classe, organizados segundo as exigências da luta pela transformação das condições de existência do proletariado rural.

Boia-fria e mais-valia*

O boia-fria é um trabalhador assalariado ocasional, temporário. Às vezes trabalha bastante, ao longo do ano, mas em períodos intermitentes. Outras vezes trabalha meses sucessivos, seguidos de semanas ou meses de inatividade, ou fazendo um e outro biscate de horas ou dias. Ele se vê como alguém peculiar, residual, em comparação com o assalariado permanente da lavoura ou indústria. Em suas palavras: "O volante não tem salário, nem assistência médica, nem carteira de trabalho...".[1] Quando empregado, trabalha mais horas do que a jornada regular do assalariado permanente, além do tempo de viagem de ida e volta de caminhão gasto entre a cidade e o campo. "As 10 ou 12 horas de jornada de trabalho, somadas ao tempo gasto com a viagem, totalizam 15 a 16 horas diárias."[2] Há exploração e sofrimento na condição do boia-fria, para si e os seus familiares. E há a incerteza de emprego para amanhã.

Mas não são apenas essas as características que singularizam o boia-fria, enquanto um tipo especial de trabalhador assalariado, ou setor do proletariado rural. O que caracteriza o boia-fria, em face dos

---

* Publicado sob o título "Notas sobre o Boia-fria" na revista *Escrita Ensaio,* ano 1, nº 2, São Paulo, 1977.
[1] Maria Conceição d'Incao e Mello, *O Boia-fria: Acumulação e Miséria,* Petrópolis, Ed. Vozes, 1975, p. 137.
[2] *Ibidem,* p. 113.

outros setores do proletariado rural e industrial, é o fato de que se acha numa posição peculiar nas relações de produção. Em resumo, o boia-fria é um trabalhador que recebe o seu salário com base na realização da tarefa ou empreita; é contratado – verbalmente antes do que por escrito – por tempo limitado, tempo esse que pode durar dias, semanas ou meses, mas não o ano todo. E pode ser arbitrariamente substituído por outro, se não realizar a tarefa, ou empreita, a contento do empreiteiro de mão de obra, fazendeiro, usineiro, dono da terra ou da plantação. São instáveis os seus vínculos empregatícios com os compradores da sua força de trabalho. E essa instabilidade se instaura no seu espírito, no seu modo de ser, na sua maneira de dedicar-se ao trabalho, induzindo-o a trabalhar bastante, intensamente, para realizar o máximo de tarefas e não perder o lugar. Para ele, trata-se de ganhar o máximo no menor tempo, isto é, no tempo que se acha empregado; porque o amanhã é incerto.

Há várias explicações sobre a formação do boia-fria, visto como um setor do proletariado rural. Não é necessário resumir aqui essas explicações; basta apenas mencioná-las: o boia-fria seria um produto da desagregação das relações de produção vigentes no regime de colonato, que predominou na cafeicultura paulista desde fins do século XIX até cerca de 1930; o produto da expansão da demanda e melhora dos preços do açúcar, devido à interrupção do comércio entre os Estados Unidos e Cuba, desde 1960, o que provoca a expulsão do morador das terras das usinas e plantações de cana-de-açúcar; resultado da política governamental de proteção e estímulo à agropecuária na Amazônia, o que leva à transformação de posseiros locais e migrantes, principalmente nortistas e nordestinos, em peões, nas lidas de desmatar, queimar e semear capim para a formação de pastagens; crescente importância da agricultura comercial, pelo acelerado crescimento da população urbana (migração rural-urbana, industrialização, aumento do terciário etc. o que provoca o desenvolvimento do mercado interno) e devido ao desenvolvimento do mercado externo consumidor de gêneros alimentícios, fibras e outros produtos agrícolas; expansão da lavoura empresarial, estimulada pela crescente importância da agricultura comercial, lavoura essa baseada na tecnologia intensiva (máquinas, fertilizantes, defensivos) altamente estimulada por incentivos, créditos e financiamentos do poder público; valorização das terras férteis, devido à expansão dos mercados interno e externo de gêneros alimentícios, fibras e outros produtos agrícolas, o que induz ao aproveitamento de toda terra fértil e à expulsão de colonos, agregados, moradores ou outros trabalhadores residentes para fora ou longe da fazenda, usina, terra ou plantação; um produto da proletarização do campesinato: sitiantes, parceiros, rendeiros, posseiros ou outros; produto da legislação trabalhista adotada desde 1963, em especial desde a promulgação do Estatuto do Trabalhador Rural; expressão importante, ainda que não exclusiva, do exército de trabalhadores de reserva, servindo principalmente à agricultura, mas também à indústria, e, nesse sentido, expressão da crescente unificação do mercado nacional de mão de obra.

Todas essas explicações indicam aspectos importantes da formação do boia-fria, em suas diferentes expressões locais, estaduais ou regionais. Apontam aspectos histórico-estruturais básicos. Se pudéssemos refazer aqui essas explicações, ou integrar as suas várias contribuições, talvez fosse possível alcançar uma explicação mais global. Uma particularidade, no entanto, é comum a todas as explicações mencionadas. Reconhecem, de forma explícita ou por implicação, que o boia-fria é um setor do proletariado rural. Reconhecem que a formação do boia-fria está relacionada ao desenvolvimento da agricultura capitalista, enquanto modo de organização das forças produtivas e das relações de produção. O boia-fria seria o último ato, ou um produto avançado, no processo de amadurecimento das classes sociais no campo. No caso do boia-fria, as relações de produção eliminam qualquer compromisso com a produção para a subsistência ou produção de valor de uso. Tudo está organizado para produzir para o mercado, regional, nacional ou externo; produzir valor de troca. A própria alimentação do boia-fria, operário que trabalha a terra, é comprada por ele nos mercados, feiras, armazéns, empórios, bares e botequins. E ele tem clara consciência dessa peculiaridade da sua situação. "Hoje só querem plantar uma coisa. Não plantam um milho, um feijão. Se cada um plantasse para si teria tudo isso. Antigamente tinha fartura, se plantava de tudo. Se não se via o dinheiro mas tinha sempre um porco, uma galinha. Hoje, se não tem dinheiro não tem pra onde se virar. O que mata o pobre hoje é que o fazendeiro só planta cana, café, algodão, soja e isso a gente não come. E é por isso que vem a carestia."[3]

---

[3] Lúcia Helena Saboia. *O Trabalho Volante*, texto mimeografado elaborando dados colhidos numa pesquisa feita em Cravinhos, Estado de São Paulo, 1975, p. 14.

O boia-fria é um trabalhador sazonal, conforme exige o ciclo do capital na agricultura. Uma das determinações do capital aplicado na agricultura é o ciclo das estações. Na economia agrícola, as forças produtivas e as relações de produção precisam conformar-se ao andamento das estações. Há um tempo de amanho da terra, outro de plantio e outro de colheita. Algumas inovações tecnológicas podem influir nesse andamento; mas pouco. Não podem mudar muito; menos ainda tornar o ciclo de reprodução do capital independente do ciclo das estações. Aí é que se insere o boia-fria, enquanto assalariado temporário. Ele é mobilizado por um dia, semanas ou meses, segundo a sucessão e a extensão das safras. Enquanto são principalmente assalariados permanentes os que trabalham no preparo da terra, plantio e limpa das plantações, nas safras torna-se necessário mobilizar também trabalhadores avulsos, em quantidade, e para realizar a colheita, apanha ou corte na ocasião devida. Cada fruto da terra amadurece no seu tempo. Tanto o café tem a sua época de apanha, como a cana-de-açúcar o seu período de corte. E essas tarefas dispõem de escassa ou nula mecanização. A maior parte das atividades de apanha, corte ou colheita envolve trabalho braçal, com frequência de pouca qualificação. Além disso, no preparo da terra, plantio e limpa, já é notável a aplicação de tecnologias especiais (máquinas, ferramentas, aviões, fertilizantes, defensivos etc.), o que economiza mão de obra. Mas continua reduzido o emprego de tecnologia avançada nas fainas das safras. "A mecanização não reduz substancialmente as exigências de mão de obra da colheita, mas sim das demais operações."[4] "Enquanto gasta durante o ano 19% em despesas com mão de obra para preparar o solo, o proprietário rural despende 60% durante a colheita."[5]

O boia-fria é um assalariado rural que trabalha principalmente nas épocas das safras, isto é, da colheita, apanha ou corte de cana-de-açúcar, café, algodão e outros produtos da agricultura comercial. Mas também tem sido mobilizado para tarefas relacionadas ao desmatamento e à queima de matas, ao preparo da terra, ao plantio e à limpa das terras cultivadas, caminhos, estradas, rios, riachos, ribeirões. Em todos os

---

[4] José Francisco Graziano da Silva e José Garcia Gasques, *Diagnóstico inicial do Volante em São Paulo*, Departamento de Economia Rural, Faculdade de Ciências Médicas e Biológicas, Botucatu, 1976, p. 31.
[5] Lúcio Flávio Pinto, "Os Birolos de Votuporanga", *Opinião*, n° 59, Rio de Janeiro, 21 de dezembro de 1973, p. 4.

casos, é um trabalhador temporário, que pode tanto ser empregado por um dia, como por semanas ou meses. Reside fora das terras do fazendeiro, usineiro, empresário ou companhia. Em geral, reside na periferia das cidades, pequenas, médias ou grandes, em casas pobres, casebres, favelas, cortiços. Mas também em vilas e povoados situados em áreas agrícolas; ou ainda à beira de estradas, em choupanas, choças ou palhoças.

Chama-se de vários nomes, conforme o espírito do lugar, ou a conotação que as pessoas conferem ao seu trabalho e modo de vida: boia-fria, volante, pau-de-arara, peão, corumba, clandestino, temporário, avulso, eventual, provisório, diarista, tarefeiro, safrista, contínuo, camarada, birolo, baiano, nortista. Algumas denominações são pejorativas, como boia-fria, pau-de-arara, peão etc.; outras parecem neutras.

Há pesquisadores que consideram o boia-fria um subempregado, desempregado permanente, trabalhador intermitente, semboia, marginal, exército de reserva. Trabalha sob contrato verbal com o empreiteiro de mão de obra, que é o intermediário entre o proprietário da terra a trabalhar, ou da plantação, e o boia-fria. O empreiteiro encarrega-se de arregimentar, transportar, pagar, fiscalizar o desempenho dos trabalhadores e atender eventuais reivindicações, trabalhistas ou não, do boia-fria. Na maioria dos casos, o empreiteiro é o proprietário do caminhão que transporta os trabalhadores por dezenas de quilômetros, desde o lugar em que eles residem até as terras por trabalhar. O empreiteiro pode chamar-se também caminhoneiro, chefe de turma, turmeiro ou gato. Inclusive nesse caso há expressões pejorativas, como gato, por exemplo. Ele contrata o boia-fria para tarefa ou empreita. E obriga-se a fiscalizar as atividades dos trabalhadores para que o café seja colhido maduro e limpo, ou a cana cortada rente ao chão. O ganho do gato é função do ganho do boia-fria, e o ganho deste é função da boa e rápida realização da tarefa designada. Daí por que o boia-fria é induzido a trabalhar intensamente, ao longo do dia, semana, quinzena ou mês. Da mesma maneira que o boia-fria é levado a aumentar a própria produção, pelo sistema de tarefa, empreita ou outra combinação, o gato tem interesse na maior produção daquele. Dessa forma, o proprietário das terras e culturas obtém os resultados da intensa e extensa mobilização de mão de obra, sem maiores encargos sociais ou trabalhistas. É na ocasião das safras que o item mão de obra se torna particularmente importante e premente, em comparação com o capital aplicado em máquinas, implementos, fertilizantes, defensivos. Em geral, é bastante reduzido o instrumental de trabalho necessário à realização da faina do boia-fria. Pode ser o machado, como no caso do peão que desmata terras na Amazônia; ou o facão, como no caso do pau-de-arara que corta cana na área de Ribeirão Preto, no Estado de São Paulo; ou, ainda, uma peneira, como no caso do volante que colhe café no norte do Estado do Paraná. É mínimo e simples o equipamento técnico necessário ao trabalho. O seu trabalho é minimamente potenciado por um outro instrumento. O principal e praticamente exclusivo, no desempenho do seu trabalho, é a sua força de trabalho. Este deve empregar-se de forma exclusiva, ou com escassa mediação instrumental. Por isso o boia-fria só pode aumentar a sua produção pela extensão de jornada de trabalho, o alongar do dia em dez ou doze horas de lida. A produção depende exclusivamente, ou quase, do dispêndio de energia, de força de trabalho, por parte do trabalhador. Mas o que ocorre sempre é a longa jornada, praticamente o único recurso para realizar maior número de tarefas e aumentar o ganho.

No caso desse trabalhador temporário, o capital aplicado em salário aplica-se na quantidade exata da precisão do fazendeiro, usineiro, empresário ou companhia. Não há qualquer custo suplementar, além do estritamente necessário para integralizar o salário do boia-fria, do qual o gato retira o seu percentual. "Pessoa de confiança do empregador, o turmeiro seleciona os que melhor trabalham. Por causa dessa mesma confiança, ele é também encarregado de efetuar o pagamento da turma. Paga o boia-fria por dia de serviço ou pela tarefa realizada. Já a forma de pagamento do gato varia de acordo com o trato que ele faz com o fazendeiro. Ou seu ganho é retirado de parte do salário dos trabalhadores, ou o proprietário lhe paga por cabeça; ou, ainda, ele próprio cobra uma taxa por transporte de cada trabalhador."[6] Assim, o boia-fria trabalha para manter o gato, reproduzir as condições de vida deste. Ao mesmo tempo, ao lado de outros assalariados, permanentes ou não, participa do custeio, ou reprodução, das condições de vida do fazendeiro, usineiro, empresário ou diretores da companhia.

---

6   Secretaria de Economia e Planejamento do Estado de São Paulo, *Elementos para Discussão sobre o Trabalho Volante na Agricultura Paulista,* São Paulo, 1976, p. 14, mimeo.

O que distingue o boia-fria não são apenas as suas condições de vida, ou sofrimento, em face das condições de vida do gato e dos outros. Não são apenas as condições duras de trabalho, na apanha do café nos cafezais, no corte da cana nos canaviais, ou na derrubada das árvores nas matas que distinguem o boia-fria do assalariado permanente, ou mesmo residente, nas terras da fazenda, usina ou plantação. O que singulariza o boia-fria é que ele é produtor de mais-valia absoluta. Produz um ganho de tipo especial para o proprietário da terra, usina, mata ou plantação. A despeito de ser um assalariado temporário, quando está a trabalhar é obrigado a trabalhar longa e intensamente. O regime de pagamento por tarefa, a condição temporária do emprego e o fato de que pode ser arbitrariamente substituído por outro, se não produzir a contento, tudo isso o induz a realizar um sobretrabalho, porque baseado exclusivamente, ou quase, na sua energia, na sua força de trabalho; isto é, um sobretrabalho com escasso apoio em ferramentas ou meios técnicos. Na maioria dos casos, o boia-fria usa ferramenta ou instrumento simples: machado, foice, facão, enxada, peneira etc. Nessas condições de produção, o sobretrabalho produz a mais-valia absoluta. Trata-se da mais-valia que resulta da extensão da jornada de trabalho, além do limite necessário à produção dos meios suficientes à reprodução da vida do trabalhador e sua família. À parte o trabalho necessário, que desenvolve para reproduzir as próprias condições de vida, é obrigado a realizar um trabalho excedente, cujo produto serve à reprodução das condições de vida do gato, e participa da reprodução das condições de vida do fazendeiro, usineiro, empresário ou diretores da companhia. A realização desse trabalho excedente, que dá origem à mais-valia absoluta, é facilitada pela prática do sistema de pagamento por tarefa, empreita ou outra combinação semelhante. Esse sistema, como foi dito, induz o boia-fria a trabalhar intensamente e por longas horas (dez a doze horas diárias) para que possa realizar o máximo de ganho durante o tempo limitado em que se encontra empregado. Ao mesmo tempo que trabalha para aumentar o seu ganho, realiza mais trabalho excedente, do qual resultam maiores rendimentos para o gato e o proprietário da terra ou plantação. Assim, as condições sob as quais o boia-fria é empregado garantem que realize (com bastante autonomia, ou reduzido constrangimento, por parte do gato ou do proprietário) o máximo possível de trabalho excedente, trabalho este que gera a mais-valia absoluta. As mesmas relações de produção que produzem o boia-fria são responsáveis pela produção da mais-valia absoluta. O boia-fria, o gato e o proprietário, todos têm interesse na intensificação do trabalho e na extensão da jornada de trabalho.

Nessas condições, o boia-fria desenvolve uma consciência social muito própria. A partir da sua particular experiência de vida, enquanto trabalhador volante e provisório, obrigado a trabalhar intensamente para realizar o máximo de ganho durante o limitado tempo de emprego, procura organizar o seu entendimento sobre qual é a sua situação real e quais as possibilidades de mudar. Busca caminhos alternativos para uma condição basicamente insatisfatória, de exploração e sofrimento. O esboço dessas opções aparece nas declarações de alguns boias-frias, homens e mulheres, jovens e maduros.

"Isso de rico e pobre já vem de longe quando a terra não era vendida; os ladinos cercaram a terra e os outros ficaram com a boca aberta e trabalharam para os outros; naquele tempo os mais espertos pegaram tudo; os outros bobos; agora já não é mais; quando se é pobre é difícil ficar rico; trabalhando não fica rico."[7] "O boia-fria canta, é contente. É pobre e canta, o coitado. Ainda acredita que um dia a vida vai mudar. Mudar não vai, mas falar isso pra eles... pra quê? Deixa eles pensar. A gente xinga, conversa, ri e enquanto isso a vida passa."[8] "Se tivesse uma fábrica eu ia me empregar lá, porque o serviço é certo e o ordenado é fixo."[9] "A situação melhorava se o governo desse um pedaço de terra para nós. Nós melhoramos só se o governo ajudar. Mas o governo não quer ajudar. Não dá terra nem emprego para nós... Sozinhos não se pode fazer nada. O jeito é ir tenteando."[10] "Queria que eles (os filhos) estudassem para ter um futuro melhor, mas não dá. Eles precisam ajudar na colheita. Faltam à escola... Acabam repetindo de ano."[11] "Abaixo de Deus está os dereito."[12] "Hoje o sindicato tá mais do lado do patrão. O sindicato era pra isso, pra reunir os trabalhador e se o fazendeiro num quisesse fazer daquele preço, todo mundo parava

---

[7] Verena Martinez-Alier, "As Mulheres do Caminhão de Turma", *Debate & Crítica*, nº 5, São Paulo, 1975, pp. 59-85; citação da p. 72.
[8] Liane Muhlenberg, "Isolina, Boia-fria", *Cadernos de Debate*, nº 2, São Paulo, 1976, pp. 9-12; citação da p. 10.
[9] Maria Conceição d'Incao e Mello, *O Boia-fria: Acumulação e Miséria*, citado, p. 137.
[10] Maria Conceição d'Incao e Mello, *op. cit.*, p. 138.
[11] Maria Conceição d'Incao e Mello, *op. cit.*, p. 145.
[12] Lúcia Helena Saboia, *O Trabalho Volante*, citado, p. 19.

como os trabalhador da indústria. Tem gente que fala mal do sindicato por trás, diz isso e aquilo. Tinha de falar na frente, saber por que num faz conforme è nosso direito."[13]

Essas declarações expressam algumas das tendências da compreensão que o boia-fria, individual ou coletivamente, tem da própria situação. Mas as diferentes tendências presentes na compreensão que possui das próprias condições e possibilidades de vida não são exclusivas nem sucessivas. Elas simplesmente estão presentes em todos, ainda que em gradações diversas em cada um. E podem polarizar-se, tornar-se mais nítidas, articuladas. Vejamos, em forma breve, quais são as polarizações que parecem esboçadas pela consciência social do boia-fria.

É claro que começa por sentir-se inseguro, instável, quanto aos mínimos econômicos indispensáveis à própria existência e à da sua família. Pode ganhar bastante numa época, devido à intensidade com que se dedica às tarefas, mas em seguida pode estar sem dinheiro para comprar comida, remédio, roupa, bebida ou pagar aluguel. A irregularidade do emprego e a precariedade ou nulidade das garantias trabalhistas tornam o boia-fria propenso a uma compreensão particularmente clara da sua condição de operário volante, provisório. Diante dessa situação, começa por almejar um emprego estável, na agricultura ou na indústria, no campo ou na cidade. Trata-se de conseguir trabalho permanente, certo, com salário fixo, registro regular, direitos e deveres contratuais claramente definidos. Essa é, provavelmente, a primeira certeza que ele busca.

Mas pode também ambicionar um pedaço de terra, se o governo ajudasse. Há aqueles que imaginam que o governo poderia, ou deveria, dar terras aos que sabem e querem plantar. Não está em jogo a ideia de reforma agrária, em todas as suas implicações; está em jogo apenas a convicção de que alguma terra deveria caber àqueles que sempre viveram da terra, que foram posseiros, sitiantes, rendeiros, parceiros, colonos, moradores, agregados ou outros; àqueles que sabem preparar o chão, seme á-lo, cuidar das plantas e colher os frutos da terra. Essa é, provavelmente, uma segunda certeza que ele busca.

Há também o caso do boia-fria que almeja reunir poupanças suficientes para comprar um lote, sítio ou canto de terra. Imagina que com

---

[13] Lúcia Helena Saboia, *op. cit.*, p. 23.

o seu trabalho e o de seus familiares, mulher, filhos, parentes, sadios ou doentes, poderá reunir recursos financeiros suficientes para sair daquela situação, ganhar a estabilidade e as raízes que já teve ou que nunca teve. Essa é, provavelmente, uma terceira certeza que ele busca. Mas também há o que sente que a instabilidade é uma situação permanente. Vive há vários ou muitos anos volante e provisório, circulando por diferentes safras e regiões agrícolas. Já elaborou uma compreensão relativamente clara da permanência da própria condição. Esse pensa na conquista de direitos trabalhistas, na reivindicação dos seus direitos, na atividade sindical. Elabora mais articuladamente os elos e as relações que compõem o círculo vicioso da sua condição: emprego temporário, pela sazonalidade das safras, emprego esse instável por isso e pela competição dos outros permanentemente empregados-desempregados e ganho baseado na execução de tarefa. Parte do reconhecimento da sua condição real, de instabilidade e insegurança econômica, para querer alguma definição dos seus direitos de operário. Ele se pensa como operário agrícola, volante e provisório, como uma categoria social singular, ao lado do operário agrícola empregado o ano todo, ao lado do operário industrial empregado o ano todo. É a sua condição especial, de empregado-desempregado, de trabalho intermitente, que lhe abre uma perspectiva de entendimento especial. Sabe-se mais explorado que os outros. Sabe que a sua jornada de trabalho é mais longa, e o seu tempo de emprego é mais curto que a jornada e o tempo de emprego de todos os outros operários. Essa é, provavelmente, uma quarta certeza que ele busca.

Classes sociais rurais*

O Brasil sempre foi uma sociedade profundamente marcada pelo campo, pela produção agropecuária, extrativa, coletora e assim por diante. Os vários "ciclos" da economia brasileira, salvo o do ouro, são agrários: cacau, cana-de-açúcar, borracha, café, trigo, gado de lá, gado daqui, café do Vale, café do Oeste. E isto continua no presente: o café invade São Paulo, Norte do Paraná e assim por diante. Os vários ciclos de expansão da economia brasileira são ciclos de expansão da agropecuária. E dentro dessa história de séculos, encontramos um ciclo de industrialização; isto é, um período de industrialização acelerada. Essa industrialização vinha se esboçando desde o século passado, ganhou impulsos em diversas ocasiões. Mas é inegável que a grande industrialização havida no Brasil se realizou nas décadas de 50 e 60, entrando pelas seguintes. Mas as décadas em que se insere a industrialização são também, um pouco, milagre da agricultura. Quase que se pode dizer "um ciclo da agricultura", na medida em que grande parte dessa industrialização se realiza com recursos produzidos pela sociedade agrária. São várias modalidades de confisco, transferência de renda de setores agrícolas, ou agropecuários, para setores urbanos. É claro que veio capital do exterior, mas esse capital foi pago com café,

---

[1] Texto da palestra realizada na Associação de Engenheiros Agrônomos do Estado de São Paulo, na cidade de São Paulo, no dia 13 de setembro 1978. A transcrição foi revista pelo autor para esta edição.

cacau, açúcar etc. É claro que sem esquecer que o valor se cria pelo trabalho produtivo compreendendo trabalhadores do campo e da cidade.

Se colocarmos os dados em seu panorama mais amplo, constatamos que a história brasileira tem sido profundamente marcada pela sociedade agrária, pelo desenvolvimento das forças produtivas e da relação de produção no mundo agrário. Se fôssemos especificar: a história da escravatura é agrária; o problema da abolição é agrário; o da proclamação da República é agrário; a revolução de 30 divide o poder entre as oligarquias agrárias e as nascentes classes sociais urbanas; o golpe de 64, independentemente das definições que se queira dar, não se explica sem a aliança entre a burguesia industrial e a agrária. Houve, inegavelmente, manifestações de vários setores agrários, articulados com setores urbanos, para realizar a deposição de Goulart. O que se nota é que a história da sociedade brasileira é uma história do desenvolvimento de uma sociedade de cunho eminentemente agropastoril, com um segmento, uma área que se industrializa, expande como setor industrial, chegando a ser muito importante, até a ganhar preeminência sobre o conjunto da economia brasileira. A produção industrial passa a ser preponderante sobre o conjunto da produção brasileira agropecuária na época de Juscelino. Nem por isso essa produção deixa de se beneficiar da produção agrária.

Caberia também lembrar que trabalham nas fábricas de automóveis trabalhadores que saíram ontem, ou antes de ontem, do campo. É curioso observar que o trabalhador braçal da indústria automobilística se chama *peão,* ele se conhece, reconhece como peão. Isto é, ontem era agricultor, sitiante, meeiro, posseiro, camarada, assalariado de algum tipo. É interessante observar como o agrário está entre nós, aqui, na cidade. Está presente sob várias formas, mesmo porque grande parte da população da cidade chegou ontem do campo; ou chegou antes, de ambientes de cunho bastante agrário. A história brasileira é a história da formação da sociedade das classes sociais no campo e na cidade. As classes sociais se formam na cidade com algumas conotações especiais: operários industriais, funcionários de escritórios de empresas ou governamentais. Mas essas classes sociais urbanas têm articulação com as rurais; não são independentes. Há um momento em que parecem independentes, mas na verdade têm articulação. São economicamente articuladas, na medida em que o nível de salário pago na indústria é, em boa parte, financiado pelo trabalhador rural, cujo produto não é remunerado na mesma escala. Isso vocês sabem: a sociedade da cidade está acostumada a transferir para a agrária os custos do desenvolvimento urbano, do desenvolvimento industrial. As articulações ocorrem em diferentes níveis e graus.

Não se pode entender a sociedade urbana, a industrialização, não se pode entender o tipo de poder político que tem existido no Brasil, sem passarmos por uma análise mais rigorosa sobre como é a sociedade agrária e como ela se articula com a urbana. Temos uma tradição de governos de estilo oligárquico. Há na história do Brasil uma tendência para o centralismo, o autoritarismo. Não estou falando de hoje, estou falando da história do Brasil. Provavelmente, as pesquisas sobre as classes sociais no campo, e a maneira pela qual as classes sociais do campo se articulam com as da cidade, sejam a base da explicação de por que o poder estatal no Brasil tem sido principalmente oligárquico, ou autoritário. Eu diria que um dos artifícios das classes governantes para evitar a democratização, para evitar a rearticulação das classes subalternas, a redistribuição da renda etc., tem sido a manipulação dos excedentes de trabalhadores: se há excedente populacional nos minifúndios do Rio Grande do Sul, estes são transferidos para a Amazônia; se há excedentes populacionais na sociedade agrária do Nordeste, são transferidos para São Paulo, para servir de base para a indústria automobilística, ou transferidos para a Amazônia, para servir de base para os programas de colonização. Esta flexibilidade, esta imensa fronteira interna que o país tem, e que possibilita a movimentação de excedentes populacionais de áreas de tensão, tem sido um dos segredos (não é o único), um dos segredos de por que é possível a persistência de governos de cunho oligárquico. O poder estatal pode ser razoavelmente autoritário porque existe uma fronteira, existe uma flexibilidade interna que possibilita que excedentes populacionais das áreas-problema, de tensão, sejam transferidos para áreas de certo modo territórios "livres"; fronteiras com possibilidades de construir fazenda, latifúndio, sítio, posse, colônia e assim por diante. E essa flexibilidade, inegavelmente, ajuda as classes governantes à não-resolução do problema do Nordeste; à não-resolução do problema do Rio Grande do Sul.

Um exemplo: faz alguns meses, na imprensa, um noticiário sobre a questão da reserva indígena no Nonoai. Essa é uma reserva que estava, pouco a pouco, sendo invadida por posseiros, sitiantes que estavam por aí se instalando. De repente os índios resolveram reagir, achar que aquilo não podia continuar, estava prejudicando as suas condições de vida; e expulsaram os posseiros dessas terras. Pois bem, essas famílias foram levadas para uma área perto de Porto Alegre; mas uma parte foi transferida para o Norte de Mato Grosso. Em vez de se fazer reforma agrária no Rio Grande do Sul, ou fazer um remanejamento de propriedade fundiária em alguns lugares do Rio Grande do Sul, realiza-se uma transferência, pura e simples, das famílias para o Norte do Mato Grosso ou outras áreas da Amazônia. E com isso não se mexe nas estruturas fundiárias no Rio Grande do Sul.

O mesmo acontece, ou tem acontecido, no Nordeste. Em 1970, quando o general Médici esteve no Nordeste, devido à seca que assolava a região, constatou-se que havia um "excedente populacional" muito grande. A SUDENE e os programas para o Nordeste não estavam resolvendo os problemas dos excedentes de populações. Então surgiu a ideia da Transamazônica, da colonização da Amazônia, o movimento de transferência de população do Nordeste para certas áreas da Amazônia. Pois bem, esta resolução possibilitou que excedentes populacionais do Nordeste fossem transferidos para uma área de "terras devolutas" na Amazônia. Desse modo não se mexeu na estrutura agrária do Nordeste. E o Nordeste continua com sua estrutura agrária tradicional. Essa parece ser uma hipótese para a explicação de por que tem sido possível, ao longo da história da sociedade brasileira, a persistência de governos de cunho autoritário.

Tomemos a questão mais ao nível do presente e busquemos compreender por que nos últimos anos está havendo uma transformação notável na sociedade agrária, um notável desenvolvimento das classes sociais no mundo agrário. Penso que o desenvolvimento das classes no campo, nos últimos anos, em especial desde 64, está relacionado com o fato de que o mundo agrário foi definido como um mundo de produção de excedentes de produção: excedentes para as cidades, a indústria nacional e a exportação. Intensificou-se o processo de desenvolvimento capitalista no campo, especialmente de grandes unidades produtivas (fazendas, empresas agrícolas e pecuárias, agropecuárias extrativas etc.) com a finalidade de suprir a cidade e a indústria, mas também com a finalidade de exportar para produzir divisas a fim de importar máquinas etc. para a indústria da cidade. No campo, produzir é produzir para manter e desenvolver o "modelo econômico" adotado, eminentemente aberto à economia internacional.

Como a indústria não pode exportar quanto quer, ou melhor, a exportação da indústria não cresce na escala desejada, é necessário fazer com que se exporte mais juta, açúcar, carne, cacau, e assim por diante. Fazer o possível e o impossível para exportar. Estamos exportando madeira da Amazônia, via porto de Belém. Há caminhões que saem carregados de madeira de Roraima, via Venezuela ou Guiana. As exportações estão crescendo para produzir divisas para pagar a dívida externa, diriam alguns; ou então para importar máquinas, equipamentos, *know-how;* também queijo, uísque, vinho, chocolate para as classes sociais urbanas. Essa é a realidade. O "modelo" adotado coloca o problema da agricultura em outro nível; isto é, intensificar a produção agropecuária para produzir divisas para manter o desenvolvimento econômico.

No caso da Amazônia, pode-se dizer que ela ganhou um novo dinamismo. Num resumo do censo agropecuário, nota-se o seguinte: a população ocupada no setor da agropecuária no Brasil, em conjunto, cresceu praticamente 19%, entre 70 e 75. Nos Estados do Sul, cresceu 17%; no Sudeste cresceu 11%; no Nordeste 19%; no Centro-Oeste, isto é, Mato Grosso, Goiás, cresceu 36%; e na região amazônica a população ocupada no setor agropecuário cresceu 54%. O modelo econômico implica um desenvolvimento intensivo e extensivo do capitalismo no campo. Ao mesmo tempo que as usinas de açúcar de São Paulo ou Pernambuco são "modernizadas", desenvolvem o seu equipamento de máquinas e a sua envergadura, cresce intensivamente o capitalismo na agroindústria. Ao mesmo tempo, está havendo um desenvolvimento extensivo do capital no campo, pela migração, a criação de empresas e o desenvolvimento agropecuário, do extrativismo e assim por diante. Está havendo no Centro-Oeste e na Amazônia um fenômeno singular: talvez seja a última etapa da acumulação primitiva no Brasil. As terras devolutas, tribais, ocupadas por posseiros, estão, pouco a pouco, sendo transformadas em terras griladas e tituladas. Está havendo uma crescente apropriação das terras disponíveis nas "periferias" da sociedade brasileira. A terra se transforma em mercadoria, em algo que tem preço. Está sendo apropriada. Aliás, as tensões, as lutas que ocorrem entre posseiros e índios, entre posseiros, índios e grileiros, latifundiários etc... são expressões desse processo de acumulação primitiva que está em franco desenvolvimento em certas partes do Mato Grosso, Goiás, Amazonas, Pará, territórios etc. A acumulação primitiva está chegando ao fim no Brasil. Pouco a pouco expropriam-se os antigos proprietários, isto é, os índios, sitiantes ou posseiros, os que não têm títulos; e as terras se transformam em terras griladas ou tituladas.

Essa expropriação se realiza através da grilagem, mas entendo grilagem não simplesmente como artimanha de papéis de cartório, de títulos falsos; a grilagem também como prática da violência privada, como uma técnica da apropriação econômica. Jagunço e pistoleiro fazem parte desse processo de transformação da terra devoluta, tribal, ocupada, em propriedade privada, com título jurídico formalmente correto. Nesse sentido temos, não simplesmente uma etapa final do processo de acumulação primitiva, mas talvez uma etapa final de esgotamento da fronteira interna. Pouco a pouco, as terras estão se transformando em propriedades, monopolizadas, como "reservas de valor". Se isso de fato está ocorrendo, podemos prever que breve estará esgotada a fronteira de expansão da sociedade brasileira. Então, uma nova realidade econômica, social e política pode se abrir.

Se houver esse esgotamento, será possível continuar deslocando minifundistas do Rio Grande do Sul para a Amazônia ou para Mato Grosso, ou transferindo excedentes populacionais do Nordeste para a Amazônia? Provavelmente não. E se ocorrer isso, os governantes, sejam quais forem (nesse futuro que pode ser próximo ou relativamente distante) vão ser obrigados a tentar resolver os problemas do Nordeste, do Rio Grande do Sul, em articulação ou não com os problemas da Amazônia. Inegavelmente, o esgotamento da fronteira pode significar a criação de uma realidade social nova, que vai induzir ou influenciar a maneira pela qual o Estado vai ser levado a expressar os problemas sociais. Até pode ser que tenhamos uma nova época, um novo estágio na história do Brasil e iniciemos uma época de grandes e profundas reformas democráticas no conjunto da sociedade brasileira.

Se se esgotar essa margem de manobra oferecida pela fronteira, pode ser que os problemas se tornem mais agudos, cruciais. Então pode ser que os governantes sejam obrigados a enfrentar de uma maneira direta e mais profunda os problemas das áreas de tensão que a sociedade brasileira tem criado, recriado e multiplicado, ao longo dessas últimas décadas. Se fôssemos detalhar, verificaríamos que à medida que se desenvolve de modo intensivo e extensivo o capitalismo no campo (seja pela maquinização e quimificação, seja, como no caso da Amazônia, pela constituição de grandes latifúndios, grandes fazendas e grandes empresas com atividades extrativas, agropecuárias e outras), à medida que se desenvolvem essas dimensões novas do capitalismo no campo, temos uma crescente rearticulação das antigas formas de produção com a nova estrutura econômica brasileira. Isto é, os camponeses, sitiantes, caboclos, moradores, colonos, índios e todos os outros são rearticulados com a produção mercantil.

Há fenômenos notáveis: os colonos de uma colônia de Conceição do Araguaia, situada no Sul do Estado do Pará, produzem arroz que chega à Belém-Brasília e vai ser consumido em Goiânia, Anápolis, Brasília ou em Belém. São antigos sitiantes, posseiros, articulados com o mercado; estão consumindo o rádio transistor e, provavelmente, a pílula anticoncepcional. Do mesmo modo os camponeses do Sul, que antes produziam a uva e faziam seu vinho, hoje plantam vinhas, produzem uva, mas não fazem seu vinho. Vendem uva para a vinícola e compram o arroz e feijão de que necessitam para comer. Houve uma intensa mercantilização das formas de produção, subordinação das diferentes formas de trabalho à produção mercantil, ao capital. Nem sempre essas formas tradicionais, antigas de produção são destruídas; são frequentemente recriadas. No estudo feito por José Vicente Tavares dos Santos, no livro *Os Colonos do Vinho,* pode-se observar como o descendente do italiano, na chácara em que planta uva para produzir vinho, imagina ser independente. Diz: trabalho como quero e à hora que quero; sou dono do meu nariz. Isto é ilusão dele, é a ideologia desse camponês, porque, na prática, está obrigado a produzir uva para vinícola. Tem dinheiro emprestado na vinícola, máquinas financiadas, às vezes por uma cooperativa, onde a vinícola tem um voto mais pesado que outros sócios. Há vários mecanismos que fazem com que a produção camponesa, nesses casos, esteja profundamente subordinada às exigências das empresas, do grande capital. No entanto, o camponês tem a ilusão de que é autônomo, independente, trabalha à hora que quer. Na verdade está obrigado a trabalhar não só porque já está articulado com a grande empresa mas porque, se quiser comprar açúcar, sal, arroz e feijão, tem de comprar com dinheiro produzido pelo seu trabalho, da venda da uva à vinícola.

Há distintas modalidades de subordinação das diferentes formas de trabalho ao capital. Disso resulta uma crescente articulação e rearticulação dessas várias formas de organização social do trabalho à produção mercantil. Digo formas de organização do trabalho, porque há formas que são baseadas na família, mutirão, vizinhança, troca de dias, assalariado. Às vezes é enxada, enxadão, foice; outras é o trator; às vezes entra algum adubo; outras não entra o adubo, entra o estrume. Quer dizer, há distintas técnicas agrícolas postas em questão na organização da produção, nos diferentes lugares do país. Apesar de distintas, em grau crescente, essas formas de organização de produção estão se articulando, ou estão amplamente articuladas, com as exigências da produção mercantil do conjunto da sociedade. Exigências essas que são determinadas pelo capital e não pelo plantador de vinha, fumo; ou pelo que tem 50 alqueires para plantar cana e fornecer à Usina.

Mesmo populações indígenas, que estão em reservas, podem estar subordinadas ao capital, produzir excedentes que são comercializados. Esse pequeno excedente, que pode ser 5%, já implica uma subordinação formal do trabalho ao capital, na medida em que sem esses 5% o trabalhador não compra açúcar, sal, sem os quais não vive. Portanto, está subordinado ao mercado. Vejam bem que o problema não é quantitativo. É ilusório pensar que aquele que consome 90% do seu produto tenha uma economia independente, autossuficiente, autônoma. Os 10% que vende, já o atrelam ao mercado, já o articulam com as exigências da produção mercantil. Como consequência, esses 10% são cruciais para comprar a enxada, enxadão e outros elementos indispensáveis para a continuidade dessa economia.

Esse processo de subordinação crescente das diferentes formas de trabalho às exigências do comércio, ou do capital, tem sido acelerado pela atuação do Estado. Não é necessário lembrar que o Estado entrou em escala crescente na agricultura, nas últimas décadas. Já era importante a ação do Estado através de órgãos relativos ao açúcar, café, cacau, trigo, pinho, criados ao longo das décadas deste século. Mostram como foi avançado na expansão da agricultura, seja para preservar, seja para dinamizar. Se vocês fizerem de memória uma pequena lista, notarão que há o PROTERRA, POLAMAZÔNIA, FUNAI, INCRA, SUDAM, SUDECO e órgãos como Banco do Nordeste, Banco da Amazônia, o próprio Banco do Brasil, que estão presentes na agricultura.

Eu estava fazendo uma pesquisa em Conceição do Araguaia, em julho de 76, e a agência do Banco do Brasil acabava de ser inaugurada. Queria conhecer bem a situação daquela área. Fui conversar com o gerente. Perguntei: Se eu tiver um sítio e quiser um empréstimo do banco, posso obter esse empréstimo? Respondeu: se você tiver título e for sitiante, emprestamos algum dinheirinho para tocar os seus negócios. Se não tiver título não emprestamos nada; excepcionalmente emprestamos para quem não tem título, quando as benfeitorias são importantes, quando há benfeitorias que provem, vamos dizer, uma organização econômica, aí a gente empresta algum dinheirinho a curto ou a médio prazo. Se eu tiver uma grande extensão de terra com mata e queira desenvolver agricultura, pecuária, vocês emprestam o quê? Se você tiver o título da terra, nós emprestamos tudo. Foi essa a expressão que ele usou. Eu disse: tudo significa o quê? Respondeu: tudo significa tudo; emprestamos para você cortar a mata, queimar a mata e plantar os pastos; emprestamos para as cercas e currais, comprar as rezes, iniciar a pecuária; emprestamos tudo. Isto significa tudo e mais alguma coisa, porque frequentemente os juros são tão baixos que são negativos. Então esse mais alguma coisa de fato existe. Vocês sabem muito bem que o crédito agrícola é altamente generoso e, nesses casos, excepcionalmente generoso.

Essa expansão do capitalismo no campo, portanto, tem-se beneficiado, em grau crescente, da participação do Estado nos negócios agrícolas.

Há uma articulação entre o poder político-econômico e as atividades agropecuárias e industriais que precisamos desvendar, se queremos conhecer o país. É ilusório pensar que o país se entende apenas através do jogo, ou das posições ou dos artifícios dos discursos dos governantes, dos políticos ou candidatos. Esta é apenas uma expressão dessa realidade. A realidade muito mais profunda, muito mais complexa e decisiva é a maneira pela qual se organizam a economia e a sociedade, no conjunto da sociedade brasileira. É indispensável conhecer a maneira pela qual a sociedade agrária e a sociedade industrial se articulam, para entendermos o que é o Brasil de hoje e o que ele poderá ser no futuro próximo.

Para terminar, lembro que a estrutura de classes na sociedade agrária brasileira precisa ser compreendida nesse contexto. É o contexto da expansão intensiva e extensiva do capitalismo no campo que mostra como se estão desenvolvendo as classes sociais, não simplesmente em geral, no conjunto da sociedade brasileira, mas em cada área. Existe o problema de um campesinato no Rio Grande do Sul que é diferente do campesinato posseiro na Amazônia. São dois campesinatos com conotações bem diversas. Certamente há um campesinato no Nordeste que é diferente. Existe um proletariado agrícola (e eu digo proletariado em termos de população de trabalhadores assalariados) que é diferente em São Paulo, ou Rio Grande do Sul, do que é na Amazônia. Na Amazônia existe o peão, como trabalhador temporário, que é contratado por alguns meses e vai para a mata como empreiteiro de mão de obra. Fica aí, sob o controle e mando desse empreiteiro, sem nenhuma possibilidade de retorno antes do prazo. É uma situação muito especial. Ao contrário do boia-fria, volante, temporário, do Estado de São Paulo, por exemplo, que está vizinho, está a 5 ou 10 km da cidade. Mais do que isso, vive num mundo rural amplamente urbanizado. Há certas áreas de cana, de café, no Estado de São Paulo, que já não são mais rurais; são urbanas, têm luz elétrica, automóvel, caminhão, rádio, avião, todos elementos característicos do mundo urbano.

As classes sociais se distinguem em várias regiões e há diferentes conotações. Mas à guisa de síntese, eu diria que a burguesia é nacional e estrangeira. O capital estrangeiro está no campo. Se não está o capital estrangeiro, está o estrangeiro proprietário de terra, que desenvolve atividades agrícolas. Às vezes a burguesia estrangeira está associada à burguesia nacional. Sem esquecer que frequentemente empresários agrícolas são empresários industriais, estão associados com grupos econômicos industriais, comerciais, financeiros e agrícolas. De modo que é complexa a burguesia agrária no Brasil.

Ainda há pouco estava lendo uma notícia: um empresário agrícola protestando contra as diretrizes do crédito governamental; e também com relação à legislação relativa à mineração. Fico intrigado, porque não sei se é também industrial, banqueiro comerciante. Às vezes, protesta enquanto empresário agrícola, mas no seu protesto aparece a sua condição de empresário industrial. Muitas vezes, não sempre, ele é, ao mesmo tempo, um e todos, em conjunto. Isto é um dado importante sobre a complexidade da estrutura da burguesia rural. A burguesia rural não é só rural. Muito frequentemente é rural e industrial, com articulações diretas e indiretas; quando não está em causa um mesmo grupo econômico, simultaneamente financeiro, industrial, agrícola e comercial.

No que diz respeito ao campesinato: o capitalismo, ao mesmo tempo que destrói ou modifica formas camponesas, recria formas camponesas de organização do trabalho. O que eu estava mencionando há pouco, a respeito do vinho, do fumo ou da cana (e certamente como ocorrem em casos de produção de arroz no Maranhão), em muitas áreas ocorre frequentemente uma recriação de formas camponesas anteriores, mas já articuladas com a produção mercantil. Às vezes articuladas em uma escala muito mais avançada. Mas é inegável a persistência e, até, o crescimento do campesinato rural. Os estudos feitos por vários pesquisadores, inclusive José Francisco Graziano da Silva, mostram que o campesinato não está decrescendo. Mas não está crescendo na sua forma anterior. Cresce numa forma nova, articulada com a produção mercantil, subordinada ao grande empreendimento econômico de comercialização, ou de produção e comercialização, que predomina no conjunto da agricultura.

Simultaneamente, surge uma categoria social nova. Não é uma classe, mas é uma categoria que merece atenção: é a tecnocracia que se expande no campo. Falar em tecnocracia não é falar pejorativamente, em termos positivos ou negativos. Ela é uma realidade: são engenheiros agrônomos, economistas, contadores, administradores, supervisores, que estão trabalhando e exercendo, numa escala crescente, atividades no mundo rural. Em Conceição do Araguaia, as fazendas de propriedade de empresários ou de empresas paulistas são administradas por gerentes. Esses gerentes, com frequência, são agrônomos paulistas. Conversei com um deles, formado em Piracicaba. Estava administrando a formação de uma fazenda pecuária. Outro exercia a função de supervisor. É um técnico que não administra esta fazenda e aquela fazenda, mas supervisiona duas, três ou mais fazendas, simultaneamente. Tem muita experiência da área, conhece a ecologia, os problemas da terra, mata, pragas, os problemas dos fertilizantes etc. Exerce a supervisão de vários empreendimentos agrícolas do mesmo empresário; ou, às vezes, de diferentes empresários. Há uma tecnocracia que está crescendo, não só em São Paulo, também na Amazônia. Representa uma realidade nova, em termos sociais, econômicos e políticos. Não simplesmente porque é uma categoria que está aí, um assalariado de tipo especial, mas porque leva a ciência à prática, leva os conhecimentos de agronomia, pecuária, veterinária, de solos, tipos de vegetação, tipos de adubos, máquinas etc... Uma tecnocracia que está a serviço da expansão intensiva ou extensiva do capitalismo no campo. É formada aqui, mas trabalha lá; é formada lá e trabalha em outro lugar; e assim por diante. Portanto, tece, vamos dizer assim, uma teia por dentro de outras classes sociais, no conjunto da sociedade nacional.

Além destas categorias (a burguesia no sentido lato, o campesinato com suas variações e a tecnocracia com suas especificidades) não podemos deixar de mencionar o proletariado rural, que está crescendo em termos quantitativos e qualitativos. Se é verdade que o proletariado permanente, isto é, que o número de trabalhadores assalariados permanentes tende a decrescer, é inegável que os temporários, os trabalhadores assalariados não residentes têm crescido em número, nos vários quadrantes do Brasil. Isto significa uma nova classe operária. Mas não simplesmente uma nova classe operária em termos no mundo rural. Essa classe operária vinha se formando pouco a pouco. Recebeu um grande impulso nos últimos tempos, devido exatamente ao impulso do desenvolvimento do capitalismo no campo. Mas apresenta agora conotação especial, sobre a qual eu gostaria de chamar a atenção. Não é mais só rural. Frequentemente tem uma experiência urbana, frequentemente mora na cidade e, se não mora na cidade, vai à cidade. O temporário, nos vários quadrantes do país, frequentemente mora na cidade, ainda que pequenas cidades. Os peões que trabalham nas derrubadas de matas, na área do Araguaia, moram em Conceição, Redenção, Rio Maria, isto é, em lugares urbanos. Convivem com as classes sociais da cidade. Os temporários de Sertãozinho, que trabalham na cana, na safra, moram em Sertãozinho e, portanto, convivem com os operários industriais. Alguns gostariam de ser operários da indústria, onde o trabalho é mais estável, contínuo, onde os níveis de remuneração são melhores, ou, então, as garantias sociais são melhores. Assim, há uma "nova" classe operária no campo. Não só é nova no sentido de que foi impulsionada pelo tipo de desenvolvimento capitalista que está ocorrendo na sociedade brasileira, mas nova inclusive porque está articulada com classes operárias da cidade. E isto me parece um problema político de excepcional importância.

Se fôssemos sintetizar o que é a sociedade brasileira do presente, em termos de desenvolvimento intensivo e extensivo do capitalismo, de desenvolvimento das classes sociais, penso que não seria exagerado dizer que, pela primeira vez na História, o Brasil se constitui como uma sociedade nacional. Pela primeira vez, o país deixou de ser um arquipélago, uma sociedade que tem "um Nordeste", "um São Paulo", "um continente do Rio Grande do Sul", "a Amazônia", "o Mato Grosso", que parecem países diferentes. Pela primeira vez na História, essas várias regiões, devido a atividades econômicas, circulação das classes sociais, negócios, vários fatores que estão em causa, a sociedade é uma sociedade nacional. Afinal, temos uma formação social capitalista articulada, no sentido lato do termo, sem fronteiras internas e com ampla articulação econômica e política de regiões desiguais. Algo de novo deve ocorrer, é uma nova etapa do desenvolvimento histórico do Brasil. É provável que as novas formas de Estado que venham a se constituir amanhã, ou a médio prazo, sejam formas de Estado que expressem essa realidade social totalmente nova, que resulta desse fato: pela primeira vez na história brasileira, temos uma sociedade nacional, no sentido de que as diferentes regiões, as diferentes atividades, os diferentes setores estão amplamente, não totalmente, mas amplamente articulados. O engenheiro agrônomo de Piracicaba está na Amazônia; a Associação dos Empresários da Amazônia tem sede em São Paulo; os cortadores de cana que foram à Usina Altamira, sobre a Transamazônica, foram levados de avião, desde Sertãozinho. Os minifundistas que não podem conviver com os índios ali na reserva de Nanoai, no Rio Grande do Sul, estão sendo levados para o norte de Mato Grosso. Estava vasta circulação das pessoas, das classes sociais, implica uma crescente articulação das diferentes áreas do conjunto da sociedade brasileira. Nesse sentido é que estamos entrando numa nova etapa do desenvolvimento da sociedade brasileira. Afinal, a "sociedade" não é mais apenas São Paulo, Rio de Janeiro, Brasília; mas é, de fato, a sociedade brasileira em conjunto. Provavelmente disso resultará uma nova forma de Estado: pode ser que seja um Estado autoritário, pode ser que seja um novo Estado democrático.

Lutas sociais no campo*

No Brasil, a democracia nunca chegou ao campo, nem como ensaio; apenas como promessa. O pouco que se fez, em favor da democracia, foi e continua a ser o resultado das lutas de camponeses, operários rurais e índios. A burguesia agrária – composta de latifundiários e empresários, nacionais e estrangeiros – sempre impôs o seu mando de forma mais ou menos discricionária às populações camponesas, assalariadas e indígenas. No campo, a ditadura tem sido muito mais persistente, generalizada, congênita, do que na cidade. Os latifundiários e os empresários sempre impuseram os seus interesses, de forma mais ou menos brutal.

Mas essa situação começa a mudar novamente nos últimos anos. Talvez haja algo de novo ocorrendo no campo brasileiro. São cada vez mais numerosos e notáveis os acontecimentos nos quais os índios, camponeses e operários agrícolas manifestam as suas reivindicações, os seus protestos, as suas lutas econômicas e políticas. São acontecimentos que fazem parte da história das lutas sociais ocorridas nas últimas décadas na sociedade brasileira. O índio sempre luta para defender a sua terra, cultura, modo de vida. Às vezes a luta chega a provocar a morte de invasores de sua terra: grileiros, jagunços e outros

---

* Publicado sob o título "Campo Quer Ter Voz", em *Movimento,* n° 183, São Paulo, 1 de janeiro de 1979.

elementos das "vanguardas" das frentes de expansão do capitalismo no campo. Em geral, o índio acaba sendo expropriado da sua terra, cultura e modo de vida. O camponês, principalmente o posseiro, lutou e continua a lutar pela sua terra, no Sudoeste paranaense; no Sul do Pará, inclusive depois de vencida a guerrilha do Araguaia dos anos 1970-75; em Trombas e Formoso, Goiás, nas lutas de posseiros, liderados por José Porfírio; em Rondônia e muitas outras partes do país. As ligas camponesas, suprimidas pela ditadura instalada em 1964, marcaram uma época importante das lutas dos trabalhadores rurais. E os operários do campo – assalariados sob as mais diversas formas – estão em constante luta pela sindicalização, pela defesa de melhores salários, transporte seguro e apropriado para gente, melhores condições de trabalho, garantias trabalhistas. Principalmente os volantes ou temporários – boias-frias, corumbas, peões e outros – empenham-se cada vez mais nessas reivindicações. São numerosas as realizações dos camponeses, operários e índios em suas lutas econômicas e políticas.

Três fatos ocorridos em 1978 – envolvendo posseiros, índios e trabalhadores volantes – colocam as lutas sociais no campo no contexto da luta pela democracia no Brasil. Isto é, esses fatos mostram como também no campo está em curso a luta contra a ditadura militar instalada em 1964.

Primeiro, o governo militar decidiu induzir a organização de cooperativas de trabalhadores volantes nos Estados de São Paulo e Paraná. Procurou forçar esses trabalhadores rurais a submeterem-se a uma organização burocrática, criada de cima para baixo, à margem do sindicato, para servir aos interesses dos fazendeiros, latifundiários e usineiros, nas épocas de maiores demandas de força de trabalho. Essa política está sendo combatida e desmoralizada pelo próprio trabalhador volante. Ele não se interessa pela cooperativa. Sabe que há nessa iniciativa a implicação econômica e política de criar mais um órgão pelego para submeter o proletariado rural.

Segundo, o incidente havido na reserva indígena de Nonoai, no Rio Grande do Sul, recolocou a questão da luta pela terra por parte do índio e do trabalhador rural. A reserva, de índios Kaingang, estava sendo pouco a pouco invadida por famílias de trabalhadores rurais sem terra. Em 1978 os índios resolveram expulsar esses posseiros. Nesse momento, entram em ação a FUNAI e o INCRA. A FUNAI procura controlar os índios, inclusive fazendo-os aceitar de volta algumas das famílias de posseiros. E o INCRA, em contato com negociantes de terras do Norte do Estado de Mato Grosso, procura induzir as famílias expulsas da reserva de Nonoai a migrarem para um lugar chamado Chapada dos Guimarães, em Mato Grosso. Dessa maneira, o INCRA consegue transformar mais um conflito de terras em um negócio de terras, favorecendo a formação de empresas ou cooperativas de colonização, nas quais os posseiros são manipulados contra os seus interesses; submete-os à colonização dirigida. Muitas famílias reconhecem que ao aceitar a promessa de formar lavouras na Amazônia estarão ajudando a ditadura a escamotear a questão da reforma agrária. "Saindo, eu iria resolver o problema do governo e iria criar um problema para mim e para minha família." Por isso, decidem ficar no Rio Grande do Sul. "Eu quero conseguir terra no Rio Grande." Mesmo porque o governo deste Estado possui terras que poderiam ser entregues aos trabalhadores rurais: Fazenda Sarandi, Fazenda Sarandi-Anone, Fazenda Santa Rita, Coudelaria Saican e Coudelaria Rincão.[1] A chamada colonização dirigida – oficial e particular – tem sido uma das formas de realizar a contrarreforma agrária no Brasil.

Terceiro, as populações indígenas mais organizadas decidiram lutar contra o projeto de falsa emancipação de índigos e comunidades indígenas. Essas populações já sabem o que é a expropriação de sua terra, cultura e modo de vida. Por isso, logo compreenderam que por trás da "emancipação" estava a perda da tutela estatal, garantida pelo Estatuto do Índio, que é o único instituto no qual essas mesmas populações podem se apegar. Ao reduzir o âmbito da tutela estatal e facilitar a emancipação do índio e da comunidade indígena, a burocracia da FUNAI estava criando as condições finais para que as "forças do mercado" pudessem expropriar ou destruir as condições de vida dessas populações. Por isso vários grupos se manifestaram contrários a essa política. A ditadura teve de ceder. Se não abandonou o projeto de falsa emancipação, ao menos por enquanto teve de engavetá-lo. Nem por isso, no entanto, a FUNAI deixa de atuar como um órgão estatal de cunho "humanitário", sem força para defender o índio em face das pressões dos negociantes de terras representadas em outros órgãos estatais como o INCRA, a SUDAM e outros.

---

[1] Najar Tubino, "Um novo tipo: o gaúcho-retirante", Coojornal, nº 30, Porto Alegre, julho de 1978, pp. 7-8.

Esses são apenas três dos numerosos e notáveis fatos que atestam a continuidade da luta de camponeses, operários rurais e índios em busca de melhores condições de vida. Nesse sentido, a luta contra a ditadura está jogando uma batalha muito importante também no mundo agrário. Com frequência, as forças democráticas da cidade se esquecem disso; ao contrário dos governantes.

A questão da democracia no Brasil não se resolve apenas na cidade. Implica o campo, as classes sociais rurais. Mais do que isso, implica as relações e as influências recíprocas entre a cidade e o campo. O peso econômico e político da agricultura, na definição da fisionomia da formação social capitalista brasileira, precisa ser avaliado, se queremos compreender as condições da criação de uma democracia no Brasil. É essa realidade que cria as possibilidades de alianças de classes urbanas e rurais.

Nesse sentido, é oportuno lembrar que a ditadura militar tem uma das suas principais bases na agricultura. A burguesia rural – composta de latifundiários e empresários, nacionais e estrangeiros – foi elemento ativo na preparação e execução do Golpe de Estado. E sua luta contra a reforma agrária, a liga camponesa e o sindicato rural foi uma das suas primeiras articulações golpistas.

Depois, à medida que se instala e desenvolve a ditadura, esta busca e rebusca as suas bases rurais. Abre "fronteiras" para latifúndio e a empresa rural. Cria favores e incentivos fiscais e creditícios para a formação e a expansão de empreendimentos capitalistas no campo. A Amazônia – com suas populações indígenas, sitiantes, caboclas, de posseiros e outros trabalhadores rurais – abre-se ao capital monopolista como uma vasta "fronteira"; converte-se num espaço de grandes negócios fundiários, em detrimento de camponeses, índios e operários do campo. O próprio governo combate os posseiros, levando-os à proletarização e à lumpenização; apenas uns poucos são transformados em colonos, nos núcleos de colonização dirigida, oficial e particular, criados para obstar uma verdadeira reforma agrária. Também as populações indígenas são amplamente atingidas pela política de favorecimento da expansão intensiva do capitalismo na região. Por exemplo, não se demarcam as terras indígenas, que passam ao controle de grileiros, latifundiários ou empresários. A FUNAI, inclusive, reduz ou transfere reservas indígenas, segundo as pressões dos negociantes de terras, exercidas no âmbito de órgãos estatais como o INCRA, a SUDAM e outros. Ao mesmo tempo, o aparelho estatal impulsiona a exportação de produtos agrícolas, pecuários, extrativos e de mineração, para atender às exigências do "modelo" econômico imposto ao Estado brasileiro pelo capital monopolista.

Daí a importância das lutas políticas que ocorrem no campo. É o fato de que a ditadura está apoiada também na burguesia rural – nacional e estrangeira – que confere um significado especial, fundamental, às lutas que estão sendo travadas pelo campesinato, o proletariado rural e o índio. Os muitos conflitos e as muitas pendências que se multiplicam no Pará e no Rio Grande do Sul, na Bahia e em Mato Grosso, em praticamente todos os Estados e territórios do país, são uma expressão constante dessa luta por um regime político no qual também o operário rural, o campesinato e o índio tenham voz; voz e voto.

É só na aparência que o campesinato, o operário e o índio não lutam contra a ditadura militar. Na prática, estão lutando pela terra, a sindicalização, a proteção ao trabalho assalariado, o patrimônio cultural indígena, o crédito ao pequeno lavrador, o acesso ao mercado e outros objetivos econômicos e políticos. Combatem a grilagem, a jagunçagem e a superexploração do assalariado rural, as invasões das terras tribais, as prerrogativas econômicas e políticas de latifundiários e empresários junto ao aparelho estatal, a subserviência da burocracia pública aos interesses do capital monopolista, a aliança entre jagunços e policiais. Nas lutas por seus objetivos econômicos e políticos, combatem as bases agrárias da ditadura. O posseiro e o peão na Amazônia; o colono no Rio Grande do Sul e em Santa Catarina; o boia-fria em São Paulo e no Paraná; o trabalhador de eito, cassaco e corumba em Pernambuco e outros Estados do Nordeste; os índios em muitas partes do Brasil: todos estão engajados em lutas sociais que envolvem a organização democrática das relações econômicas e políticas na sociedade brasileira.

A sociedade agrária*

Nas últimas décadas, à medida que se intensificava a industrialização e a urbanização, expandia-se o capitalismo no campo. A agricultura, pecuária, extrativismo, agroindústria, artesanato rural passaram à influência crescente do capital industrial; transformaram-se em "indústria". À medida que se "formou" o setor industrial, no âmbito do subsistema econômico brasileiro, a agricultura passou a ser cada vez mais subordinada às exigências do capital industrial. Ao "formar--se" o capital industrial no Brasil, o que ocorre é a interiorização de uma parte desse capital, que exercia predomínio sobre a agricultura brasileira a partir de fora. Na prática, o campo passa a articular-se, tanto ao capital localizado no Brasil como ao localizado nos centros dominantes estrangeiros.

Assim, o desenvolvimento intensivo e extensivo do capitalismo no campo implica crescente expropriação do trabalhador rural. O operário rural, meeiro, parceiro, arrendatário, morador, colono, sitiante, caboclo, posseiro, índio, praticamente todo trabalhador rural com alguma ligação com o mercado é subordinado aos movimentos do capital industrial. Às vezes é o capital comercial, bancário, ou mesmo usuário, que alcança e explora o trabalhador rural. Mesmo nesse caso, o capital industrial

---

* Inédito, escrito em 1980, com base em uma parte da produção do Centro Brasileiro de Análise e Planejamento (CEBRAP) sobre a agricultura brasileira.

– em geral está no fim e no começo da cadeia – acaba por beneficiar-se da subordinação do trabalhador rural ao mercado. Como fornecedor de força de trabalho, consumidor de produtos de origem industrial e reserva de força de trabalho, o trabalhador rural é posto e reposto no circuito da acumulação capitalista. Em muitos casos, é proletarizado. Nesta alternativa, é expropriado dos seus meios de produção, principalmente a terra. Em outros casos, é levado à recamponesação. Nesta alternativa, é reincorporado aos movimentos do mercado, conforme as exigências do capital comercial, bancário e industrial.

O que está ocorrendo é a subordinação da agricultura à indústria, do campo à cidade. Ao mesmo tempo que cresce a rearticulação entre a indústria e a agricultura, também desenvolvem-se as classes sociais no campo; expandem-se as forças produtivas e desenvolvem-se as relações de produção; a agricultura se constitui como ramo da indústria. Do mesmo modo que se desenvolvem as classes sociais no campo, também crescem e multiplicam-se os laços entre as classes sociais rurais e urbanas. Em âmbito local, estadual, regional e nacional, o crescente predomínio do capital industrial sobre o conjunto das atividades econômicas generaliza e "unifica" as classes sociais, em âmbito nacional.

Para compreender um pouco melhor a envergadura dos processos sociais, econômicos e políticos que têm ocorrido no campo, pode ser útil examinar alguns aspectos desses processos.

Sob vários aspectos, as relações sociais no campo organizam-se grandemente determinadas pelo desenvolvimento intensivo e extensivo do capitalismo. A indústria e a cidade, isto é, as classes sociais de base urbano-industrial, principalmente as burguesias industrial, bancária e comercial, expropriam largamente as classes rurais, trabalhadores assalariados (permanentes e temporários), sitiantes, colonos, posseiros, meeiros, parceiros, arrendatários e outros. Boa parte desses trabalhadores acaba por fornecer sucessivos contingentes de mão de obra para a indústria, o comércio, o transporte e outras atividades centradas na cidade. Nesse sentido, a agricultura tem servido largamente à indústria, como lugar do estoque de uma parte importante do exército industrial de reserva. Sem esquecer que uma parcela desses trabalhadores – reserva com que sempre conta o capital industrial – tem sido utilizada na "ocupação", "colonização" ou "expansão" da "fronteira" interna do capitalismo. Na Amazônia e no Centro-Oeste, são notáveis os contingentes de trabalhadores rurais envolvidos por um singular processo de acumulação primitiva que continua a desenvolver-se. Tudo isso ocorre com uma progressiva transformação da agricultura em mercado de produtos industriais, tanto vestuário e remédio, televisão e rádio, como a maquinização e quimificação dos processos produtivos. Há uma acumulação primitiva, de cunho estrutural, que expressa e realiza certas modalidades de expropriação de produtores autônomos, monopolização das terras nas mãos de grandes proprietários, expansão do mercado etc.

"Esta (agricultura) tem uma nova e importante função, não tão importante por nova mas por ser qualitativamente distinta. De um lado, por seu subsetor dos produtos de exportação ela deve suprir as necessidades de bens de capital e intermediários de produção externa antes de simplesmente servir para o pagamento dos bens de consumo; desse modo, a necessidade de mantê-la ativa é evidente por si mesma... De outro lado, por seu subsetor de produtos destinados ao consumo interno, a agricultura deve suprir às necessidades das massas urbanas, de forma a não elevar o custo da alimentação principalmente e secundariamente o custo das matérias-primas, e não obstaculizar, portanto, o processo de acumulação urbano-industrial. Em torno desse ponto girará a estabilidade social do sistema e de sua realização dependerá a viabilidade do processo de acumulação pela empresa capitalista industrial, fundada numa ampla expansão do 'exército industrial de reserva'."[1]

Desenvolveu-se o proletariado rural, tanto em termos quantitativos como qualitativos. Estendeu-se a proletarização, no sentido de trabalhadores que vendem a sua força de trabalho, por tarefa, empreita, dia, semana ou mês. Também nas áreas "pioneiras" da região amazônica avança a proletarização. Esse processo, em geral implica a expropriação de posseiros, sitiantes, caboclos, índios e outras populações que organizam a produção e o consumo, em termos familiares ou comunitários. Simultaneamente, no entanto, ocorre uma espécie de recamponesação da economia agrícola. Devido aos elevados excedentes de força de trabalho, à não realização de qualquer reforma agrária, ao desinteresse da grande empresa por culturas e produções não favorecidas pelos apoios e favores (creditícios, fiscais etc.) governamentais, sobra uma parcela

---

[1] Francisco da Oliveira, "A Economia Brasileira: Critica à Razão Dualista", *Seleções CEBRAP*, nº 1, São Paulo, CEBRAP e Brasiliense, 1975, pp. 5-78; citação da p. 15.

do mercado de gêneros e matérias-primas para pequenos produtores familiares.

"Isso quer dizer que, ao contrário do que o avanço do capitalismo em nossa agricultura faria esperar, o que está crescendo na produção agrícola é a chamada força de trabalho familiar, composta pelos responsáveis pelas explorações agrícolas e os membros não remunerados de suas famílias. O número de responsáveis por explorações agrícolas aumentou de 3.337.769 em 1960 para 4.924.019 em 1970, sendo que neste total cresceram sobretudo as proporções de arrendatários (17,4% para 20,17%) e de ocupantes (de 10,7% para 16,1%). A grande expansão desta última categoria mostra que provavelmente foi intenso o crescimento da agricultura de subsistência em 1960/70."[2]

"O que parece ter acontecido foi antes a subordinação crescente de uma agricultura predominantemente camponesa ao capital comercial, financeiro e industrial, que passou a controlá-la, a explorá-la de fora para dentro, mediante relações de troca comercial e financeira. Somente após 1970 é que parece ter havido uma real penetração das relações capitalistas de produção na agricultura, o que, no entanto, só se poderá confirmar à luz dos dados dos censos agropecuários de 1975 e 1980."[3]

"Embora as explorações de 200 ha e mais tenham reduzido sua participação tanto no pessoal ocupado quanto na área, isso não significa que também sua participação no produto tenha necessariamente reduzido. Na verdade, como em 1960/70, houve acentuado aumento da produtividade do trabalho agrícola (graças, sobretudo, ao crescimento da mecanização) assim como da rentabilidade do solo (devido ao uso crescente de sementes selecionadas, fertilizantes, inseticidas etc.), é possível que as explorações maiores tenham se beneficiado destes melhoramentos em maior grau que as explorações menores, o que tornaria perfeitamente compatível a queda de sua participação em pessoal ocupado e área e a manutenção ou mesmo aumento de sua participação no produto."[4]

Os processos sociais, econômicos e políticos provocados pelo desenvolvimento intensivo e extensivo do capitalismo no campo

---

[2] Paul Singer, *O Impacto do Desenvolvimento sobre os Setores Agrícolas*, São Paulo, CEBRAP, 1979, p. 5, mimeo.
[3] Paul Singer, *Evolução da Estrutura Social Brasileira: 1950 a 1976*, São Paulo, CEBRAP, 1979, p. 32, mimeo.
[4] Paul Singer, *O Impacto do Desenvolvimento sobre os Setores Agrícolas*, op. cit., pp. 6-7.

manifestam-se tanto nas áreas "pioneiras" como nas de exploração antiga; seja nas áreas em que o capitalismo parece algo recente, seja naquelas em que já se encontra avançado.

No Vale do Ribeira, no Estado de São Paulo, que parecia uma área "esquecida", "marginalizada", em termos de desenvolvimento econômico, aí expandiram-se bastante as relações capitalistas de produção. Nesse caso, a par das novas articulações do capital industrial com a agricultura, acresce a atuação do poder estatal, construindo estradas, estabelecendo incentivos creditícios e fiscais, de modo a atrair iniciativas empresariais de grande vulto ou dinamizar empresas preexistentes. No Ribeira, as lavouras e agroindústrias ligadas à banana e ao chá são cada vez mais capitalistas, determinadas pelas exigências da acumulação e mercados de base urbano-industrial. "Em outras palavras, a organização tradicional ou primitiva da agricultura, que combinava terra com mão de obra em fazendas e sítios, é substituída pela organização capitalizada em grandes e pequenas empresas... A pressão desse novo patamar sobre as primitivas formas de organização de produção mostra-se clara: ou capitalizam o processo produtivo ou a penalização social as alijará da concorrência. Brota disso a tendência à organização empresarial das fazendas e sítios, evidenciando o modo como se impõe a lei do valor, o que irá aparecer também na montagem do aparelho produtivo... Nas fazendas, a tendência mostrar-se-á pela exploração extensiva e intensiva do trabalho operário e, nos sítios, pela autoexploração do trabalho familiar."[5]

Na Amazônia, o novo surto de desenvolvimento extensivo apresenta algumas peculiaridades. Essa região foi transformada em uma "fronteira" de expansão dos negócios do grande capital nacional e estrangeiro. Tanto se favoreceram as novas inversões do Centro-Sul e estrangeiras como as locais. Para os governantes instalados no aparelho estatal desde 1964, trata-se de reincorporar a Amazônia no processo capitalista: como região produtora de gêneros alimentícios e matérias-primas para os mercados nacional e estrangeiro; como mercado consumidor de produtos de origem industrial; como "espaço social" para aliviar contradições sociais mais agudas no Nordeste, em São Paulo, no Rio Grande do Sul etc.

---

[5] Geraldo Müller, *Estado, Estrutura Agrária e População (O Vale do Ribeira, São Paulo)*, São Paulo, CEBRAP, 1977, pp. 74-75, mimeo.

"Resumindo, há vertentes distintas a serem contempladas para entender-se o atual devassamento da área: os interesses empresariais (nacionais e estrangeiros) antes de 1967-70; os interesses militares visando a incorporar efetivamente o território amazônico, como afirmação da nacionalidade e passo à realização de um destino manifesto (Grande Potência) e, finalmente, uma terceira vertente na qual a Amazônia aparece como prêmio ao grande capital (nacional ou estrangeiro) pelos seus esforços em prol do desenvolvimento brasileiro...

O Brasil incorporou-se ao espaço produtivo capitalista internacional, e cada uma de suas regiões, por sua vez, sofreu os efeitos desta rearticulação, vindo a integrar-se ao mercado nacional e, por intermédio deste, ao mercado mundial...

Neste contexto o espaço amazônico – embora, de fato, ainda não integrado ao modelo exportador senão através de alguns recursos minerais – ganhou novas dimensões na economia nacional. O Estado financia o deslocamento de capitais (nacionais e estrangeiros) para exploração dos minérios e da terra (empreendimentos pecuários e alimentícios), visando a lançar as bases para a economia exportadora. Com isto criam-se condições para ampliar a escala social da reprodução geral do capital e para que este diversifique suas funções."[6]

Na Amazônia, como no conjunto da agricultura brasileira, é notável a participação do capital estrangeiro. Sob várias formas, o imperialismo avançou no campo. Tanto invadiu a comercialização, o financiamento, a orientação técnica etc. como passou a comprar terras, incentivar a maquinização e quimificação dos processos produtivos. É profunda e diversificada a penetração desse capital na agricultura. As empresas estrangeiras, transnacionais ou imperialistas, estão presentes em toda agricultura e agroindústria, além de suas articulações com a indústria, o comércio e o banco. Formam grandes e poderosos complexos econômicos.

"As transnacionais estão presentes em todos os ramos dos produtos alimentares – exceção feita ao açucareiro. Essa presença diversificada não significa, por sua vez, pulverização do capital. Ao contrário, essa diversificação no ramo alimentício tem sua contrapartida em plantas com elevada concentração de capital...

---

[6] Fernando H. Cardoso e Geraldo Müller, *Amazônia: Expansão do Capitalismo*. São Paulo, CEBRAP e Brasiliense, 1977, pp. 10-11 e 14-15.

Essa visão panorâmica carece ainda de algumas observações a respeito da presença das empresas transnacionais na esfera da produção de recursos agropecuários, uma importante etapa para a compreensão dos complexos agroindustriais. Trata-se da produção de máquinas agrícolas, tratores e implementos, fertilizantes e corretivos do solo, rações para animais e defensivos etc. O capital estrangeiro não só está presente em todos esses ramos da indústria mecânica, química e alimentar, como, no mais das vezes, neles predomina."[7]

"O peso das empresas estrangeiras que operam em ligação com a agricultura é bastante significativo no conjunto das empresas estrangeiras, pois 30% das 400 maiores empresas realizam atividades no setor e 15% são exclusiva ou predominantemente 'agrícolas'...

O capital estrangeiro investido em empresas ligadas à agricultura apresenta uma elevada taxa de reprodutividade. Cada unidade de moeda estrangeira ingressada no país, no decênio 1965-1974, reproduziu-se e gerou ainda 60% de uma nova unidade."[8]

Tudo isso envolve um acentuado processo de desenvolvimento das classes sociais no campo. Ao mesmo tempo que avança a proletarização, em termos quantitativos e qualitativos, também desenvolvem-se ou redefinem-se o campesinato, a pequena burguesia rural, a categoria dos latifundiários e a grande burguesia nacional e estrangeira; inclusive cresce a categoria dos tecnocratas do mundo rural. São cada vez mais numerosos os engenheiros agrônomos, administradores, economistas, sociólogos e outros profissionais contratados por latifundiários, grileiros, fazendeiros, empresários e organizações públicas. Naturalmente, todas essas categorias sociais possuem laços com a sociedade urbana. A grande burguesia nacional e estrangeira, por exemplo, polariza grandes complexos agroindustriais, articula indústria, agricultura, comércio e banco. Com frequência, os negócios realizados na esfera da agricultura fazem parte dos negócios do capital financeiro e monopolista. E tudo isso acompanha o desenvolvimento das classes sociais no campo, com crescente articulação às classes sociais da cidade.

---

[7] Geraldo Müller, *Penetração das Empresas Transnacionais nos Complexos Agroindustriais de Pecuária de Carne, Pecuária de Leite, Cereais, Oleaginosas e Fumos,* São Paulo, CEBRAP, 1979, pp. 22 e 25, mimeo.

[8] Plínio Sampaio, *Capital Estrangeiro e Agricultura no Brasil,* Petrópolis, CEBRAP e Vozes, 1980, pp. 37-38.

Vale a pena examinar alguns aspectos da forma pela qual tem ocorrido a proletarização no campo. À medida que a agricultura se subordina ao capital, à medida que a agricultura se transforma em indústria, há uma progressiva subordinação formal e real do trabalho ao capital. No caso das formas camponesas de produção – familiar, parceria, arrendamento, colonato e outras – é evidente a subordinação formal do trabalho ao capital. No caso das formas empresariais de organização da produção, generaliza-se a subordinação real do trabalho ao capital.

"A utilização de força de trabalho assalariada temporária, em substituição à dos trabalhadores residentes, constitui uma das modificações mais importantes nas empresas rurais do Brasil durante os últimos decênios. Um dos obstáculos maiores à transformação da agricultura em indústria consiste na diferença entre tempo de trabalho e tempo de produção peculiar à produção agropecuária. E é precisamente essa diferença que a utilização de trabalho temporário permite superar, do ponto de vista da valorização do capital. O processo de expulsão dos trabalhadores residentes dos estabelecimentos agropecuários ocorreu em algumas regiões independentemente de modificações técnicas no processo produtivo, como simples modificação de relações de trabalho. Regiões monocultoras com baixa densidade demográfica haviam sido o ambiente propício para a fixação dos excedentes de mão de obra no interior das fazendas. A transição para a policultura e a efetivação do povoamento tornaram possível a constituição de um exército de reserva à margem das grandes explorações comerciais, propiciando os contratos temporários de força de trabalho nos picos do processo produtivo. Em outros casos a diminuição das possibilidades de permanência dos trabalhadores no interior de grandes estabelecimentos decorreu de modificações no uso da terra, com utilização mais intensiva da área disponível para grandes plantações. Um exemplo é o da 'fome de terras' das usinas e engenhos em conjunturas favoráveis à produção açucareira, quando o espaço ocupado pelos moradores e suas culturas de subsistência deve ser cedido às plantações de cana. Em todas essas situações, a dispensa dos trabalhadores permanentes não decorreu de diminuição das necessidades de força de trabalho das empresas, mas da possibilidade com que contavam de recrutamento periódico de mão de obra. Houve também, em algumas regiões, modificações no uso da terra que diminuíram a necessidade de força de trabalho: tal é o caso da penetração da pecuária em regiões anteriormente agrícolas e o da substituição de determinados cultivos por outros. Nesses casos as expulsões de trabalhadores não constituíram mera redefinição das relações de trabalho, mas significaram desemprego efetivo.

É importante sublinhar que esses processos se deram concomitantemente com modificações técnicas do processo produtivo, durante a maior parte do período considerado. Entretanto, o processo de modificação das relações de trabalho e o de elevação da produtividade do trabalho, por força de mecanização e do uso de insumos 'modernos', obedeceram a ritmos diferenciados em certos períodos e regiões. É bom que se lembre também que, ao lado das modificações no interior dos estabelecimentos preexistentes, estava-se dando a expansão da fronteira. Portanto, as modificações no número de trabalhadores assalariados, tanto permanentes como temporários, são resultantes de vários processos paralelos que se retratam em suas oscilações."[9]

No conjunto, e examinadas na perspectiva das últimas duas ou três décadas, são realmente notáveis as transformações estruturais que têm ocorrido na agricultura. Em termos sociais, econômicos, políticos, culturais, demográficos e outros modificou-se bastante o campo. Desenvolveram-se as forças produtivas, tais como capital, tecnologia, força de trabalho, divisão do trabalho, planejamento governamental, violência estatal. Dinamizaram-se as relações capitalistas de produção, com a crescente e generalizada industrialização da agricultura. Também a urbanização espraiou-se pelo campo. À medida que se generaliza a industrialização da agricultura, cresce o intercâmbio de mercadorias, pessoas e ideias entre a cidade e o campo. À medida que se dinamiza o mercado nacional – sobrepujando, eliminando ou reduzindo diferenças e barreiras locais e regionais –, as mercadorias e as ideias, os padrões e os valores de base urbano-industrial alcançam a sociabilidade rural.

As transformações, às vezes profundas, não implicam crescente homogeneização das relações de produção e forças produtivas, em termos de subsetores da agricultura, ou regiões da economia rural. Ao contrário, criam-se e recriam-se as desigualdades e os desequilíbrios. Assim é que persistem e repetem-se diferentes formas de organização social e técnica da produção. São diversas as formas de subordinação do trabalho do capital. E isso envolve distintas modalidades de

---

[9] Vinícius Caldeira Brant, *População e Força de Trabalho no Desenvolvimento da Agricultura Brasileira*, São Paulo, CEBRAP, 1979, pp. 67-68, mimeo.

organização do processo produtivo. As noções de latifúndio, unidade camponesa, unidade familiar produtora de mercadoria e empresa agropecuária expressam formas particularmente importantes de organização da produção.

"*O latifúndio* (ou *plantation)*. Trata-se de grandes propriedades dedicadas a uma produção mercantil, exploradas com força de trabalho não-assalariada pura, para o mercado externo ou interno. No caso polar, a mão de obra é constituída pelo morador ou pelo agregado, para o qual o dono da terra cede terras para plantar as suas roças de subsistência, com a condição de fornecer certo número de dias de serviço nas grandes lavouras do proprietário (esta e outras formas de pagamento de renda-trabalho, como o cambão, constituem verdadeiras variantes da corveia, encontradas no Nordeste). Hoje, frequentemente, o morador recebe, pelo seu trabalho na exploração comercial do senhor da terra, diária, em dinheiro, inferior em geral à do trabalhador eventual de fora da propriedade. O pagamento de renda-trabalho (para o qual é essencial a alta concentração da propriedade da terra) é, no entanto, apenas um protótipo das relações do latifúndio...

As *unidades camponesas* são constituídas pelas explorações de pequenos proprietários (via de regra minifundiários), arrendatários, parceiros ou posseiros, voltados basicamente, com o trabalho familiar, para a sua reprodução como camponeses. As atividades são, portanto, na essência, de subsistência, vendendo-se no mercado (feiras locais ou a caminhões) os pequenos excedentes de produção de autoconsumo. O declínio da produção comercial em certas regiões levou à fragmentação da exploração dos latifúndios, reconstituindo-se sobre os mesmos a camada camponesa, parceiros e arrendatários, com a sua economia de subsistência.

As *unidades familiares produtoras de mercadorias*. Trata-se de pequenos proprietários, arrendatários ou parceiros, com uma exploração mercantil baseada, fundamentalmente, em força de trabalho familiar, que recorrem, apenas em caráter suplementar, a trabalho assalariado eventual. Como para a empresa agropecuária capitalista (ver abaixo), há aqui, também, a tendência para a especialização da produção, estreitando-se os vínculos com o mercado tanto para a venda como para a compra...

A empresa agropecuária capitalista. Com a agricultura transformada num empreendimento totalmente capitalista, as atividades agropecuárias passam a ser uma área como qualquer outra para a aplicação do capital, devendo o investimento auferir a lucratividade média. No caso da empresa agropecuária capitalista, as formas das relações de produção tendem para as do salariado puro. Do modo como esta empresa está surgindo no Brasil, os empregados permanentes, que tradicionalmente soem guardar pelo menos resquícios de relações não capitalistas, tendem a restringir-se ao mínimo e àquela mão de obra de mais alta qualificação (tratoristas, contador etc.). Processa-se a expulsão de colonos e moradores e cria-se assim um proletariado rural puro (chamados 'volantes' ou 'boias-frias', em São Paulo, 'trabalhadores de fora' ou 'clandestinos', na Zona da Mata nordestina), que se aglomera em novos bairros rurais à beira das estradas ou na periferia das cidades e vilas. A este proletariado recorrem as empresas agrícolas para a maior parte das fainas rurais, utilizando-se do sistema de empreiteiros de turmas. A produção especializa-se, mecanizam-se as tarefas agrícolas, elevando-se, com a completa vigência da lógica do capital, a sua composição orgânica, *pari passu* descreve a produção para autoconsumo, a população residente nas empresas passando a recorrer, para a satisfação de todas as suas necessidades, ao mercado."[10]

O desenvolvimento desigual e combinado, que permeia o subsistema econômico brasileiro, produz e reproduz também as desigualdades regionais. Sob vários aspectos, o desenvolvimento capitalista que ocorre no Brasil, nas últimas décadas, e acelera-se bastante desde 1956, beneficia-se das desigualdades regionais herdadas de épocas anteriores. Mais que isso, o capitalismo cria e recria as desigualdades regionais. Há uma profunda articulação entre a acumulação capitalista, o Estado forte e os "espaços" econômicos, demográficos, sociais, políticos, geopolíticos e outros representados pela Amazônia e o Nordeste. Já vimos que a Amazônia, a "fronteira" amazônica, conforme foi recriada pela ditadura militar, tem servido bastante à economia política dessa mesma ditadura. Em outros termos, o Nordeste também tem sido uma vasta e riquíssima "fronteira" do capitalismo. Há uma questão regional na dinâmica da acumulação capitalista que ocorre no Brasil nas últimas décadas.

---

[10] Juarez R. Brandão Lopes, *Do Latifúndio à Empresa (Unidade e Diversidade do Capitalismo no Campo)*, Caderno n° 26, São Paulo, CEBRAP, 1976, pp. 7-8.

"No período estudado por este documento, o intenso crescimento industrial ocorrido na região Sudeste – particularmente em São Paulo – é obviamente o epicentro das transformações estruturais da economia brasileira como um todo, e igualmente, de uma certa redivisão inter-regional do trabalho no país... Nos últimos anos da década de 50 e começos da de 60, o tema foi muito importante, e, de sua discussão, nasceram a SUDENE e posteriormente a transformação da SPVEA em SUDAM, a SUDESUL e a SUDECO, destinadas a serem agências de desenvolvimento regional... No fim da década dos 50, o problema foi percebido como um alargamento das disparidades principalmente entre a região Sudeste – chamada Centro-Sul nos termos de então – e o Nordeste, motivado de um lado, pelo crescimento industrial do Sudeste e de outro, pela perda de capacidade de competição das atividades eminentemente exportadoras do Nordeste, havendo, no entanto, uma curiosa alimentação do crescimento do Sudeste pelos excedentes gerados no Nordeste."[11]

Sob vários aspectos, portanto, os processos sociais econômicos, políticos, demográficos e outros, que ocorrem na agricultura, são fundamentais para a compreensão do conjunto da sociedade. O que está em questão é algo mais, além da subordinação da agricultura à indústria, do campo à cidade. Não se trata apenas de "desenvolvimento" econômico, social ou outro, mas de desenvolvimento capitalista, acumulação do capital, transformação da agricultura em indústria produtora de capital. Ao desenvolverem-se as relações capitalistas de produção no campo, sob a influência do capital industrial, estão em curso também a expansão e o fortalecimento do grande capital financeiro e monopolista; capital esse que articula os capitais industrial, bancário e comercial em um poderoso bloco de poder. Nessas condições, e em simultaneidade, formam-se as desigualdades e os desequilíbrios, tanto em termos da estrutura do subsistema econômico brasileiro como das regiões. No Brasil, o capitalismo beneficia-se bastante das desigualdades e desequilíbrios regionais, tanto em termos econômicos como políticos. Há uma profunda integração estrutural entre o "subdesenvolvimento" do Nordeste, o "vazio econômico e demográfico" da Amazônia, a acentuada

---

[11] Francisco Oliveira e Henri Philippe Reichstul, "Mudanças na Divisão Inter-regional do Trabalho no Brasil", Ciência e Cultura, vol. 26, nº 3, São Paulo, 1974, pp. 225-239; citação das pp. 225-226.

acumulação capitalista em São Paulo e a persistente ditadura do capital que aparece nas políticas do poder estatal.

Nesse mesmo contexto, no entanto, desenvolvem-se e diversificam-se o mercado nacional, o fluxo de mercadorias, pessoas e ideias. Alargam-se e generalizam-se o âmbito e o alcance das classes sociais. Paulatinamente, as relações e os antagonismos de classes generalizam-se, difundem-se ao longo da sociedade, criam novas condições e perspectivas, tanto para a burguesia como para a classe operária da cidade e do campo. O desenvolvimento extensivo e intensivo do capitalismo no campo criou novas e surpreendentes possibilidades de reivindicação e luta para operários e camponeses.

Formas sociais da terra*

No começo da história, a terra parece disponível, dada, dádiva, inocente. É extensa, sem-fim, lonjura, sertão. "De ponta a ponta é toda praia... muito chã e muito formosa. Pelo sertão nos pareceu, vista do mar, muito grande; porque a estender olhos, não podíamos ver senão terra e arvoredos – terra que nos parecia muito extensa. Até agora não podemos saber se há ouro ou prata nela, ou outra coisa de metal, ou ferro; nem lha vimos. Contudo a terra em si é de muito bons ares frescos e temperados... As águas são muitas; infinitas. Em tal maneira é graciosa que, querendo-a aproveitar, dar-se-á nela tudo."[1]

Parece tão alheia ao homem que ele surge como se fosse um intruso, deslocado, exótico. "A impressão dominante que tive, e talvez correspondente a uma verdade positiva, é esta: o homem, ali, é ainda um intruso impertinente. Chegou sem ser esperado nem querido – quando a natureza ainda estava arrumando o seu mais vasto e luxuoso salão. E encontrou uma opulenta desordem..."[2]

---

* Inédito, escrito em maio de 1983. Um resumo deste trabalho foi apresentado na 35ª Reunião Anual da Sociedade Brasileira para o Progresso da Ciência (SBPC), realizada em Belém, em julho de 1983.

[1] Pero Vaz de Caminha, *Carta a El Rei D. Manuel*, Introd. e Org. de texto de Leonardo Arroyo, São Paulo, Dominus Editora, 1963, p. 67.

[2] Euclydes da Cunha, *À Margem da História*, 6ª ed. Porto, Livraria Lello & Irmão Editores, 1946, p. 6.

Entretanto, a terra logo se apresenta como uma vasta despensa de meios de subsistência, um imenso arsenal de instrumentos de trabalho. No intercâmbio com a terra, o homem extrai os elementos indispensáveis à satisfação de necessidades tais como comer, beber, vestir-se, abrigar-se; e meios de trabalho. "A terra é sua despensa primitiva e é, ao mesmo tempo, o seu arsenal de instrumentos de trabalho. Oferece-lhe, por exemplo, a *pedra* que atira, com a qual fricciona, percute, corta etc. E *a própria terra* é um instrumento de trabalho, ainda que exija, para o seu cultivo, para poder ser utilizada como instrumento de trabalho, toda outra série de instrumentos e um desenvolvimento relativamente grande da força de trabalho. Tão logo o processo de trabalho se desenvolve um pouco, exige instrumentos de trabalho fabricados."[3]

Ao estabelecer intercâmbio com a natureza, em particular a terra, compreendendo água, fauna, flora, relevo, recursos minerais, ciclo das estações, fecundidade etc., o homem apropria-se dela e a transforma. Transforma-se ele também com ela. Transfigura-se.

Desde o começo, a terra é incorporada no processo de trabalho como objeto e meio de produção. Nesse percurso, muda de figura. É retirada da natureza, humanizada. Ao mesmo tempo que é trabalhada e recriada, transforma-se em relação social. Está em marcha a apropriação da terra: tribal, comunitária, clânica, familiar, privada, capitalista. Dá-se a metamorfose da terra em mercadoria. A produção para o consumo modifica-se em produção para o mercado. Realiza-se o estranhamento, a alienação, entre o produtor e a propriedade dos meios de produção. O mesmo processo de apropriação da terra, polarizado entre uso e propriedade, ou posse e domínio, compreende pendências e conflitos entre índios, posseiros, grileiros e muitos outros. Com o desenvolvimento das relações capitalistas de produção no campo, a terra se constitui como propriedade privada; para o capital ou do próprio capital. Nesse processo, as diversas metamorfoses da terra compreendem as diversas configurações do trabalho. A humanização da terra, segundo as condições da sociedade burguesa, compreende a sua transformação em relação social, relação de produção, propriedade

---

[3] Karl Marx, *El Capital,* 3 tomos, trad. de Wenceslao Roces, Fondo de Cultura Econômica, México, 1946-47, tomo I, p. 201; citação extraída do cap. V, "Processo de trabalho e processo de valorização".

burguesa. A natureza transfigura-se em histórias na trama das relações de produção, das contradições de classes.

Revolução agrária

As leis de terras, principalmente as que tratam de terras indígenas, devolutas, públicas, de colonização oficial e particular, definem estabelecimentos e imóveis rurais, classificam os trabalhadores do campo, todas assinalam aspectos importantes das pendências e conflitos agrários. Indicam a maneira pela qual o poder estatal tem sido levado a acomodar, ou favorecer e contrariar, interesses das mais diversas categorias sociais envolvidas na luta pela posse e uso da terra: índios, ex-escravos, camaradas, imigrantes, moradores, colonos, agregados, assalariados, sitiantes, posseiros, parceiros, meeiros, arrendatários, grileiros, latifundiários, fazendeiros, empresários.

A lei de 1850 foi um marco na história da terra. Extingue o princípio da doação e inaugura o da compra, para aquisição de terras devolutas. Tratava-se de dificultar o acesso à terra, por parte de ex-escravos, camaradas, imigrantes, colonos, moradores e outros. Ao mesmo tempo que favorecia a monopolização da propriedade da terra por fazendeiros e latifundiários, induzia os trabalhadores rurais a venderam a sua força de trabalho nas plantações de café, criações de gado e outras atividades. Ao longo dessa história, ocorria a transição do trabalho escravo ao livre, formava-se o mercado de força de trabalho, expandia-se a monopolização da terra, ocorria a metamorfose da terra em mercadoria.

Outras leis destinaram-se a aperfeiçoar ou desenvolver as condições de expansão do capitalismo no campo. À medida que crescia ou diversificava-se a economia agrária, em função da exportação, mercado urbano e industrialização, aprimoravam-se os dispositivos jurídico--políticos destinados a regular as relações de produção na agricultura.

Em 1963 foi criado o Estatuto do Trabalhador Rural, que diz respeito às condições de oferta e demanda da força de trabalho no campo. Institui a carteira profissional, o contrato de trabalho, os direitos e deveres das partes contratantes quanto a salários, descanso remunerado, férias, trabalho do menor, da mulher e outros aspectos das relações de produção. Naturalmente define "trabalhador rural", "empregador rural", "indústria rural" e outras categorias. A rigor, sistematiza as condições jurídico-políticas do processo de trabalho, condições essas às quais se submete o assalariado permanente, avulso ou temporário. É óbvio que esse estatuto organiza, delimita, orienta boa parte do intercâmbio entre o homem e a terra, em termos do trabalho compreendido como um processo de produção de mercadoria e mais-valia. Aliás, toda legislação sobre as condições de trabalho, do escravo ao trabalhador livre, do colonato e aviamento ao morador e temporário, compreende uma dimensão essencial da história da terra, das pendências e conflitos sobre a posse e o uso da terra.[4]

Em 1964 criou-se o Estatuto da Terra, que pode ser tomado como mais um elo importante na história da luta pela terra. Em lugar de expressar apenas, ou principalmente, a resolução de problemas, essa e outras leis anteriores e posteriores expressam a continuidade das pendências e conflitos. História que não termina.[5]

A legislação específica sobre as terras indígenas não foge a essa tendência. Desde a Colônia e o Império, as comunidades indígenas foram progressivamente expropriadas. Apesar dos movimentos de opinião pública e da criação do Serviço de Proteção aos Índios (SPI), em 1910, e da Fundação Nacional do Índio (FUNAI), em 1967, essas terras continuaram a ser invadidas, exploradas e expropriadas por grileiros, posseiros, latifundiários, fazendeiros e empresários, frequentemente mediante a omissão ou cumplicidade de setores governamentais. Nos tempos do SPI, esta era a situação: "Depois de 50 anos de esforços para garantir a cada tribo uma nesga de terra, ainda são poucos os Estados que deram aos índios títulos de posse das terras em que vivem. E a grande maioria deles vazou o texto legal em linguagem tão imprecisa que dá margem a discussões, cada vez que um fazendeiro ou político

---

[4] *Estatuto do Trabalhador Rural,* Lei n° 4.214, de 2 de março de 1963. Consultar também: Francês Rocha, *Conflito Social e Dominação: Um Estudo Sobre as Leis de Regulação das Relações de Trabalho na Empresa Agrícola* (1897-1930), São Paulo, PUC, 1982, mimeo; Octavio Ianni, "O Estado e o Trabalhador Rural"; *Contexto,* n° 4, São Paulo, 1977, pp. 1-15.

[5] Ruy Cirne Lima, *Pequena História Territorial do Brasil (Sesmarias e Terras Devolutas),* Porto Alegre, Edição Sulina, 1954; Instituto Nacional de Colonização e Reforma Agrária (INCRA), *Vade-Mecum Agrário,* 7 vols., Brasília, Centro Gráfico do Senado Federal, 1978. Cabe destacar: Lei n° 601, de 18 de setembro de 1850; Decreto n° 19.924, de 27 de abril de 1931; Decreto-Lei n° 9.760, de 5 de setembro de 1946; Lei Delegada n° 11, de 11 de outubro de 1962; Lei n° 4.504, de 30 de novembro de 1964; Decreto-Lei n° 1.110, de 9 de julho de 1970; e Lei n° 6.383, de 7 de dezembro de 1976.

local se decida a lançar mão de suas relações políticas para apossar-se de terras dos índios. Duas expectativas muito claras estão implícitas nestes documentos: a de que a população indígena tende a diminuir até o completo desaparecimento e a de que os índios acabarão por integrar-se na população sertaneja, na condição de lavradores sem terras... A pacificação de uma tribo tem representado sempre a redução de seu território de caça e coleta, invadido por extratores de produtos da mata, agricultores ou criadores de gado, conforme a economia dominante na região".[6] Nem a FUNAI encaminhou soluções satisfatórias. O que sobra das terras indígenas são terras ameaçadas. "A situação das terras indígenas pode ser definida, de modo geral, como situação que envolve três características: terras *ameaçadas* de invasão pelos brancos, sobretudo grandes fazendas e empresas; terras *griladas,* cuja posse pelo não-índio ainda depende de regularização; e terras *expropriadas,* cuja posse e domínio já estão legalmente nas mãos de brancos... À medida que se deteriora a forma de ocupação e utilização da terra pelo índio, como consequência da sua invasão e incorporação por fazendas e empresas, também se deteriora a sua *identidade tribal.* A destruição do espaço do índio destrói também as condições de reprodução do seu *modo de ser...* Mesmo as terras devolutas e as terras indígenas já estão no cálculo do capital."[7]

A luta pela terra, no Brasil, vem de longe. E agrava-se em certas épocas. Há frequentes surtos mais ou menos intensos de pendências e conflitos. Provavelmente têm relação com os surtos de expansão do capital no campo. A entrada do país na industrialização acelerada, com acentuada participação do poder estatal, parece ter inaugurado outra onda de pendências e conflitos. Na década dos 50, por exemplo, surgiu o movimento dos posseiros de Trombas e Formoso, em Goiás; movimento de grande significação social e política. Em termos diversos, mas também com significativas implicações sociais e políticas, surgiram os conflitos do Oeste paranaense. A construção da rodovia Belém-Brasília abriu outros focos de atritos. Depois, continuaram a repetir-se em diferentes regiões do país. Desde que entrou em nova fase o desenvolvimento extensivo e intensivo do capitalismo no campo, em

---

[6] Darcy Ribeiro, *A Política Indigenista Brasileira,* Rio de Janeiro, Serviço de Informação Agrícola, 1962, pp. 106-107.
[7] José de Souza Martins, *Expropriação e Violência (A Questão Política no Campo),* São Paulo, Ed. HUCITEC, 1980, pp. 153-155.

especial a partir da instalação da ditadura militar em 1964, reativaram-se antigas lutas e multiplicaram-se novas. As comunidades indígenas, os núcleos de posseiros, os bairros caboclos, as colônias, além de parceiros, meeiros, arrendatários, moradores e outros trabalhadores rurais, muitos passaram a enfrentar problemas quanto ao uso e posse das terras nas quais vivem e trabalham.

No Rio Grande do Sul, o colono descendente de imigrantes italianos, na área do vinho, diz que é uma grande coisa ter um pedaço de terra. Assim não se depende muito dos outros. "Porque quando eu tenho a terra eu faço por mim mesmo. Não tendo a terra, tem de andar debaixo do dono. Quer dizer, assim eu sou o dono. E assim estou vivendo na terra. Se não tivesse a terra não posso sustentar a família."[8] Em muitas partes do país, repete-se a reivindicação. Em São Paulo, segundo um boia-fria: "A situação melhorava se o governo desse um pedaço de terra para nós". Mas a ajuda não vem. O governo "não dá terra nem emprego".[9] Para o arrendatário, o problema é garantir a permanência na terra. "Porque nós queríamos era trabalhar, nós queríamos plantar para dar aos filhos para comer."[10] Em Minas Gerais o posseiro relata como chegou a violência. "Tinha feito pasto e plantava muita roça. Então chegou o pessoal da RURALMINAS. Invadiram a terra, puseram gado nas plantações. Foi uma tristeza. Muitos se apavoraram, venderam o que tinham e foram embora."[11] Em Goiás, outro posseiro fala da resistência em defesa da terra. "A reivindicação era só, única de todos. Nós não tínhamos latifúndio... olho grande. Eram todos os posseiros. A luta era contra o grileiro, contra o Estado, para legalizar a terra."[12] E o migrante fala do campo e da cidade. "A roça é mãe, você planta um pé de maxixe, uma semente de melancia, tudo já serve para os filhos. E na cidade se eu tiver dinheiro eu como, se não tiver, só

---

[8] José Vicente Tavares dos Santos, *Colonos do Vinho,* São Paulo, Ed. HUCITEC, 1978, pp. 136-137.
[9] Maria Conceição d'Incao e Mello, *O Boia-fria,* Petrópolis, Ed. Vozes, 1975, p. 138.
[10] Vera Lucia Michalany Chaia, *Os Conflitos de Arrendatários em Santa Fé do Sul – S.P.* (1959-1969), São Paulo, Universidade de São Paulo, 1980, p. 123, mimeo.
[11] Wanda Caldeira Brant Monteiro de Castro, *Jaíba: Expropriação e Colonização,* São Paulo, Universidade de São Paulo, 1982, cap. I, p. 19, mimeo.
[12] Maria Tereza Canesin Guimarães, *Formas de Organização Camponesa em Goiás* (1954-1964), São Paulo, Pontifícia Universidade Católica, 1982, p. 50, mimeo.

faço olhar."[13] Em Pernambuco continua a relação fundamental com a terra, como objeto e meio de trabalho. Um pequeno produtor sabe que "o problema da gente é terra, porque o sujeito tendo terra de tudo planta, planta milho, planta feijão, planta mandioca, planta inhame, planta essa coisa todinha... Toda riqueza sai da terra... A terra pode-se dizer que é o maior tesouro do mundo".[14] Como diz o galileu, "o que um fraco pode fazer sem um sítio? Só pode morrer, que é dali que ele tem seu pão de cada dia e o viver de sua família. Mesmo que o mundo se acabe, se ele tem sua terrinha tem onde viver e como viver."[15] No Estado do Amazonas, um pequeno produtor identifica as terras situadas às margens das estradas como melhores, valorizadas. Mas "essas são terras de barão. Quando abriram essa estrada, disseram que ia ter terra para os pequenos, que ia haver um loteamento para os agricultores que quisessem ocupar um lote de terra e tal. Quando abriram as inscrições já estava tudo tomado, e só por gente da cidade".[16] No Pará, a terra parece estar sempre em movimento, como o posseiro que chega e parte; ele mesmo ou outro. "A terra não demove de nenhum lugar. É o povo que corre para todo lado. Pobre anda caçando destino, andando sempre caçando melhora. O velho meu pai parou no meio da viagem e eu continuei. A jornada do pobre é mudança. O pobre não tem sossego. Sempre a gente é tocado pela situação, procura lugar mais novo. Os mais fracos vão indo na frente, depois chegam os melhor um pouquinho de situação comprando da gente, depois chega a classe média comprando e a gente vai mais para frente de novo. Quando chega o rico mesmo, toca mais para frente. E essa jornada da gente só termina quando a gente morre. Você fica no meio da viagem, os filhos seguem a jornada."[17]

---

[13] Cláudia Menezes, *A Mudança (Análise da Ideologia de um Grupo de Migrantes)*, Rio de Janeiro, Imago Editora, 1976, p. 72.
[14] Beatriz Maria Alásia de Heredia, *A Morada da Vida (Trabalho Familiar de Pequenos Produtores do Nordeste do Brasil)*, Rio de Janeiro, Ed. Paz e Terra, 1979, pp. 144 e 150.
[15] Elide Rugai Bastos, *Ligas Camponesas (Estudo sobre a Luta dos Camponeses em Pernambuco)*, São Paulo, Universidade de São Paulo, 1980, p. 56, mimeo.
[16] Ernesto Renan Melo de Freitas Pinto, *Os Trabalhadores da Juta (Estudo Sobre a Constituição da Produção Mercantil Simples no Médio Amazonas)*, Porto Alegre, Universidade Federal do Rio Grande do Sul, 1982, pp. 81-82, mimeo.
[17] Maria Antonieta da Costa Vieira, *Caçando o Destino (Um Estudo sobre a Luta de Resistência dos Posseiros do Sul do Pará)*, São Paulo, Pontifícia Universidade Católica, 1981, p. 26.

Ao longo dos anos, multiplicaram-se as pendências, brigas, tocaias, emboscadas, enfrentamentos, combates armados de maiores proporções. Simultaneamente, surgiram movimentos sociais: uns de base religiosa; outros mais propriamente políticos, como os dos posseiros de Trombas e Formoso, os galileus de Pernambuco, os arrendatários de Santa Fé do Sul. Também surgiram sindicatos e partidos, buscando organizar e orientar os trabalhadores em suas pendências e conflitos. Inclusive as mais diversas agências governamentais passaram a fazer parte das controvérsias: policiais, militares, executivo, judiciário, bancos, superintendências, planos, programas, projetos. Assim, sindicatos, partidos, igrejas e agências do poder estatal mesclam-se com os movimentos sociais rurais.

Está em marcha uma espécie de revolução agrária, provocada pelo crescimento extensivo e intensivo do capitalismo no campo, espraiando-se da cidade. Desenvolvem-se as forças produtivas, isto é, o capital, a tecnologia, a proletarização, a divisão do trabalho, o planejamento governamental; e as relações de produção, compreendendo principalmente a monopolização da terra, em termos de propriedade e exploração. Esse é o quadro no qual a luta pela terra recoloca o problema clássico da relação entre o homem e a terra, sociedade e natureza. "A bondade das condições naturais não faz senão oferecer a *possibilidade,* nunca a *realidade,* do trabalho excedente e, portanto, da mais-valia ou do sobreproduto... Com *as forças produtivas do trabalho oferecidas pela natureza* ocorre o mesmo que com as forças produtivas historicamente desenvolvidas, *sociais:* são consideradas como *forças produtivas do capital,* às quais se incorporam".[18] À medida que caminha a acumulação originária, em suas implicações estruturais, a mercantilização da terra, a produção para o mercado em lugar da produção para o autoconsumo, nesse percurso a terra se constitui como objeto e meio de produção de capital. Transforma-se em força produtiva do capital. "A agricultura transforma-se mais e mais em simples ramo da indústria e é dominada completamente pelo capital. A mesma coisa ocorre com a renda da terra. Em todas as formas em que domina a propriedade fundiária, a relação com a natureza é ainda preponderante. Naquelas em que domina o capital, o que prevalece é

---

[18] Karl Marx, *El Capital,* 3 tomos, trad. de Wenceslao Roces, Fondo de Cultura Económica, México, 1946-47, tomo I, pp. 566-567.

o elemento produzido social e historicamente. Não se compreende a renda da terra sem o capital, entretanto compreende-se o capital sem a renda da terra. O capital é a potência econômica da sociedade burguesa, que domina tudo. Deve constituir o ponto inicial e o ponto final e ser desenvolvido antes da propriedade da terra. Depois de considerar particularmente um e outro, deve-se estudar sua relação recíproca."[19]

As classes sociais no campo aparecem como condição e produto da revolução agrária. Desenvolvem-se, em termos quantitativos e qualitativos, o proletariado, o campesinato, a pequena burguesia e a grande burguesia; além de uma tecnocracia mais ou menos importante, composta de engenheiros agrônomos, veterinários, administradores, economistas, gerentes e outros profissionais. Simultaneamente, intensificam-se e diversificam os laços entre a cidade e o campo, a indústria e a agricultura, as classes sociais urbanas e rurais, os movimentos sociais e os sindicatos e partidos políticos. Está em marcha a transformação do trabalhador rural em cidadão; da mesma maneira que a generalização das classes sociais e os seus antagonismos.

Formas da terra

A terra que está em causa não é uma só, homogênea. Ao contrário, é diversa, múltipla. São diferentes as formas sociais da terra, da organização das atividades produtivas, reveladas pelas pendências e conflitos. Há núcleos indígenas, caboclos, sitiantes, posseiros e outros que podem estar voltados principalmente para o autoconsumo, a subsistência dos seus membros. Outros ainda combinam a produção para o comércio e subsistência. Assim como há aqueles que se dedicam totalmente à produção de mercadorias. E são muitos os casos de produção bastante tecnificada, com base em máquinas e equipamentos, fertilizantes e defensivos. Todas essas e outras modalidades situam-se no âmbito de um sistema econômico baseado em fazendas, cooperativas, latifúndios,

---

[19] Karl Marx, *Elementos Fundamentales para la Crítica de la Economia Política (Borrador) 1857-1858*, 3 vols., trad. de José Aricó, Miguel Murmis e Pedro Scarón, Siglo Veintiuno Editores, México, 1971, vol. 1, p. 28. Aproveito a tradução feita por José Arthur Giannotti e Edgar Malagodi: Karl Marx, "Introdução à Crítica da Economia Política", publicada no volume *Marx,* da coleção "Os Pensadores", São Paulo, Ed. Abril, 1974, pp. 127-128.

empresas, agroindústrias. Marcando as tendências principais do todo, compreendendo o campo e a cidade, está o grande capital industrial e financeiro, com fortes articulações nos movimentos internacionais do capital. "Em todas as formas de sociedade se encontra uma produção determinada, superior a todas as demais, e cuja situação aponta sua posição e influência sobre as outras. É uma luz universal de que se embebem todas as cores e que as modifica em sua particularidade. É um éter especial, que determina o peso específico de todas as coisas, emprestando relevo a seu modo de ser."[20]

Essa iluminação e influência ocorre com as terras tribais, devolutas, ocupadas, griladas e tituladas; que compreendem comunidades, sítios, cooperativas, fazendas, latifúndios, empresas; terras boas e fracas; próximas e distantes de rios, rodovias, ferrovias, mercados, concentrações urbano-industriais. Situam-se nas travessias das marchas para oeste, frentes de expansão, pioneiras, fronteiras. Há surtos do capital que se espraiam longe, em terras-do-sem-fim, lonjuras. Agora, a fronteira está acabando na Amazônia, mas já andou pelo Oeste paulista, Oeste paranaense, Sul de Mato Grosso, na travessia da Belém-Brasília ao longo de Goiás. Cada forma social da terra compreende um modo de intercâmbio do homem com a terra, da sociedade com a natureza. São múltiplas as possibilidades de organização social da produção, ainda que amplamente articuladas pelo mercado, iluminadas pelos movimentos do capital. Mesmo assim, no entanto, persistem, ou mesmo aumentam, as diversidades. Sob tais condições, a terra não é nunca uma só, homogênea, a mesma.

A colonização também altera, ou define mais nitidamente, certas formas sociais da terra. A história da colonização mostra que ela pode ser espontânea ou dirigida, particular ou governamental. Combina pequenas unidades camponesas, cooperativas, empresas agrícolas ou empreendimentos agroindustriais complexos. Em suas diversas modalidades, portanto, a colonização implica diferentes maneiras de organização do trabalho e da propriedade. Em geral, a colonização dirigida estabelece fortes laços entre os trabalhadores agrícolas – colonos, cooperados e assalariados permanentes e temporários – com a produção

---

[20] Karl Marx, Elementos Fundamentales..., op. cit., vol. 1, pp. 27-28. Aproveito a tradução feita por José Arthur Giannotti e Edgar Malagodi: Karl Marx, "Introdução à Crítica da Economia Política", publicada no volume Marx, da coleção "Os Pensadores", São Paulo, Ed. Abril, 1974, p. 127.

de mercadorias; o que implica o mercado, o sistema bancário e as agências governamentais. Para os interesses predominantes no Estado brasileiro, no qual a agricultura se acha amplamente subordinada ao grande capital industrial e financeiro, a colonização compreende uma parte importante da reforma agrária possível, conveniente ou tolerável pelo bloco de poder.

Em geral, a luta pela terra compreende diferentes modalidades de movimentos sociais. As pendências, brigas, emboscadas, tocaias, enfrentamentos, conflitos armados de maiores proporções baseiam-se, na maioria dos casos, em alguma reação grupal ou coletiva mais ampla. Mobilizam forças, experiências, valores, ideais, reivindicações de alguns ou muitos. No mesmo sentido podemos falar dos movimentos de base religiosa, que também mobilizam as experiências sociais e o patrimônio cultural de alguns ou muitos. É verdade que a maioria dos movimentos sociais, religiosos e políticos compreende o intercâmbio entre a cidade e o campo, entre as reivindicações locais e regionais com as nacionais. E isso frequentemente modifica o seu caráter, força ou condições de desenvolvimento. As igrejas e os partidos às vezes entram na organização e luta segundo as condições próprias do movimento social que se acha em questão; outras vezes trazem novos elementos, dados, experiências, alargando e definindo melhor a direção da luta; mas também podem divorciar bases e direção, superpondo-se ou impondo-se ao movimento. Além disso, as forças adversas aos camponeses, operários, índios, posseiros e outros que formam o movimento passam a fazer parte das pendências e conflitos. Isso ocorreu, por exemplo, com as ligas camponesas, os galileus de Pernambuco e outros camponeses, desbaratados pela ditadura militar em 1964. "As classes dominantes vão reaglutinar-se, e a resposta aos movimentos sociais agrários vai ser dada via Estado capitalista, através de uma política coerente com as necessidades do capital – consubstanciada pelo Estatuto da Terra e pelo Estatuto do Trabalhador Rural – e através da repressão aos movimentos sociais no campo."[21] Tanto no Nordeste como em outras

---

[21] Elide Rugai Bastos, *Ligas Camponesas (Estudo sobre a Luta dos Camponeses em Pernambuco)*, Universidade de São Paulo, São Paulo, 1980, p. 166, mimeo. Quanto às ligas camponesas, consultar também: Francisco Julião, *Que São as Ligas Camponesas?*, Rio de Janeiro, Ed. Civilização Brasileira, 1962; Fernando Antonio Azevedo, As *Ligas Camponesas,* Rio de Janeiro, Editora Paz e Terra, 1982.

regiões do país, os governantes mudaram alguma coisa para nada modificar. Assim caminhou a "reforma agrária" conveniente e tolerável pelo bloco de poder. "Às reivindicações e à mobilização camponesa, a burguesia respondia com propostas de alterações marginais na estrutura fundiária, apoio à colonização, maior severidade na tributação, através de reformulação no Imposto Territorial Rural, intervenção nas áreas de tensão com distribuição de terras públicas, regulamentação de relações tensas como a parceria e o arrendamento, estímulos à formação de uma classe média rural etc., mas sempre enfatizando o respeito às formas vigentes de propriedade."[22] Passando por fases duríssimas de repressão, os movimentos camponeses continuam ou ressurgem. "As lutas camponesas destes últimos anos forçaram o governo a fazer uso frequente do dispositivo do Estatuto da Terra que prevê a desapropriação por interesse social em caso de tensões sociais, pois as tensões tornaram-se diárias."[23] Na Amazônia, Nordeste, Sul e outras regiões do país continuam as pendências e os conflitos. No Sul do Pará, posseiros e proprietários envolvem-se em "constantes escaramuças, com mortes de ambos os lados. Pela primeira vez, pistoleiros também eram mortos por posseiros, antes vítimas constantes".[24] No Estado do Rio de Janeiro, ocorre "uma intensa mobilização de trabalhadores rurais", que lutam "pela libertação das terras paradas e presas nas mãos dos grandes proprietários".[25] Também no Rio Grande do Sul continua a luta. "Pode-se reconhecer nos movimentos camponeses recentes no Sul a expressão de uma resistência do campesinato ao processo capitalista de exploração de seu produto, bem como de uma luta acirrada pela preservação e conquista da terra... O campesinato do Sul retoma a luta pela terra e contra a concentração da propriedade fundiária, confronta-se com a política agrícola e com a dominação das agroindústrias."[26]

---

[22] Leonilde Servolo de Medeiros, *A Questão da Reforma Agrária no Brasil: 1955-1964*, São Paulo, Universidade de São Paulo, 1982, p. 137, mimeo.
[23] José de Souza Martins, *Os Camponeses e a Política no Brasil*, Petrópolis, Ed. Vozes, 1981, p. 99.
[24] Lúcio Flávio Pinto, "Conflitos de Terras no Sul do Pará", *Reforma Agrária*, vol. 12, nº 2, Campinas, 1982, pp. 3-12; cit. p. 12.
[25] Eliane Cantarino O'Dwyer, "Expropriação e Luta dos Camponeses Fluminenses", *Reforma Agrária, op. cit.*, pp. 13-25; cit. pp. 13 e 25.
[26] José Vicente Tavares dos Santos, "Movimentos Camponeses no Sul: Produto e Terra (1978-1981)", *Reforma Agrária*, vol. 12, nº 3, Campinas, 1982, pp. 30-54; cit. p. 54.

Na prática, as pendências e conflitos relativos à terra caracterizam a marcha da reforma agrária que se realiza no Brasil. Uma reforma agrária de fato, segundo o jogo dos antagonismos e lutas de classes no campo e cidade; conforme os interesses de um bloco de poder no qual sobressai a grande burguesia industrial e financeira. Fazendo uma síntese, talvez seja possível afirmar que a controvérsia sobre a reforma agrária levanta principalmente duas tendências: os que reivindicam a divisão da terra, atribuindo as parcelas a trabalhadores rurais como posseiros, parceiros, meeiros, arrendatários, moradores, assalariados e outros; e os que reivindicam a extensão das leis trabalhistas ao campo. Frequentemente as duas mesclam-se. Essa polarização vem de longos debates. "À luta pela reforma agrária opunha-se a pretensão de simplesmente estender às relações agrícolas os direitos trabalhistas urbanos."[27] Tratava-se de generalizar os dispositivos jurídicos mais efetivos na cidade, nas relações de produção prevalecentes na indústria. "Certas medidas como a elevação do imposto territorial, a sindicalização dos trabalhadores rurais, a regularização expressa dos contratos de arrendamento e parceria, o respeito aos direitos de cooperativas, a extinção das polícias privadas etc. são reconhecidas como exigíveis e necessárias, teoricamente, por quase todos."[28] Entretanto, seria indispensável levar em conta as condições locais e regionais, a fim de que trabalhadores rurais não acabassem prejudicados. Há formas sociais de organização do trabalho, da relação do homem com a terra, que se acham largamente sedimentadas. "Na economia da caatinga, a divisão da terra seria o tiro de misericórdia na economia, inclusive com a possível liquidação da pecuária. Reforma agrária, para o homem da rua, significa divisão da terra, eliminação do proprietário do latifúndio, eliminação da renda da terra. Se fizéssemos isso na caatinga, nós a despovoaríamos, desorganizando completamente a economia da região, o que seria grave erro. Dadas as condições ecológicas da caatinga e dado o tipo de técnica que ali se utiliza, a subdivisão das terras viria despovoá-la, porque nenhum homem pode subsistir na caatinga com uma propriedade pequena, mesmo média. Uma propriedade de 25 hectares, na região, somente provida de uma tomada de água pode

---

[27] José Cesar Gnaccarini, *Latifúndio e Proletariado (Formação da Empresa e Relações de Trabalho no Brasil Rural)*, São Paulo, Ed. Polis, 1980, p. 177.
[28] Manoel Correia de Andrade, *A Terra e o Homem no Nordeste,* São Paulo, Brasiliense, 1963, pp. 249-250.

subsistir. A unidade de produção na caatinga, para subsistir, precisa ser relativamente grande, pois as terras são pobres e, de certo modo, têm de compensar em quantidade sua deficiência qualitativa."[29] No mesmo Nordeste, assim como em outras partes do país, ao lado do debate sobre a divisão da terra, havia aqueles que se empenhavam em levar as leis trabalhistas ao campo; ou criar leis que atendessem às diversas formas de organização do trabalho na agricultura. Tratava-se de "retirar da polícia a função tradicional de instrumento de garantia dos privilégios seculares de uma minoria, criando, simultaneamente, condições para o livre exercício, por parte de todos, das franquias democráticas asseguradas pela Constituição" de 1946. O que estava em questão era "a defesa intransigente dos direitos dos trabalhadores das cidades e dos campos", levando em conta a "pressão de baixo para cima, gerada pela ampla camada de trabalhadores rurais que não mais suportava as condições em que vivia".[30]

Na prática, entretanto, os movimentos relativos à reforma agrária em geral puseram em causa o pacto industrial-agrário que dominou o Estado brasileiro desde 1930 a 1964; e o pacto mais estritamente industrial dominante desde 1964. "O debate entre os setores que defendiam a reforma agrária como instrumento urgente para ampliar o mercado interno e, assim, acelerar o desenvolvimento industrial e os que viam a reforma agrária como uma questão de preparo adequado do trabalhador, era entremeado por argumentos que revelavam a questão política fundamental informadora do discurso: tratava-se do crescimento da organização do movimento camponês, que gerava a necessidade de que se tomassem medidas urgentes para conter o seu potencial."[31] Tanto a partir das suas raízes propriamente agrárias como em suas expressões mais urbanas, no âmbito dos movimentos sociais rurais e dos partidos políticos basicamente urbanos, o debate sobre a reforma agrária colocava questões tais como as seguintes: conquista dos direitos de cidadania pelo trabalhador rural; desenvolvimento das classes sociais

---

[29] Celso Furtado, *A Operação Nordeste,* Rio de Janeiro, Instituto Superior de Estudos Brasileiros, 1959, p. 57.

[30] Miguel Arraes, *Palavra de Arraes,* Rio de Janeiro, Ed. Civilização Brasileira, 1965, pp. 101-104. Quanto às discussões sobre a reforma agrária, consultar também: José Gomes da Silva, *A Reforma Agrária no Brasil,* Rio de Janeiro, Zahar Editores, 1971.

[31] Leonilde Servolo de Medeiros. *A Questão da Reforma Agrária no Brasil, op. cit.,* pp. 119-120.

no campo; questionamento dos interesses agrários prevalecentes no bloco de poder. "As reivindicações camponesas, expressas através de lutas intensas e disseminadas em todo o território nacional, referiam-se quer à posse da terra, quer aos direitos estabelecidos pelas próprias regras consuetudinárias, apontando para a criação, no processo de lutas, de novos direitos. Confrontavam-se, assim, por um lado, com o capital que expulsava posseiros, arrendatários, colonos e moradores e, por esse caminho, rompiam os padrões estabelecidos de relações entre as classes; por outro questionavam a chama 'pax agrária', fundamento do poder econômico e político dos proprietários fundiários."[32]

A terra é múltipla. Mesmo quando se acha sob forte influência do capital, continua diversa, heterogênea. Expressa distintas maneiras de intercâmbio dos homens entre si, da sociedade com a natureza. As formas pelas quais os homens trabalham a terra conferem distintas formas à terra.

Em perspectiva histórica e teórica ampla, pode-se dizer que no Brasil a luta pela terra expressa a influência de três formas de organização do capital. Naturalmente não se excluem; ao contrário, parecem combinar-se, ainda que em diferentes composições, em termos de desenvolvimento desigual e combinado.

A *acumulação originária* compreendida principalmente como um processo estrutural (e não apenas em termos da gênese do capital) tem sido responsável pela extensa e intensa monopolização de terras devolutas, tribais, ocupadas e outras. Isso implica a transformação, ou rearranjo, das relações entre índios, sitiantes, caboclos, posseiros e outros trabalhadores rurais com a terra, enquanto objeto e meio de produção. Generaliza-se o divórcio entre os produtores e a propriedade dos meios de produção. E intensifica-se a violência privada e pública, de modo a favorecer a monopolização da terra, a proletarização de trabalhadores rurais, inclusive índios.

A *fazenda* compreende uma forma de organização da propriedade da terra. Inexplorada, semiexplorada ou amplamente aproveitada em

---

[32] Leonilde Servolo de Medeiros, *op. cit.*, pp. 129-130. Consultar também: Abdias Vilar de Carvalho, "Reforma Agrária: União e Cisão no Bloco Agrário-Industrial", em Maria N. B. Wanderley, Vilma Figueiredo, Luzia A. C. G. Pinto e Abdias V. Carvalho, *Reflexões Sobre a Agricultura Brasileira*, Rio de Janeiro, Ed. Paz e Terra, 1979, cap. 4; Bernadete W. Aued, *A Vitória dos Vencidos*, Campina Grande, Universidade Federal da Paraíba, 1981, mimeo.

cultivo ou pecuária, a fazenda expressa uma relação específica do homem com a terra. O latifúndio, enquanto grande extensão, pouco ou nada explorado, coloca-se de permeio à fazenda de café, cacau, cana, gado e outras produções; acha-se nesse mesmo universo de forças produtivas e relações de produção, como um dos seus polos. No entremeio há sítios, posses, moradores, colonos, agregados, índios, caboclos. Nesse contexto também bastante diversificado, mesclam-se grupos e classes sociais: fazendeiros, latifundiários, coronéis, mandões, moradores, colonos, arrendatários, parceiros, meeiros, agregados, camaradas. Aqui combinam-se a subordinação formal e a real do trabalho ao capital.

A *empresa agroindustrial* é outra forma de organização da relação do homem com a terra. Agora é bastante acentuada a tecnificação do trabalho e da organização do processo produtivo: máquinas e implementos, fertilizantes e defensivos, agrônomos e veterinários, químicos e administradores, sociólogos e assistentes sociais. Neste caso, predomina a subordinação real do trabalho ao capital, o que compreende o desenvolvimento das classes sociais no campo. A burguesia, o operário rural, ao lado de um campesinato bem diversificado, constituem categorias sociais importantes no campo, na relação do campo com a cidade.

Essas três formas marcantes de desenvolvimento do capital, de intercâmbio do homem com a terra, compreendem uma larga variação de formas de organização social da produção. Compreendem o desenvolvimento desigual e combinado de formas de trabalho e produção. Combinam-se comunidades indígenas e fazendas, posseiros e latifundiários, sítios e empresas agroindustriais.

A humanização da terra pelo trabalho

É no processo de trabalho que o homem entra em intercâmbio com a terra, apropriando-se dela. A terra transforma-se em uma vasta despensa de meios de vida e imenso arsenal de instrumentos de trabalho na medida em que é inserida no processo de produção. Entretanto, conforme se desenvolve o intercâmbio entre o homem e a terra, ocorrem distintas metamorfoses da terra. Isto é, as formas de trabalho, enquanto formas de produção e reprodução, criação e recriação, constituem a terra sob diferentes fisionomias. O intercâmbio do homem com a natureza revoluciona a natureza, ao mesmo tempo que modifica o homem. Modificam-se as condições de criação e recriação da vida: da terra e do homem.

O que está em causa é a revolução que a indústria provoca na agricultura. Modifica-se o metabolismo entre o homem e a terra, na medida em que as formas de produção agrária são subordinadas ao capital, em modo extensivo e intensivo. Cada vez mais largamente, o tempo do capital, a duração do ciclo de reprodução do capital industrial, invade o ciclo sazonal, o tempo das estações. A natureza se determina, em escala maior, pelos movimentos do capital. "É na órbita da agricultura que a grande indústria tem uma eficácia mais revolucionária", ao destruir, subordinar ou recriar diferentes formas de organização da vida e trabalho. Paulatinamente, ou de maneira abrupta, "as necessidades de transformação e os antagonismos do campo nivelam-se aos da cidade". A exploração do campo baseia-se cada vez mais na "aplicação tecnológica e consciente da ciência". Sob o regime do capital, criam-se "as condições materiais para uma nova e mais alta síntese, ou coordenação, da agricultura e indústria, sobre a base de suas formas desenvolvidas, em um sentido antagônico. Ao crescer de maneira incessante o predomínio da população urbana, concentrada em grandes centros, a produção capitalista acumula, de um lado, a força histórica motriz da sociedade, enquanto que, de outro lado, perturba o metabolismo entre o homem e a terra; isto é, o retorno à terra dos elementos desta consumidos pelo homem em forma de alimento e vestuário, que constitui a condição natural eterna sobre a qual repousa a fecundidade permanente do solo. Ao mesmo tempo, destrói a saúde física dos operários. Simultaneamente, ao destruir as bases primitivas e naturais daquele metabolismo, obriga a restaurá-lo sistematicamente, como lei reguladora da produção social e sob uma forma adequada ao pleno desenvolvimento do homem... Além do mais, todos os progressos realizados pela agricultura capitalista não são apenas progressos na arte de *exaurir o operário,* mas também na arte de *exaurir a terra.* E cada passo que se dá na intensificação da sua fecundidade, dentro de um período de tempo determinado, é, por sua vez, um passo que se dá no esgotamento das fontes perenes que alimentam essa fecundidade... Portanto, a produção capitalista só sabe desenvolver a técnica e a combinação da produção minando, ao mesmo tempo, as duas fontes originais de toda riqueza: *a terra e o homem"*.[33] Essas são as condições sob as quais a terra é retirada da natureza, humanizada. Sob as condições capitalistas de produção, o capital tende a exaurir e refazer periodicamente a terra. Ao mesmo tempo que é trabalhada, exaurida e recriada, transforma-se em relação social, adquire diversas formas sociais. Deixa de ser inocente, transforma-se em história. A partir da larga e intensa incorporação pelo capital, transformam-se também as condições de luta pela terra. As relações e as divergências das classes estendem-se da cidade ao campo e do campo à cidade. Da mesma maneira que se generaliza o predomínio do capital e da burguesia, generaliza-se a classe operária. Também o campesinato se transforma: proletarizando-se; seguindo adiante, em busca de outras terras; ou sendo recriado pelas exigências da produção mercantil. Alargam-se as contradições de classes, no âmbito dos movimentos sociais e partidos políticos. As mesmas relações de produção que realizam a subordinação do campo à cidade, da agricultura à indústria, da terra ao capital, realizam o desenvolvimento das classes sociais em escala nacional. Aí começa outra história.

---

[33] Karl Marx, *El Capital,* 3 tomos, trad. de Wenceslao Roces, Fondo de Cultura Económica, México, 1946-47, tomo I, pp. 553-555; citação extraída do cap. XIII, intitulado "Maquinaria e Grande Indústria", item 10, sobre "A grande indústria e a agricultura".

TERCEIRA PARTE

Agricultura e Estado

A crise do café e a Revolução de 1930*

Duas razões, em especial, tornaram a Grande Depressão econômica dos anos 1929-33 um dos acontecimentos mais importantes do século 20. Em primeiro lugar, a crise revelou, de modo indiscutível, algumas falhas graves do sistema de mercado. E por decorrência, pôs a descoberto o caráter precário dos princípios do liberalismo econômico. Daí surgiram as novas modalidades de intervencionismo estatal na economia de mercado. E também criaram-se as condições intelectuais a partir das quais John Maynard Keynes pôde escrever a *Teoria Geral do Emprego, do Juro e do Dinheiro,* em que se elaboram os novos princípios da economia política do capitalismo.

Em segundo lugar, a Depressão precipitou acontecimentos políticos importantes, em muitos países. Nos Estados Unidos, por exemplo, o "espectro do comunismo" afligiu muita gente. E o Partido Republicano perdeu o poder para o Partido Democrático, quando Franklin D. Roosevelt sucedeu a Herbert C. Hoover. Enquanto isso, nos países da América Latina, os anos da crise foram tempos de golpes, quarteladas e revoluções, quando se substituíram, de modo ilegal ou violento, muitos governantes.

---

* Inédito, escrito em 1969. Os dados e as citações deste trabalho foram extraídos das obras mencionadas na bibliografia registrada ao final deste capítulo.

No caso particular do Brasil, a Grande Depressão produziu efeitos também notáveis, tanto nas atividades econômicas como na situação política. No plano econômico, põe a descoberto (mais uma vez e de modo quase catastrófico) as limitações mais graves da "economia primária exportadora". Na esfera política, precipita o fim do Estado Oligárquico em vigor durante as três primeiras décadas do século.

Em poucas palavras, a Grande Depressão não deve ser entendida como a *causa* exclusiva de graves acontecimentos econômicos e políticos. Quando examinada com atenção, verifica-se que ela revelou, ou fez com que se precipitassem, acontecimentos que já estavam germinando anteriormente.

Anos de prosperidade

Depois da Primeira Grande Guerra (1914-18), a economia mundial entrou em franca expansão. É verdade que em 1920 houve uma recessão econômica. Mas foi logo controlada e superada. Em seguida, a economia internacional expandiu-se sem interrupção. A reconstrução econômica do pós-guerra realizava-se com êxito. E nos países industrializados, que não haviam sofrido danos de guerra, as atividades produtivas expandiram-se com rapidez.

Nesses anos, a prosperidade geral provocou grande otimismo, tanto com relação aos assuntos econômicos como relativamente às questões políticas. A guerra civil havia sido conjurada na Alemanha, na Itália e em alguns outros países europeus. Salvo a Rússia, que havia sido subtraída do mundo capitalista, as outras nações (industrializadas ou não, dominantes ou dependentes) mantinham-se no mundo capitalista.

Ao restabelecer-se o comércio internacional (após a guerra), os Estados Unidos se encontravam em uma posição privilegiada, como produtores de manufaturados. Dispunham de um parque industrial moderno, que não havia sido prejudicado pelas destruições da guerra. Ao contrário, o seu parque industrial se havia dinamizado, em consequência das exigências da economia de guerra. A verdade é que, como um resultado importante da Primeira Guerra Mundial, os Estados Unidos se tornaram o principal centro econômico no mundo capitalista. E a Bolsa de Valores de Nova Iorque já havia superado as de Berlim e Paris, rivalizando-se com as de Amsterdam e Londres.

Assim, na década dos 20 a economia norte-americana prosperou de forma excepcional. Nesses anos, a produtividade por pessoa cresceu mais de 30%. Entre 1926 e 1929 a produção de automóveis cresceu mais de um milhão, passando de 4.301.000 para 5.358.000 unidades. (E note-se que algumas décadas depois, em 1953, a produção norte-americana de automóveis estava ainda em 5.700.000 unidades.) É claro que, como consequência da expansão dos negócios nos anos 20, o desemprego reduziu-se a níveis mínimos.

Nesse ambiente de prosperidade e otimismo, floresceram novas modalidades de negócios. Multiplicaram-se as corporações, em detrimento das empresas de propriedade individual ou familiar. Em outros termos, ocorre uma acentuada concentração do capital. Assim, os mecanismos de mercado passam a funcionar segundo novas condições. As ações das grandes empresas e corporações passam a ser elementos essenciais do sistema econômico.

Entretanto, ainda nesse ambiente de euforia, verificaram-se duas pequenas recessões na economia norte-americana. Em 1924 e nos anos 1926-27 houve queda nos preços por atacado e aumentou o desemprego. Ambas foram logo controladas e superadas. Não causaram maiores preocupações nos jogadores da bolsa, empresários, diretores de corporações e governantes. O clima de otimismo e a expansão contínua dos negócios faziam com que todos continuassem a confiar bastante nos mecanismos de mercado. Conforme disse o Presidente Coolidge, em sua última mensagem sobre o estado da União, a 4 de dezembro de 1928, o país pode "encarar o presente com satisfação e antecipar o futuro com otimismo".

É verdade que alguns economistas falavam em riscos de crise econômica grave; mas não eram ouvidos. No dia 5 de setembro de 1929, Roger W. Babson predizia que "uma depressão está se aproximando, e pode ser muito grave, provocando uma queda de 60 a 80 pontos no barômetro Dow-Jones". Esses cassandras não foram ouvidos.

A Grande Depressão

De repente, o mercado de ações começou a comportar-se de modo inesperado. Em seguida, transformou-se em algo insólito. No dia 23 de outubro houve uma queda espetacular no preço das ações. No dia seguinte, cerca de 13 milhões de ações mudaram de mãos, o que tornou o dia 24 de outubro de 1929 conhecido como a "Quinta-Feira Negra".

Assim, em 1929, o preço das ações ao portador caíram aproximadamente tanto quanto previra Roger W. Babson. As ações da Electric Bond & Share, por exemplo, caíram de 189 a 50. E as da General Motors caíram de 91 ¾ para 33 ½. Em 1932, no entanto, quando a crise já avançara bastante, os preços das ações dessas companhias haviam chegado a 5 e 7 ⅝, respectivamente.

Em 1930 já havia quatro milhões e meio de desempregados nos Estados Unidos. Em 1932 estimavam-se em doze milhões os desempregados norte-americanos.

Nesse mesmo ano, havia seis milhões de desempregados na Alemanha, três milhões na Inglaterra e mais de um milhão na Itália. Tomando-se o conjunto dos países industrializados, estimava-se em cerca de 30 milhões os desempregados. Além disso, muitos dentre os operários empregados não trabalhavam mais do que 30 horas semanais; ou trabalhavam ainda menos.

Nessa época, entre 1929 e 1932, fecharam-se mais de 5.000 bancos nos Estados Unidos. E entraram em bancarrota os mundialmente conhecidos *Darmstadter und National Bank,* alemão, e *Kredit Anstalt,* de Viena.

É claro que caem drasticamente os preços por atacado das matérias-primas. A prosperidade dos anos 20 provocara a superprodução de produtos básicos como trigo, borracha, café, algodão, açúcar, cobre, prata, zinco etc. Então, com a crise econômica iniciada na Bolsa de Nova Iorque, caíram também os preços dessas mercadorias. O preço da libra de algodão em rama, por exemplo, cai de US$0,235, em 1925, para US$0,065, em 1932. Na mesma proporção caem os preços por atacado de praticamente todos os outros produtos, incluindo-se trigo, milho, lã, tabaco etc.

Em outras palavras, o comércio internacional contraiu-se de modo violento, seja quanto ao valor das transações, seja quanto ao volume das mercadorias negociadas. Assim, o valor das transações mundiais caiu de 5.350 milhões de dólares, em janeiro de 1929, para 1.785 milhões de dólares, em janeiro de 1933.

Consequências econômicas no Brasil

É claro que tanto as manifestações da crise econômica mundial como as medidas preventivas adotadas pelas nações dominantes tiveram efeitos profundos nas economias dos países dependentes. Em primeiro lugar, houve a queda no valor e no volume das exportações dos países produtores de matérias-primas e produtos tropicais. E esta já era (e é) a forma primeira pela qual a crise econômica, gerada nos centros dominantes, difundia-se (e difunde-se) para os países não industrializados, dependentes ou coloniais.

Em segundo lugar, as nações em que a depressão econômica havia sido gerada decidiram abandonar a política de livre comércio nas trocas internacionais. Os governos dos Estados Unidos, Inglaterra e das outras nações industrialmente avançadas aderem ao protecionismo alfandegário, como diretriz principal. Em cada caso, as nações dominantes adotam tarifas preferenciais, tendo em vista preservar as suas áreas de influência, os vínculos coloniais ou impérios. Assim, uma segunda forma de "exportação" da crise surge na realidade econômica dos países não industrializados da época.

É quase certo que essas foram as condições que levaram John Maynard Keynes a afirmar, ainda em 1936, o seguinte: "O comércio internacional deveria deixar de ser um expediente desesperado para a manutenção do emprego em casa, quando são forçadas as vendas e restringidas as compras nos mercados externos. Quando bem-sucedido, esse procedimento simplesmente transfere o problema do desemprego para o vizinho que se encontra em situação de inferioridade na luta".

A verdade é que a observação de Keynes apenas registrava o que era a prática corrente e antiga nas relações econômicas internacionais. O conhecimento dos mecanismos de transferência das crises para os países economicamente mais fracos não impedia que a Grande Depressão fosse, ao menos parcialmente, exportada também para as nações da América Latina. É nesse contexto que devemos compreender a queda havida nas exportações brasileiras durante a crise dos anos 30.

Além disso, convém lembrar, neste ponto, que após a Primeira Grande Guerra os Estados Unidos se haviam transformado nos principais compradores de mercadorias brasileiras, suplantando a Inglaterra. A verdade é que na década dos 20 as transações comerciais entre o Brasil e os Estados Unidos se haviam intensificado bastante. Por esse motivo, os mecanismos de transferência de alguns dos efeitos da crise funcionaram imediata e automaticamente, difundindo-se do centro dominante à nação fornecedora de matérias-primas e produtos tropicais. Na mensagem presidencial de 1930, dirigida ao Congresso Nacional,

Washington Luiz registrava o seguinte: "Os nossos principais produtos de exportação, como a carne em conserva, as lãs, as peles, o sebo, o açúcar, o cacau, a cera de carnaúba, o manganês, pedras preciosas, farelos, óleo, tiveram sensível depressão nos seus preços e no volume exportado. O algodão, as carnes congeladas, o xarque e o café tiveram maior número de toneladas na exportação, em comparação com o ano de 1928, mas não guardaram os preços proporcionais ao volume exportado, tendo sido vendidos alguns por preços mais baixos. (...) O café, pois, que contribuiu, na exportação de 1929, com 71%, foi o mais vitimado, com os seus preços baixos, de outubro em diante, em cerca de 40%".

De fato, o valor das exportações brasileiras caíra de modo drástico. Em 1928, elas haviam alcançado mais de 97 milhões de libras esterlinas, ao passo que em 1935 atingiam o seu ponto mais baixo, com pouco mais de 33 milhões de libras esterlinas. Em suma, nesses anos o valor das exportações brasileiras caíra cerca de 60%.

É claro que a queda havida no preço do café fora da mesma ordem. Uma saca de café passou de 5 libras ouro, em 1928, para 1,91, no ano de 1931. Aliás, o preço da saca continuou a depreciar-se nos anos seguintes, chegando em 1940 a 0,85 da libra ouro.

Como consequência, acumularam-se os estoques de café. O governo e os cafeicultores se viram diante de quantidades crescentes de café acumulado e invendável. Mais uma vez, o sistema de mercado criava, dentro de si mesmo, uma diabólica montanha de mercadorias. A recessão econômica mundial atingia a cafeicultura numa fase de aumento da produção. Em consequência, adotava-se a decisão de queimar os excedentes. Assim, nos anos de 1931-33 queimaram-se mais de 25 milhões de sacas de café. Entretanto, o governo brasileiro pagava ao cafeicultor uma parte do valor do café destinado à queima. Tratava-se de uma parcela que variava com a qualidade do café, oscilando entre 15, 30 e 40% do preço.

Esse foi um dos principais aspectos da orientação adotada pelo governo, para proteger o setor cafeeiro do colapso. Outro aspecto importante da política de defesa dos interesses econômicos e financeiros do setor foi a elevação da taxa cambial. Ao encarecer a moeda estrangeira, basicamente o dólar e a libra esterlina, o governo evitava que a renda dos cafeicultores, em moeda nacional, fosse reduzida na mesma proporção da queda havida nos preços das transações internacionais. É inegável que a manipulação da taxa cambial foi um recurso importante, para evitar que fosse abrupto e integral o impacto da crise econômica mundial sobre a cafeicultura.

Em consequência, as plantações não foram abandonadas, a não ser em escala reduzida. A verdade é que a produção cafeeira se manteve alta e mesmo crescente nos anos da depressão. Isto significa que o sistema econômico-social continuou a funcionar, evitando-se também a convulsão social em grandes proporções.

O fim do Estado Oligárquico

Desde as primeiras décadas do século 20, o valor do café exportado anualmente representava mais de cinquenta% do valor total das exportações brasileiras. Nos anos imediatamente anteriores à crise de 1929-33, o café já representava mais de 70% do valor total das exportações do país. Por esse motivo, a queda no valor das exportações afetou imediatamente (entre outros setores da vida nacional) uma fonte muito importante de recursos para a administração pública federal. Em consequência, o programa de equilíbrio orçamentário e estabilização da moeda ficou prejudicado. O dilema em que se viu o presidente Washington Luiz foi o seguinte: a política financeira governamental havia sido planejada e posta em prática numa época de exportações normais e crescentes. No entanto, as condições básicas para que essa política fosse mantida se haviam alterado. A brusca redução no valor e no volume das exportações criava problemas de financiamento aos plantadores que poriam por terra a política financeira governamental. Conforme as palavras do próprio Washington Luiz: "Entre nós, como o café é quase tudo, pode-se afirmar que, se a estabilização é indispensável ao café, o café, por sua vez, é indispensável à estabilização". Em plena crise, o presidente da República pensava os dados da situação em termos de uma possível conciliação com os seus compromissos dos tempos de normalidade. Não queria admitir que o programa governamental de estabilidade e saneamento estava profundamente comprometido pelo desenrolar dos acontecimentos. Ou seja, queria manter a política oficial de defesa da cafeicultura nos termos em que havia sido formulada antes da crise de 29. Em consequência, viu-se cada vez mais criticado e hostilizado por aqueles cujos interesses mais imediatos estavam em jogo ou já haviam sido seriamente atingidos.

A verdade é que os plantadores e os exportadores de café procuraram socorrer-se dos governos estaduais (principalmente São Paulo e Minas Gerais). E estes governos, por sua vez, procuraram obter recursos financeiros na esfera federal. Todos forçavam a reformulação da política de defesa do café, já que as condições do mercado se haviam alterado de maneira drástica. Mas Washington Luiz negava-se a atender os pedidos de créditos para os plantadores de café. O presidente não queria abandonar, ou redefinir, os compromissos nacionais e internacionais anteriores, no plano das finanças públicas.

Na situação de emergência em que se encontrava, o governo do Estado de São Paulo recorreu a empréstimos externos. Empresta 20 milhões de libras esterlinas das casas *Schroeder, Baring Brothers, Rotschild* e *Speyer.* Mas não consegue realizar o seu programa de sustentação da cafeicultura. Ou a crise ganhara proporções e velocidade imprevistas ou o plano havia sido mal concebido e executado.

Nesse contexto, os plantadores e políticos dos Estados cafeicultores sentiram-se divorciados do governo federal. A sucessão dos acontecimentos gerados, ou desenvolvidos, com a crise econômica preparava esses grupos sociais para se oporem politicamente a Washington Luiz ou às recomendações do partido governamental.

Além disso, a própria opinião pública também foi levada a responsabilizar o governo federal pelas dificuldades crescentes que os grupos sociais urbanos estavam encontrando. Conforme registrou Affonso Henriques: "E não tardou que, pela primeira vez na história brasileira, os trabalhadores se vissem na dolorosa emergência de apelar para a Cruz Vermelha para não morrerem de fome. E era de ver a fila imensa de esfomeados que, na orgulhosa São Paulo, esperavam pacientemente a sua vez de apanhar o seu prato de sopa... Quem seria culpado disso tudo, na opinião das massas incultas?". Pouco a pouco, não só o governo de Washington Luiz, mas também o estilo de governo oligárquico vigente nas primeiras décadas do século 20 foram discutidos e contestados. Mais uma vez, numa época de crise, mesclam-se e desenvolvem-se os processos políticos e econômicos.

É nesse contexto que a oposição representada pelo *Partido Democrático de São Paulo* e pela *Aliança Liberal,* de âmbito interestadual, adquiriu uma significação nova. Numa época em que o próprio Estado Oligárquico estava em crise (devido ao colapso das suas bases políticas e econômicas), as forças políticas da oposição e as forças políticas em formação nas cidades adquiriram significado excepcional. A famosa frase do deputado Sousa Filho de certo modo simboliza a situação existente, em que se mesclam razões políticas e econômicas, na luta pelo poder: "O café foi elevado, na campanha política, à categoria de marechal. É chamado o "Marechal Café".

Assim, confluem a crise política e a econômica. A política já se vinha gestando nos anos anteriores, desde 1917, quando houve uma grande greve operária em São Paulo; e 1922, quando ocorrem as primeiras manifestações políticas do *tenentismo*. As forças políticas que se sentiam afastadas do poder, devido às sucessivas vitórias dos candidatos governamentais (da oligarquia cafeeira), preconizavam a "reforma eleitoral", o encaminhamento da "questão social", a anistia aos presos políticos etc.

No plano econômico, essas mesmas forças da oposição preconizavam uma política cafeeira mais adequada às exigências da situação crítica em que todos se encontravam. Na Plataforma da Aliança Liberal (apresentada a 2 de janeiro de 1930, por Getúlio Vargas, então candidato à Presidência da República), a defesa e a valorização do café constituem temas fundamentais. Nesse documento, atribuiu-se um papel muito mais ativo ao Poder Público, no que diz respeito à preservação da cafeicultura. "Obtidas a redução dos gastos de produção e transporte, a diminuição de impostos e a supressão, tanto quanto possível, dos intermediários, que são os que mais ganham e cuja interferência a ação tutelar do Estado, por meio do Instituto respectivo, tornaria dispensável, o café, embora a preços eliminadores de qualquer concorrente, proporcionaria aos lavradores lucro, pelo menos tão compensador como os auferidos em virtude da valorização artificial e muito mais certo e sólido do que os desta."

Essas foram as condições em que se debateu a sucessão presidencial. Mas, a despeito dessas condições, o candidato oficial à Presidência da República (Júlio Prestes) ainda venceu. Entretanto, a vitória da máquina eleitoral do governo era já inaceitável para as forças da oposição. Em consequência, Washington Luiz foi deposto antes de empossar Júlio Prestes. Por intermédio da Revolução de 30, tornaram-se vitoriosas as forças políticas que se haviam formado e desenvolvido ao longo dos anos da chamada Primeira República.

Em certo sentido, a *cidade* venceu o *campo* com a Revolução de 30, numa vitória ainda precária. Em plano mais geral, a confluência das crises política e econômica havia preparado a liquidação do Estado Oligárquico no Brasil. Nos anos imediatamente posteriores a 30, o poder político não foi mais exercido em termos exclusivos. Desde então, plantadores e exportadores de café tiveram de repartir o poder político com outros grupos sociais.

Como decorrência dessas mudanças, às vezes profundas, já nos primeiros anos da década dos 30 foi criada uma nova legislação trabalhista, houve reformas no sistema nacional de ensino, criaram-se faculdades de ensino superior, tomaram-se medidas de política econômica de caráter nacionalista, pensou-se mais na industrialização etc. A verdade é que os grupos sociais urbanos (anteriormente fora do poder) passaram a contar com alguns representantes ou porta-vozes na esfera das decisões políticas.

Crise cafeeira e industrialização

Todos reconhecem que a Grande Depressão iniciada em 1929 modificou bastante o pensamento econômico e o significado da atuação do poder público na economia. Foi nessa ocasião que o liberalismo recebeu o golpe de misericórdia, como doutrina e prática. Aliás, essa situação foi muito bem simbolizada pela forma pela qual conduziram-se e foram substituídos os presidentes Herbert Hoover, nos Estados Unidos, e Washington Luiz, no Brasil. Nem um nem outro compreendeu que a crise era mais que um acontecimento corriqueiro, ainda que muito sério. Eles não compreenderam que se tratava de uma crise do próprio sistema de mercado, a qual exigia medidas excepcionais. E que essas medidas significavam, na prática, o abandono dos princípios do liberalismo.

Em síntese, a situação excepcional criada com a Grande Depressão demonstrava, mais uma vez, que os mecanismos de mercado não funcionavam de modo automático. Particularmente na situação crítica grave, o livre jogo dos fatores no mercado tendia a agravar as distorções. Nessa ocasião, produziram-se, ao mesmo tempo, a superprodução, o entesouramento e o desemprego em amplas proporções.

Devido a essas condições, o poder público foi levado a intervir mais abertamente nas atividades e relações econômicas. Assim, durante a Grande Depressão, o Estado passou a desempenhar papéis muito mais numerosos e ativos no processo econômico. Tanto nos Estados Unidos como no Brasil, o poder público abandonou a tarefa de simplesmente estabelecer "as regras do jogo" para operar ele mesmo nas atividades econômicas. É nesse contexto que foram criadas tanto a Política de

Boa Vizinhança (para as relações externas dos Estados Unidos) como a Tennessee Valley Authority (para estimular atividades produtivas internamente àquele país). São duas criações do governo Franklin D. Roosevelt, surgido da Grande Depressão.

É também no mesmo contexto que o nacionalismo econômico brasileiro adquire um contorno mais claro e passa a ser um dos elementos da atuação governamental na década dos 30. Simultaneamente, a reestruturação do aparelho estatal e da administração federal, após a Revolução de 30, confere ao Poder Público novas atribuições, quanto às atividades econômicas.

No caso brasileiro, as medidas adotadas para preservar o fluxo da renda no setor cafeeiro tiveram consequências muito importantes para a economia como um todo. Assim, a elevação da taxa cambial (isto é, o encarecimento do dólar), destinada precipuamente a manter os rendimentos dos plantadores de café, teve efeitos dinâmicos provavelmente inesperados para os autores da medida. Ao elevar-se a taxa cambial, o governo brasileiro encarecia a moeda estrangeira. Em consequência, encareciam as importações, que eram em maior parte de manufaturados. Essa situação levou parte da demanda interna a satisfazer-se com os similares nacionais. Na prática, estava ocorrendo o estímulo da produção manufatureira do país. Em síntese, ao desvalorizar a moeda nacional, o governo desencadeara uma sequência de reações, as quais se transformaram (numa das pontas do processo) em aumento da demanda de manufaturados nacionais.

É nesse sentido que a política de defesa e valorização do café desdobrou-se em efeitos dinâmicos sobre o nascente setor manufatureiro do país. Assim, o exercício das novas funções do Estado, em uma situação de crise, provocava novos desenvolvimentos das atividades produtivas. Em outras palavras, a ação governamental estava favorecendo a retenção de uma parcela maior do excedente econômico produzido no país.

As novas relações Brasil-Estados Unidos

No âmbito das relações interamericanas, a Grande Depressão precipitou mudanças também importantes. Essas mudanças ocorreram particularmente nas relações políticas e econômicas, consubstanciadas na Política de Boa Vizinhança, inaugurada pelo governo norte-americano.

No plano político, o governo dos Estados Unidos abandonou o método da ação direta e violenta, a chamada *big stick policy*, que vigorou nos anos 1890-1932. Devido às novas condições sociais e políticas em que se encontravam os países da América Latina e também devido às próprias mudanças políticas internas naquele país, o presidente Franklin D. Roosevelt (empossado em março de 1933) inaugurou a "política de não-intervenção"; isto é, a não-intervenção direta e violenta nos assuntos internos dos países latino-americanos. A verdade é que o enfraquecimento das posições inglesas, alemãs e francesas na América Latina havia criado condições mais favoráveis para o desenvolvimento do sistema interamericano, sob a liderança dos Estados Unidos. O passo seguinte, no âmbito político, foi o aparecimento de uma nova concepção de "segurança hemisférica", através da qual era preparado o sistema geopolítico que funcionaria quase que compactamente durante a Segunda Grande Guerra (1939-45).

No plano econômico, iniciou-se a prática dos acordos comerciais bilaterais, com a redução das tarifas. Pretendeu-se, dessa forma, disciplinar e intensificar o intercâmbio comercial, para a reativação das atividades econômicas. Foi nessa época, exatamente em 1934, que o governo norte-americano criou o Banco de Exportação-Importação. A finalidade do banco era realizar empréstimos aos governos latino-americanos que se achavam em dificuldade para reativar as suas transações comerciais externas. E a condição estipulada para a concessão de empréstimos era que os recursos financeiros e créditos assim obtidos fossem gastos em importações dos Estados Unidos; ou despendidos em aquisições de produtos das empresas norte-americanas que operavam na América Latina.

No espírito da política comercial inaugurada durante a Depressão (quando foi praticamente abandonado o sistema de livre comércio nas trocas internacionais), os Estados Unidos e o Brasil assinaram um tratado. De fato, em 1935 os dois países assinaram um acordo comercial em que se estipulavam as reduções tarifárias recíprocas. Segundo os seus termos, o tratado incluía café, cacau, cera de carnaúba, madeira e manganês, do lado do Brasil, e leite, peixe, cereais, farinha de trigo, automóveis, motocicletas, maquinaria agrícola, refrigeradores e rádios, do lado dos Estados Unidos.

Em síntese, as relações comerciais internacionais evoluíram da seguinte forma: nas décadas anteriores à Grande Depressão, as transações realizavam-se livremente. Eram condicionadas principalmente pelos mercados mais ativos e os empréstimos e financiamentos privados ou governamentais. Naturalmente as grandes empresas (industriais, comerciais e financeiras) e os governantes manipulavam, em alguma escala, as relações econômicas dos países de "economia primária exportadora". Assim, com base no sistema de livre comércio internacional, formaram-se as áreas de influência da Inglaterra, Estados Unidos, Alemanha, França etc.

Nos anos 1929-33, durante o período mais agudo da Grande Depressão, abandonou-se drasticamente a política de livre comércio nas relações internacionais. Tanto as nações industrializadas, como as subdesenvolvidas, procuraram defender os seus sistemas econômicos. Para isso, elevaram bastante as tarifas alfandegárias e estimularam o nacionalismo econômico. Segundo alguns analistas, esta reação agravou ainda mais a crise, favorecendo as tendências negativas do processo econômico.

A partir de 1933, entretanto, desenvolveu-se a nova política comercial, com base em acordos bilaterais, tarifas preferenciais ou rebaixadas. Esta foi uma solução eficiente, pois cooperou para a retomada das atividades produtivas e a dinamização das economias nacionais. A verdade é que com base nessa nova política comercial reformularam-se e fortaleceram-se as novas áreas de influência. Assim, reduziu-se a presença inglesa, alemã e francesa na América do Sul, crescendo bastante a influência norte-americana.

Nota bibliográfica

Os elementos utilizados para a redação deste artigo (inclusive os dados e textos citados) foram extraídos das obras relacionadas a seguir:

Andrade, Almir de, *Contribuição à História Administrativa do Brasil,* 2 vols., Rio de Janeiro, José Olympio Editora, 1950, esp. vol. I, pp. 64-85.
Bello, José Maria, *História da República,* 5ª ed., São Paulo, Companhia Editora Nacional, 1964, caps. 22 e 23.
Berle Jr., Adolf A. e Means, Gardiner C., "Corporation", em *Encyclopaedia of the Social Sciences,* ed. Edwin R. A. Seligman, Nova Iorque, The MacMillan Company, 1953, vol. 4, pp. 414-423.
Carone, Edgard, *A Primeira República,* São Paulo, Difusão Europeia do Livro, 1969.

Flamant, Maurice, et Singer-Kerel, Jeanne, *Crises et Récessions Économiques,* Paris, Presses Universitaires de France, 1968.

Furtado, Celso, *Formação Econômica do Brasil,* 7ª ed., São Paulo, Companhia Editora Nacional, 1967, esp. caps. 30 a 33.

Galbraith, John K., *The Great Crash: 1929,* Penguin Books, 1955; pp. 30-31.

Henriques, Affonso, *Ascensão e Queda de Getúlio Vargas,* 3 vols., Rio de Janeiro, Distribuidora Record, 1966, esp. 1º vol., pp. 87-92.

Keynes, John Maynard, *The General Theory of Employment, Interest and Money,* Londres, MacMillan, 1960, pp. 382-383.

Lieuwen, Edwin, *U. S. Policy in Latin America,* Nova Iorque, Frederick A. Praeger, 1965, esp. pp. 61-81.

Lilienthal, David E., *TV A: A Democracia em Marcha,* trad. de Octavio Alves Velho, Rio de Janeiro, Ed. Civilização Brasileira, 1956.

Lima Sobrinho, Barbosa, *A Verdade sobre a Revolução de Outubro,* São Paulo, Edições Unitas, 1933, p. 111.

Luzzatto, Gino, *Storia Economica dell'Età Moderna e Contemporanea,* 2 vols., Pádua, Casa editrice Dott. A. Milani, 1960, esp. 2º vol., cap. 20, pp. 515-516.

McCoy, Donald R. and O'Connor, R. G., *Readings in Twentieth Century American History,* Nova Iorque, The MacMillan Company, 1966, esp. cap. 8, p. 276.

Morison, Samuel Eliot, *The Oxford History of The American People,* Nova Iorque, Oxford University Press, 1965, esp. cap. 55, pp. 939940.

Normano, J. F., *Evolução Econômica do Brasil,* trad. de T. Q. Barbosa, R. P. Rodrigues e L. B. Teixeira, 2ª ed., São Paulo, Companhia Editora Nacional, 1945.

Peláez, Carlos Maciel, "A Balança Comercial, a Grande Depressão e a Industrialização Brasileira", em *Revista Brasileira de Economia,* ano XXII, nº 1, Rio de Janeiro, março 1968, pp. 15-47.

Pires do Rio, J., *A Moeda Brasileira,* Rio de Janeiro, José Olympio Editora, s.d. p. 295.

Prado Júnior, Caio, *História Econômica do Brasil,* 3ª ed., São Paulo, Ed. Brasiliense, 1953, esp. caps. 21 a 26.

Revista Brasileira de Estatística, ano XI, Rio de Janeiro, 1950, nº 44, pp. 639-643 ("O Café na Economia Brasileira"), e p. 20.

Taunay, Affonso de E., *Pequena História do Café no Brasil,* Rio de Janeiro, Departamento Nacional do Café, Rio de Janeiro, 1945, esp. caps. 31 e 44 e p. 549.

Thomas, Alfred B., *Latin America: A History,* Nova Iorque, The MacMillan Company, 1956, esp. pp. 697-717.

Thomson, David, *Pequena História do Mundo Contemporâneo,* trad. de J. C. Teixeira Rocha, Rio de Janeiro, Zahar Editores, 1967.

Walett, Francis G., *Economic History of the United States,* 2ª ed., Nova Iorque, Barnes & Noble, 1966, esp. pp. 204-206 e 208.

Young, Jordan M., *The Brazilian Revolution of 1930 and the Aftermath,* New Brunswick, Nova Jersey, Rutgers University Press, 1967, esp. pp. 70-80.

As ligas camponesas e a criação da SUDENE*

Devido às condições históricas de sua formação, o sistema econômico brasileiro apresenta desigualdades regionais bastante acentuadas. É claro que esse não é um característico peculiar ao Brasil. Neste país, entretanto, as desigualdades regionais são um aspecto importante e sempre presente da estrutura econômica nacional.

Rangel: "O Brasil chegou ao presente século sob a forma de um imenso território muito desigualmente ocupado e apresentando, quase que exclusivamente ao longo da costa, formações econômicas regionais, geralmente estruturadas em torno de um porto-empório, orientadas mais para o comércio exterior do que para o comércio com as outras regiões, tendo cada uma como espinha dorsal um sistema regional de transportes, o qual servia de base a um esquema também regional de divisão social do trabalho. Noutros termos, na medida em que a divisão do trabalho ultrapassava os quadros da mera divisão familiar ou local, a economia estava, por toda parte, estruturada em três patamares, a saber: a) a economia de mercado regional; b) a economia de mercado nacional; c) a economia de mercado mundial".[1]

---

*   Escrito em 1964 e publicado em livro de minha autoria, *Sociologia e Sociedade no Brasil,* São Paulo, Ed. Alfa-Ômega, 1975.

[1] Ignácio de Mourão Rangel, "Características e Perpsectivas da Integração das Economias Regionais", *Revista do BNDE,* vol. V, nº 2, Rio de Janeiro, 1968, pp. 43-71; citação da p. 46.

Furtado: "Tudo indica que nos últimos 15 anos – para os quais temos dados mais precisos – as disparidades regionais se acentuaram. O desenvolvimento está contribuindo, portanto, para agravar essas disparidades e não para resolvê-las".[2]

É óbvio que as desigualdades regionais criam possibilidades às vezes excepcionais para a movimentação de "fatores" da produção, favorecendo e acelerando a reprodução do capital. Assim, em conformidade com as leis do mercado, podem migrar capital, força de trabalho, *know-how* empresarial e tecnologia. "Os capitais e homens (justamente os mais qualificados), contudo, são capazes de transpor maiores distâncias, convergindo de todas as partes para a montagem do polo industrial. A intensificação do processo de substituição de importações, acarretada pela continuidade do estrangulamento externo em fase de expansão da renda interna, leva a que os setores privado e público, através de variados mecanismos, reforcem a concentração de recursos na região em vias de industrialização". [3]

Mas também é óbvio que as desigualdades regionais podem desenvolver-se além dos limites convenientes ao conjunto do sistema. Ou seja, quando elas se agravam, podem criar dificuldades econômicas, sociais e políticas ao funcionamento ou expansão do sistema econômico nacional. Assim, por exemplo, quando a renda *per capita* em uma determinada região é muito baixa (em comparação com a renda média nacional e com a renda média na região economicamente mais desenvolvida), essa região deixa de desempenhar as funções de um mercado potencial realizável a curto ou a médio prazo. Isto é, o mercado interno deixa de ampliar-se na escala requerida pela expansão

---

[2] Celso Furtado, *Perspectivas da Economia Brasileira,* Rio de Janeiro, Instituto Superior de Estudos Brasileiros (ISEB), 1958, p. 52.

[3] Antonio Barros de Castro, "Raízes Históricas dos Desequilíbrios Regionais em Economias Subdesenvolvidas", comunicação apresentada no I Congresso Brasileiro de Desenvolvimento Regional, edição mimeografada do Centro de Desenvolvimento Econômico CEPAL/BNDE, s.d., p. 13. Com relação a essa problemática, consultar também: Paul Singer, *Desenvolvimento Econômico e Evolução Urbana* (Análise da evolução econômica de São Paulo, Blumenau, Porto Alegre, Belo Horizonte e Recife), São Paulo, Companhia Editora Nacional, 1968; Rômulo Almeida, *Desenvolvimento Nacional e Problemas Regionais,* Salvador, Comissão de Planejamento Econômico, 1958; Fernando Cardoso Pedrão, *A Integração e a Evolução Brasileira,* Salvador, Comissão de Planejamento Econômico, 1961; Jairo Simões, *O Regional no Subdesenvolvimento Econômico,* Imprensa Oficial da Bahia, 1962.

do núcleo mais dinâmico e dominante da economia do país. Ou então, quando o "subdesenvolvimento regional" é muito acentuado, a referida região pode tornar-se politicamente "explosiva" e até mesmo ameaçar a "unidade nacional". Em outros termos, a partir de certo nível de desenvolvimento econômico, o *colonialismo interno* adquire conotação eminentemente política. "Chegamos à conclusão de que o nosso próprio crescimento será perigoso para o equilíbrio da Nação, se persistir a terrível coexistência de zonas cada vez mais prósperas com outras estagnadas, sob o trágico domínio do subdesenvolvimento."[4]

A criação da SUDENE correspondeu ao coroamento de uma complexa sequência de debates, estudos, medidas e órgãos governamentais, devido às frequentes crises ocorridas no Nordeste, nos anos e décadas anteriores. Depois da criação da Inspetoria Federal de Obras Contra as Secas, em 1909, criou-se o Departamento Nacional de Obras Contra as Secas (DNOCS), em 1936, que absorveu aquele órgão e passou a responsabilizar-se pelo que havia sido estabelecido pela Constituição Brasileira de 1934, quanto à "defesa contra os efeitos das secas nos Estados do Norte" (Art. 177). Em 1933, foi criado o Instituto do Açúcar e do Álcool (IAA), com a finalidade de assegurar a defesa da produção de açúcar, promover o equilíbrio de mercado, conciliar interesses de produtores e consumidores e zelar pelas condições de fabricação de álcool industrial. A Companhia Hidroelétrica do São Francisco (CHESF) foi estabelecida em 1945, com a finalidade de realizar o aproveitamento industrial da energia hidráulica do Rio São Francisco. E a Comissão do Vale do São Francisco (CVSF), criada em 1948, destinou-se, entre outros fins, a organizar o plano geral de aproveitamento do Vale do São Francisco. Em seguida, no ano de 1952, fundou-se o Banco do Nordeste do Brasil (BNB), com a finalidade de prestar assistência financeira a empreendimentos de caráter reprodutivo (agropecuária, indústria, irrigação, energia elétrica etc.) na área do Polígono das Secas. E em 1959, por fim, o governo federal criou a Superintendência do

---

[4] Presidente Juscelino Kubitschek de Oliveira, em discurso pronunciado em Garanhums, no Seminário para o Desenvolvimento do Nordeste, realizado em abril-maio de 1959. Cf. *Anais do Seminário para o Desenvolvimento do Nordeste*, 2 vols., edição da Confederação Nacional da Indústria, Rio de Janeiro, 1959, vol. I, p. 9. O relatório confidencial do coronel Orlando Ramagem aumentou a preocupação de Kubitschek com os problemas sociais e políticos do Nordeste. Esse relatório foi publicado no *Correio da Manhã*, Rio de Janeiro, 11.2.1961, com autorização do presidente Jânio Quadros.

Desenvolvimento do Nordeste (SUDENE). "A Superintendência do Desenvolvimento do Nordeste tem por finalidades: a) estudar e propor diretrizes para o desenvolvimento do Nordeste; b) supervisionar, coordenar e controlar a elaboração e execução de projetos a cargo de órgãos federais na região e que se relacionem especificamente com o seu desenvolvimento; c) executar, diretamente ou mediante convênio, acordo ou contrato, os projetos relativos ao desenvolvimento do Nordeste que lhe forem atribuídos, nos termos da legislação em vigor; d) coordenar programas de assistência técnica, nacional ou estrangeira, ao Nordeste."[5]

Em síntese, tratava-se de disciplinar e dar continuidade à ação estatal no Nordeste. Isto é, era necessário e urgente aumentar a eficácia e o efeito multiplicador dos investimentos governamentais na região. Ao mesmo tempo, tratava-se de criar e desenvolver as economias externas, bem como aperfeiçoar ou criar novas condições financeiras e fiscais favoráveis à expansão e diversificação do setor privado da economia. Em outros termos, procurava-se controlar e reverter o fluxo de renda do Nordeste para outras regiões, particularmente o Centro-Sul.

A análise das condições econômicas e políticas que provocaram a criação da SUDENE revela que os diferentes grupos sociais da região, bem como os membros dos governos federal e estaduais (políticos, administradores, economistas, agrônomos, engenheiros e outros) estavam preocupados com problemas tais como os seguintes: a sistemática evasão do excedente econômico produzido na área, o qual se encaminhava principalmente para o Centro-Sul, economicamente mais desenvolvido e predominante; a baixa renda *per capita*; a elevada taxa de desemprego visível e disfarçado; o alto índice de mortalidade infantil; a reduzida eficácia social e econômica dos programas de "engenharia e obras hidráulicas"; a elevada concentração da renda; a derrota eleitoral do governo Juscelino Kubitschek de Oliveira e do partido governamental nas eleições de 1958, nos Estados de Pernambuco e Bahia; a intensificação do debate sobre a industrialização, como única ou principal via de desenvolvimento. Note-se, ainda, que esses problemas se apresentaram de modo particularmente intenso nos anos do governo Kubitschek. Em termos econômicos, eles se apresentavam

---

[5] Lei nº 3692, de 15 de novembro de 1959, que institui a Superintendência do Desenvolvimento do Nordeste, art. 2º.

da seguinte forma: "A disparidade de níveis de renda existente entre o Nordeste e o Centro-Sul do país constitui, sem lugar a dúvidas, o mais grave problema a enfrentar na etapa presente do desenvolvimento econômico nacional. Essa disparidade é maior que a observada entre as economias do Centro-Sul e a dos países industrializados da Europa Ocidental. O Nordeste brasileiro se singulariza no Hemisfério ocidental como a mais extensa e populosa zona de nível de renda inferior a cem dólares por habitante.[6] As relações econômicas do Nordeste com o Centro-Sul caracterizam-se por um duplo fluxo de renda, operando o setor privado como instrumento de transferência contra o Nordeste e o setor público (o governo federal) em sentido inverso. A análise do período 1948-56 revela que esses dois fluxos se têm, aproximadamente, contrabalançado. As transferências por intermédio do governo federal avolumam-se nos anos secos e, em grande parte, diluem-se em obras assistenciais. O setor privado transfere recursos do Nordeste principalmente nos anos bons; recursos que saem da região em busca das melhores oportunidades de investimento oferecidas pelo Centro-Sul".[7]

Entretanto, nenhuma dessas razões, tomadas individualmente, nem todas elas, em conjunto, parecem suficientes para explicar a criação da SUDENE. A nosso ver, a SUDENE surgiu num momento em que se revelaram de modo particularmente aberto e intenso os antagonismos da sociedade do Nordeste. Ou melhor, ela foi criada numa época em que as desigualdades econômicas e sociais naquela região adquiriram conotações políticas de cunho pré-revolucionário. No momento em que camponeses e operários rurais deixaram de acomodar-se às soluções de

---

[6] Grupo de Trabalho para o Desenvolvimento do Nordeste, *Uma Política de Desenvolvimento Econômico para o Nordeste*, Rio de Janeiro, Departamento de Imprensa Nacional, 1959, p. 7. Esse relatório foi elaborado sob a responsabilidade de Celso Furtado.

[7] *Ibidem*, pp. 8-9. Uma parte importante do debate sobre a problemática do Nordeste foi realizada por: Rômulo Almeida, *Planejamento do Combate às Secas*, edição do Banco do Nordeste do Brasil 1953; H. W. Singer, *Economic Development of North-Eastern Brazil*, Nações Unidas, 1953; Genival de Almeida Santos, "Renda Social do Nordeste", *Revista Brasileira de Economia*, ano 10, nº 2, Rio de Janeiro, 1956, pp. 51-156; Nações Unidas, 1957; Rômulo Almeida, *Clientelismo contra Desenvolvimento: Dilema dos Nossos Dias*, edição da Comissão de Planejamento Econômico, Salvador, 1957; Rômulo Almeida, *Desenvolvimento Nacional e Problemas Regionais*, edição da CPE, Salvador, 1958; Albert O. Hirschman, *Journeys toward Progress*, Nova Iorque, The Twentieth Century Fund, 1963, pp. 11-91.

estilo oligárquico (consubstanciadas nos padrões de controle social e liderança política próprios do *coronelismo*), nesse momento os grupos dominantes no Nordeste e o governo federal (incluindo o Executivo e o Legislativo) decidiram agir politicamente, no sentido de controlar ou dominar as tensões crescentes na região. Aliás, a SUDENE não foi senão uma das soluções dadas ao agravamento das contradições políticas no Nordeste.[8]

Houve uma época em que as massas urbanas começaram a responder aos apelos do populismo trabalhista. Isto pode ser comprovado pelas sucessivas vitórias eleitorais de Miguel Arraes. Em 1958, ele foi eleito prefeito de Recife, a terceira cidade mais importante do Brasil. E em 1962, elegeu-se governador do Estado de Pernambuco, apoiado por uma coalizão que incluía o Partido Trabalhista Brasileiro (PTB), o Partido Comunista do Brasil (PCB) e o Partido Socialista Brasileiro (PSB). Nessas duas eleições, Arraes venceu os candidatos das oligarquias, as quais tradicionalmente controlavam o poder político na região. À medida que as massas urbanas escapavam aos controles do coronelismo, devido principalmente à nova estrutura político-partidária criada pela Constituição Brasileira de 1946, as lideranças populistas adquiriam preeminência no sistema político do Nordeste. Nesse sentido, o que ocorria em Pernambuco, o principal Estado da região, era sintomático e simbólico do que estava ocorrendo em todo o Nordeste.[9]

---

[8] A verdade é que os antagonismos políticos continuaram a desenvolver-se no Nordeste, a despeito da criação da SUDENE, em dezembro de 1959, da eleição de Miguel Arraes, para governador de Pernambuco, em 1962, e do Estatuto do Trabalhador Rural, promulgado em março de 1963. Com a deposição do presidente Goulart, em abril de 1964, foram cassados os direitos políticos de Celso Furtado (superintendente da SUDENE), Miguel Arraes (governador de Pernambuco) e Francisco Julião (principal líder das ligas camponesas). Algumas referências à eliminação das alternativas reformistas e revolucionárias no Nordeste (após a deposição de Goulart, em 1964) encontram-se em: Antonio Callado, *Tempo de Arraes: Padres e Comunistas na Revolução sem Violência*, Rio de Janeiro, José Álvaro, Editor, 1964, esp. Prefácio; Glauco Carneiro, *História das Revoluções Brasileiras*, 2 vols., Rio de Janeiro, Edições O Cruzeiro, 1965. 2° vol., esp. pp. 578-579; Miguel Arraes, *Palavra de Arraes*, Rio de Janeiro Ed. Civilização Brasileira, 1965; Shepard Forman, *Disunity and Discontant (A Study of Peasant Political Movements in BrazH)*, edição mimeografada, University of Califórnia, 1968; Alberto Tamer, *O Mesmo Nordeste*, São Paulo, Ed. Herder, 1968.

[9] Além das obras citadas nas outras notas deste item, consultar: Glaucio Veiga e outros, "Geografia Eleitoral de Pernambuco", Nelson de Souza Sampaio, "Eleições Baianas", artigos publicados na *Revista Brasileira de Estudos Políticos*,

Mas também houve, de par em par com a expansão e as vitórias do populismo trabalhista urbano, a progressiva politização dos camponeses e assalariados do campo. As *ligas camponesas,* surgidas como órgãos de assistência mútua, pouco a pouco se transformaram em associações políticas de lavradores. Assim, a transformação da Sociedade Agrícola e Pecuária dos Plantadores de Pernambuco em liga camponesa (fato ocorrido em 1955) simboliza a metamorfose do *lavrador* em *camponês.* Com a colaboração de partidos políticos, intelectuais e líderes políticos (dentre os quais encontravam-se Francisco Julião, Paulo Freire, Padre Melo, Miguel Arraes, Gregorio Bezerra, um setor do clero católico, o PTB, o PCB e o PSB) as massas rurais adquiriram uma nova compreensão política da sua posição no processo produtivo e no contexto político do Nordeste. Referindo-se a Julião, em 1959, Antonio Callado escrevia o seguinte: "Em Pernambuco suas Ligas Camponesas já são aceitas, por muitíssima gente, como uma fatalidade. Aliás, registrada a Sociedade dos Plantadores em janeiro de 1955, já a 1º de maio de 1956 Francisco Julião trazia 600 camponeses ao Recife. No ano passado, para o 1º Congresso de Foreiros e Pequenos Proprietários Rurais, trouxe 3.000 deles, que conduziu em marcha até a Assembleia Legislativa, onde houve uma sessão dedicada à Reforma Agrária".[10]

Ao mesmo tempo, ao lado das ligas camponesas, multiplicavam-se os *sindicatos rurais.* Paralelamente à atividade política de Francisco Julião, que se apoiava principalmente no PSB, alguns grupos católicos, o PTB e o PCB procuraram expandir as suas atividades entre os camponeses e os assalariados do campo. Aliás, em pouco tempo Julião não era mais o único líder das massas rurais nem das ligas. À sua capacidade de liderança e ao seu carisma, os outros partidos, grupos e líderes opunham maior capacidade de organização, maior experiência política e maiores recursos financeiros. Essas eram as condições em que estava ocorrendo a redefinição política das relações de classes no

---

nº 8, Belo Horizonte, 1960; Stefan H. Robock, *Brazil's Developing Northeast,* Washington, The Brookings Institution, 1963; Manoel Correia de Andrade, *A Terra e o Homem no Nordeste,* São Paulo, Ed. Brasiliense, 1963; Octavio Ianni, *O Colapso do Populismo no Brasil, op. cit.,* esp. cap. VI. Benno Galjart, "Class and 'Following' in Rural Brazil", *América Latina,* ano VII, nº 3, Rio de Janeiro, 1964.

[10] Antonio Callado, *Os Industriais da Seca e os "Galileus" de Pernambuco,* Rio de Janeiro, Ed. Civilização Brasileira, 1960, p. 49. Esse livro reúne reportagens publicadas em setembro de 1959.

campo. Isto é, pouco a pouco, verificava-se a metamorfose política do lavrador em camponês.[11] Esse foi o contexto político diretamente responsável pela criação da SUDENE. À medida que se agravavam as contradições políticas, os grupos dominantes na região e os seus aliados no governo federal e no Congresso Nacional procuraram reagir, utilizando também recursos políticos, técnicos e científicos novos. Na medida em que o poder político na área escapava das mãos dos seus donos tradicionais, estes mesmos grupos políticos procuraram mobilizar-se, para recuperar o poder ou evitar que ele passasse totalmente às mãos dos líderes populistas e de esquerda. Conforme os assalariados do campo e da cidade aceitavam as lideranças e os partidos reformistas (populistas e de esquerda), e não se revelavam imunes a teses revolucionárias, os grupos dominantes na região e o governo federal (incluindo o Executivo e boa parte do Legislativo) combinaram os seus esforços, de modo a controlar a situação.

O preço político que esses mesmos grupos políticos e econômicos tiveram de pagar foi aceitar o compromisso com uma política econômica que poderia alterar – a médio prazo – as condições de dominação na área. A tecnocracia estatal que passou a funcionar no Nordeste, ao criar-se a SUDENE, correspondia a uma nova estrutura de poder, por sobre as estruturas estaduais e municipais preexistentes. Esse foi o preço político provisório que aqueles grupos tiveram de pagar, para evitar que

---

[11] Para um estudo mais detalhado do processo de politização das massas rurais, inclusive para a compreensão da metamorfose do lavrador em camponês, como fenômeno político, consultar: Francisco Julião, *Que São as Ligas Camponesas*, Rio de Janeiro, Ed. Civilização Brasileira, 1962; Miguel Arraes, *Palavra de Arraes, op. cit.;* Antonio Callado, *op. cit.;* Antonio Callado, *Tempo de Arraes, op. cit;* Adirson de Barros, *Ascensão e Queda de Miguei Arraes,* Rio de Janeiro, Editora Equador, 1965; Paulo Freire, *Educação como Prática da Liberdade,* Rio de Janeiro, Paz e Terra, 1967; Celso Furtado, *Dialética do Desenvolvimento,* Rio de Janeiro, Ed. Fundo de Cultura, 1964, pp. 137-173, Manoel Correia de Andrade, *op. cit.;* Caio Prado Júnior e outros, *A Agricultura Subdesenvolvida,* Petrópolis, Ed. Vozes, 1969; M. Vinhas, *Problemas Agrário-Camponeses do Brasil,* Rio de Janeiro, Ed. Civilização Brasileira, 1968; M. Vinhas, *Estudos sobre o Proletariado Brasileiro,* Rio de Janeiro, Ed. Civilização Brasileira, 1970; Robert E. Price, *Rural Unionization in Brazil,* The Land Tenure Center, Madison, University of Wisconsin, 1964; Shepard Forman, *op. cit.;* Anthony Leeds, "Brazil and the Myth of Francisco Julião", em Joseph Maier and R. W. Weatherhead (ed.), *Politics of Change in Latin America,* Nova Iorque, Praeger, 1964, cap. 10; Frances M. Foland, *Political Development of the Peasant Subculture in Northeast Brazii: 1955-1967,* manuscrito, Nova Iorque, 1968.

as massas da cidade e do campo tomassem o poder ou ameaçassem o equilíbrio político na região.

"Nas regiões urbanas do Nordeste, há hoje em dia uma massa de desemprego disfarçado que não será inferior a meio milhão de pessoas em idade de trabalhar. Esse exército de subempregados vem crescendo com intensidade igual ou maior que o do total da população urbana."[12] "A crescente pressão demográfica que se constata no Nordeste e a deficiência estrutural de sua economia – que se baseia substancialmente em agricultura de subsistência praticada em maior parte em zonas de solos pobres e sujeitas a secas periódicas – para absorver os novos contingentes demográficos têm suscitado problemas sociais e políticos de suma gravidade, que podem ser sintetizados nos seguintes fatos: a) clima geral de insatisfação; b) criação de ressentimentos em relação às áreas mais desenvolvidas do país; c) aparecimento de associações camponesas com vistas a resolver o problema imediato de acesso à terra; d) expansão do contingente de desempregados; e) redução do prestígio do Poder Público nas camadas maiores da população.

Todos estes fatos, que comprometem inclusive a unidade e a segurança interna do país, decorrem em grande parte da inexistência de uma política global de desenvolvimento econômico para o Nordeste e da ineficiência das soluções parciais que têm sido tentadas."[13]

Em perspectiva histórica, foram essas as condições políticas que propiciaram a criação da SUDENE. Quando as desigualdades econômicas e sociais adquiriram conotações políticas muito desenvolvidas (tendo-se em conta as relações e estruturas de dominação e apropriação predominantes na área e no país), tornou-se necessário e urgente reformular a estrutura estatal responsável pelo funcionamento da economia no Nordeste. Isto é, tornou-se necessário aperfeiçoar as relações entre o Estado e a economia na área.[14]

---

[12] *Uma Política de Desenvolvimento Econômico para o Nordeste, op. cit.*, pp. 10-11.
[13] "Projetos Apresentados ao Governo da República Federal Alemã", texto publicado em *SUDENE: Boletim Econômico*, vol. 1, nº 1, Recife, 1962, pp. 7-135; citação das pp. 11-12.
[14] Conforme sugerimos em nota anterior, a cassação dos direitos políticos de Celso Furtado, Miguel Arraes, Francisco Julião e as outras medidas políticas adotadas pelo governo federal na região (nos anos 1964-70) também podem ser consideradas reações ao modo pelo qual estava evoluindo o processo político no Nordeste. Além disso, depois de 1964 tornou-se necessário conformar a atividade da SUDENE à nova política econômica do governo federal.

À primeira vista, a SUDENE aparece como uma nova estrutura, superpondo-se às estruturas burocráticas preexistentes. De fato, a SUDENE não elimina nem absorve o poder decisório, os recursos e as funções das burocracias estaduais e municipais, inclusive as comissões estaduais de planejamento. E também não elimina nem absorve o poder decisório, os recursos e as funções do DNOCS, BNB e outros órgãos federais criados para operar na região. Em verdade, a SUDENE simboliza uma nova fase no processo político e econômico no Nordeste. Ela se destina a focalizar uma nova problemática com novas técnicas de análise e ação. Ainda que se possa dizer que os problemas que passou a estudar e resolver eram aqueles típicos e tradicionais da região, é inegável que eram novas a definição deles e a técnica para resolvê-los. Aliás, convém lembrar aqui que, enquanto órgão de planejamento econômico, a SUDENE absorveu as experiências acumuladas pelo governo brasileiro (em nível federal e regional) e pela Comissão Econômica para a América Latina (CEPAL). Celso Furtado, que reuniu criticamente essas experiências e foi o autor intelectual da SUDENE (tendo trabalhado ativamente para a sua criação e consolidação) queria que esse órgão "estivesse por definição fora da ação política e partidária".[15]

A verdade é que a SUDENE constituiu-se como uma nova estrutura de poder, superpondo-se às locais, estaduais e federais preexistentes. Em confronto com as estruturas burocráticas (ou político-administrativas) vigentes na área, apareceu como uma estrutura estatal totalmente nova, com objetivos, recursos econômicos e técnicas de atuação bastante distintos daqueles que caracterizavam as preexistentes. Também nesse caso (como já ocorrera no âmbito do Estado brasileiro) estava em curso a transição do estilo oligárquico de decisão e ação, quanto a assuntos

---

[15] Celso Furtado, "A SUDENE e os Problemas do Nordeste", *Revista do Conselho Nacional de Economia,* ano XI, nº 4, Rio de Janeiro, 1962, pp. 363-378; citação da p. 367. Para um estudo dos antecedentes da SUDENE, além das obras já mencionadas nas páginas anteriores, consultar também as seguintes: Rômulo Almeida, *Experiência Brasileira de Planejamento, Orientação e Controle da Economia,* Rio de Janeiro, Departamento Econômico da Confederação Nacional da Indústria, 1950; Maria da Conceição Tavares e Antonio Castro, "Planificación Económica Estadual", *Boletin Económico de América Latina,* Nova Iorque, Nações Unidas, vol. XI, nº 2, 1966, pp. 224-245; Almir de Andrade, *Contribuição à História Administrativa do Brasil,* 2 vols., Rio de Janeiro, Livraria José Olympio Editora, vol. II, cap. XXX; Ismael Pordeus, *Banco do Nordeste (Origens),* edição do Setor de Documentação do Banco do Nordeste do Brasil, 1958.

econômicos, para um estilo propriamente burguês. Nesse sentido é que a criação da SUDENE representou a chegada da Revolução de 1930 no Nordeste. A continuidade do desenvolvimento capitalista no país e naquela região exigia a reestruturação do poder regional, particularmente quanto às decisões e técnicas relativas ao funcionamento e expansão da economia.

Ao criar-se a SUDENE, mudou a própria linguagem dos governantes, técnicos e administradores no Nordeste. Em pouco tempo, passou a predominar nova ideologia, em substituição à que prevalecia anteriormente. Em contraposição à ideologia conservadora e agrarista, por meio da qual se legitimava a dominação oligárquica, surgiu uma ideologia reformista e industrialista, por meio da qual passou a legitimar-se a dominação propriamente burguesa. A ideologia oligárquica estava polarizada em torno de temas tais como os seguintes: o misticismo atávico, a inevitabilidade das secas, a especialização agropecuária, o exotismo folclórico, o sensualismo culinário e alguns outros semelhantes. "A verdade é que não há região no Brasil que exceda o Nordeste em riqueza de tradições ilustres e em nitidez de caráter. Vários dos seus valores regionais tornaram-se nacionais depois de impostos aos outros brasileiros menos pela superioridade econômica que o açúcar deu ao Nordeste durante mais de um século do que pela sedução moral e pela fascinação estética dos mesmos valores. Alguns até ganharam renome internacional como o mascavo dos velhos engenhos, o Pau Brasil das velhas matas, a faca de ponta de Pasmado ou de Olinda, a rede do Ceará, o vermelho conhecido entre pintores europeus antigos por 'Pernambuco', a goiabada de Pesqueira, o fervor católico de Dom Vital, o algodão de Seridó, os cavalos de corrida de Paulista, os abacaxis de Goiânia, o balão de Augusto Severo, as telas de Rosalvo Ribeiro, o talento diplomático do Barão de Penedo – doutor *honoris causa* de Oxford – e o literário de Joaquim Nabuco – o doutor *honoris causa* da universidades anglo-americanas. Como se explicaria, então, que nós, filhos de região tão criadora, é que fôssemos agora abandonar as fontes ou as raízes de valores e tradições de que o Brasil inteiro se orgulha ou de que se vem beneficiando como de valores basicamente nacionais?"[16]

---

[16] Gilberto Freyre, *Manifesto Regionalista de 1926,* edição do Ministério da Educação e Cultura, Rio de Janeiro, 1955, pp. 19-20. Nos anos que antecedem à deposição do presidente Goulart e à cassação dos direitos políticos de Furtado, Arraes, Julião e outros, Gilberto Freyre estava preocupado com os rumos políticos

A nova ideologia, mais coerente com as exigências do capitalismo industrial, que passou a predominar com a criação e o funcionamento da SUDENE, estava polarizada em torno de temas tais como os seguintes: industrialização, colonização, modernização das estruturas político-administrativas estaduais e municipais, organização, dinamização e comercialização do setor artesanal da economia, planejamento e alguns outros no mesmo sentido. "Não podem coexistir, no mesmo país, um sistema industrial de base regional e um conjunto de economias primárias dependentes e subordinadas, por uma razão muito simples: as relações econômicas entre uma economia industrial e economias primárias tendem sempre a formas de exploração."[17] "A Superintendência do Desenvolvimento do Nordeste – SUDENE – pretende ser um órgão de natureza renovadora com o duplo objetivo de dar ao governo um instrumento que o capacite a formular uma política de desenvolvimento para o Nordeste e, ao mesmo tempo, o habilite a modificar a estrutura administrativa em função dos novos objetivos."[18] "A ideia básica, por conseguinte, é a de que o governo terá uma só política de desenvolvimento em relação ao Nordeste. Para este fim a SUDENE deverá congregar os dirigentes das agências governamentais mais importantes na área, coordenando os planos de todas elas, a serem feitos em cooperação com os técnicos do órgão integrador. Não se trata, portanto, de promover uma reforma administrativa geral do dia para a noite, que, obviamente, não teria nenhum sentido prático – iríamos apenas trocar tabuletas, mudar os nomes das coisas. Trata-se, na verdade, de unificar a ação do governo, submetendo-a ao mesmo conjunto de diretrizes. Uma vez chegados a um acordo sobre essas diretrizes, impõe-se traduzir as mesmas em programas de trabalho. Dessa forma, as atividades de planejamento estariam integradas."[19]

Em síntese, esse foi o contexto político em que se criou a SUDENE. A irrupção das massas urbanas e rurais no processo político estava

---

e econômicos do Nordeste: "Não há, atualmente, na América Latina, região mais crítica do que o Nordeste do Brasil. (...) Já corre o sangue nas terras de massapé de Pernambuco (um Pernambuco que, no Brasil, parece animado, desde dias remotos, da vocação para o martírio". Citado por Antonio Callado, *Tempo de Arraes, op. cit.,* pp. 149-150.

[17] Celso Furtado, *A Operação Nordeste,* Instituto Superior de Estudos Brasileiros (ISEB), Rio de Janeiro, 1959, p. 13.
[18] *Ibidem*, p. 18.
[19] *Ibidem*, p. 19.

ameaçando o equilíbrio e o funcionamento das relações e estruturas de dominação vigentes. Por isso, o governo Juscelino Kubitschek de Oliveira, uma parte dos membros do Congresso Nacional, vários governadores de Estados do Nordeste, economistas, técnicos e boa parcela da opinião pública nacional optaram pela criação de uma estrutura estatal mais global e dinâmica que as organizações burocráticas preexistentes na região. A resistência e as manobras das oligarquias mais empedernidas não impediram que se instalasse e consolidasse o novo órgão de planejamento econômico regional. Conforme se acreditava então, era urgente fazer algo para reduzir o custo social das transformações estruturais inevitáveis e iminentes. Ou faziam-se as reformas necessárias, ou haveria rupturas cataclísmicas. Segundo Celso Furtado: "As transformações que ocorrem presentemente no Brasil de maneira geral, e no Nordeste em particular, são de grande profundidade, e como dizemos nós os economistas, de tipo estrutural. Essas transformações, quase sempre, não ocorrem pedacinho por pedacinho. Resultam de uma grande acumulação de pressão, de tensões crescentes, e tendem, portanto, a se solucionar em rupturas cataclísmicas ou em revoluções.

A experiência histórica indica que certas acomodações na estrutura social não se fazem senão depois de grandes tensões acumuladas que criam as dificuldades das soluções pacíficas ordinárias. Essas tensões geram ressentimentos, dividem os homens e tornam, às vezes, mais difícil um entendimento. Em outras palavras, o próprio clima de tensões é pouco favorável a soluções acomodatícias ou a soluções progressistas.

Entretanto, como estudioso de Ciências Sociais, estou profundamente convencido de que dispomos hoje em dia de tal capacidade para observar estes processos, para penetrar nestas tensões, para diagnosticar estes problemas, que podemos antever estas forças em ação e projetar suas tendências. Diria que quase somos responsáveis pelo que se passa. Se nós quase podemos acompanhar o que está ocorrendo dia a dia, e não interferimos para que este processo tome o curso de menor custo social, para que esta enfermidade cause um mínimo de pena ao enfermo, é porque de alguma forma somos coniventes com o mal que esteja ocorrendo. Conhecemos de tal forma os processos sociais, que já não podemos nos omitir no seu condicionamento, reorientando-os de modo a evitar que eles venham com seus cataclismas – que no passado foram as grandes revoluções – e provoquem na verdade um elevado custo social à coletividade".[20]

A nossa interpretação não pretende esquecer ou minimizar a importância das outras condições econômicas e políticas responsáveis pela criação da SUDENE. Nem pretende minimizar a importância dos estudos, debates, sugestões (e a própria atuação, em alguns casos) de Rômulo Almeida, H. W. Singer, S. H. Robock, L. J. Lebret, Celso Furtado, Juscelino Kubitschek de Oliveira, Cid Sampaio e outros na proposição e adoção de medidas e órgãos federais melhor capacitados que os preexistentes para fazer face aos dilemas do Nordeste. É indiscutível que a SUDENE resultou de um conjunto complexo e heterogêneo de problemas econômicos e sócio-políticos, bem como da atuação deliberada e sistemática de políticos e economistas. Podemos lembrar aqui, novamente, alguns dos problemas com os quais se defrontava a sociedade do Nordeste, na época da criação da SUDENE: a seca de 1958; a sistemática evasão da renda produzida na região; a conveniência de transformar em mercado efetivo o mercado potencial para manufaturados disponível no Nordeste; a necessidade de aumentar a eficácia e estender o âmbito das atividades agropecuárias (pela irrigação, reforma agrária, colonização, assistência técnica etc.) com a finalidade de melhorar a oferta de alimentos nos centros urbanos em rápida expansão; a hipótese de que o incentivo governamental à industrialização poderia dinamizar o conjunto do subsistema econômico nordestino e absorver excedentes de mão de obra; a derrota eleitoral do governo federal, nas eleições estaduais de 1958, em Pernambuco e na Bahia; a transformação das "sociedades de plantadores" em "ligas camponesas", a partir de 1955; a ameaça (efetiva ou ilusória) de uma revolução camponesa, a exemplo da que ocorrera em Cuba, em 1956-59.

É inegável que a SUDENE foi criada em consequência das condições sociais, econômicas e políticas envolvidas nesses problemas. Na

---

[20] Celso Furtado, "O Nordeste no Processo Revolucionário Brasileiro", *Senhor,* ano 5, nº 1, Rio de Janeiro, 1963, pp. 10-17; citação da p. 11. A propósito dessa problemática, consultar também, do mesmo autor: "A SUDENE e os Problemas do Nordeste", *op. cit.,* pp. 376-7; *A Pré-Revolução Brasileira,* Fundo de Cultura, Rio de Janeiro, 1962, esp. caps. 1 e 3. Alguns anos depois, Celso Furtado voltou a tratar das condições e implicações políticas do planejamento econômico governamental no Nordeste, no artigo intitulado: "Social Reconstruction in Societies Dominated by Traditional Groups", comunicação apresentada na Social Planning Conference, promovida pela Universidade de Porto Rico, realizada em Porto Rico, a 18-22 de julho de 1966.

medida em que esses problemas se apresentavam, ou eram apresentados, como dilemas reais ou imaginários, cada grupo e classe social mais ou menos envolvido neles procurava uma solução. Cada grupo e classe propunha debates, defendia interesses, interpretava perspectivas, seja em termos particulares, seja em função de conveniências mais gerais. Nesse contexto, encontravam-se as oligarquias tradicionais, de base agropecuária, a burguesia comercial, os setores financeiros, a burguesia industrial, alguns setores da classe média, operários, camponeses, intelectuais, partidos políticos, sindicatos, ligas camponesas, a Igreja, o governo federal (Executivo e Legislativo) etc. Cada grupo e classe, pois, segundo as suas razões particulares e a sua compreensão das conveniências gerais, ingressou no debate e elaborou os dilemas a seu modo. Nesse sentido é que os problemas apontados acima foram importantes para produzir as condições que deram nascimento à SUDENE.

Entretanto, essas condições não operaram individualmente; nem em conjunto, como numa soma aritmética. Elas somente operaram na medida em que se transformaram em um dilema político fundamental, para os governantes do Nordeste e do país. Em essência, os problemas contribuíram para a criação da SUDENE somente quando eles apareceram no entendimento dos governantes, políticos, economistas e técnicos (inclusive setores militares) como um dilema político crucial. E esse dilema político consistia no seguinte: o rápido agravamento das contradições de classes, com suas implicações políticas e econômicas. Isto é, as estruturas de dominação (políticas) e apropriação (econômicas) começaram a ser contestadas, tanto nas assembleias como nos locais de trabalho. Esse foi o dilema que provocou a "revolução" no espírito daqueles que tomavam decisões. Pensava-se que havia uma revolução em marcha, na cidade e no campo.

O Estado e o trabalhador rural*

A história do relacionamento entre o Estado e a mão de obra agrícola no Brasil, desde 1888, é também a história da proletarização do trabalhador rural. É a história do progressivo, mas ao mesmo tempo descontínuo e contraditório, processo de separação entre a propriedade dos meios de produção e a propriedade da força de trabalho. Envolve a análise de distintas formas de organização das relações de produção. No interior dessas formas de organização social do trabalho produtivo, inserem-se as relações entre o trabalhador e o empresário; ou entre colono, morador, agregado, empregado, camarada, volante, boia-fria, peão, assalariado permanente e temporário, por um lado, e fazendeiro, usineiro, criador, empreiteiro de mão de obra ou gato, por outro lado. Em geral, o Estado está presente nessas relações, apesar de que frequentemente aparece como se estivesse por fora ou acima delas.

É verdade que a abolição do regime de trabalho escravo e a criação do regime de trabalho assalariado, durante os anos 1850-1888, constituíram os primórdios da formação do proletariado rural. Mas esse processo não se completou em 1888, com a assinatura do decreto de abolição da escravatura; ou em 1891, com a grande naturalização dos imigrantes estabelecida pela primeira Constituição republicana. Com

---
* Publicado na revista *Contexto*, nº 4, São Paulo, 1977.

a abolição e a naturalização, constituiu-se juridicamente o trabalhador livre no Brasil. Mas não se constituiu na prática, econômica e politicamente; a não ser pouco a pouco, de forma descontínua e desigual, se examinamos o conjunto da história e da sociedade do país. Dentre as diferentes formas de organização das relações de produção, algumas baseavam-se, ou baseiam-se, no trabalho assalariado, em sentido estrito. Esse foi o caso do camarada, na cafeicultura, desde a segunda metade do século XIX até 1930; e mesmo depois, em escala menor. Também é o caso do boia-fria, volante, corumba ou peão. Mas há distintas formas de organização social da produção, tais como remanescentes do colonato (com base no trabalho do colono, morador, agregado), a parceria, o arrendamento, a meação e outras, que não se ajustam pura e simplesmente às condições de compra e venda de força de trabalho. O barracão, armazém, venda, cambão, aviamento são distintas modalidades de comércio entre trabalhadores rurais e os seus empregadores, modalidades essas nas quais a condição operária aparece subsumida ou articulada a formas patrimoniais de organização das relações de produção. Em 1983, a legislação trabalhista relativa às relações de trabalho no campo ainda está em processo de implantação, mesmo para o assalariado permanente e residente nas terras da fazenda ou usina.

Há muitos acontecimentos importantes que precisam ser esclarecidos, se queremos conhecer a história do relacionamento entre o Estado e o trabalhador rural. O exame desses acontecimentos pode mostrar tanto avanços como recuos, tanto descontinuidades como desencontros, no processo de formação do proletariado rural. Houve o ciclo da borracha, nos anos 1890-1912; também houve a expansão da cafeicultura, desde o século passado até a crise maior, nos anos 1929-33. Houve e continua a haver a formação e a expansão da grande empresa agrícola, pecuária, agropecuária e agroindustrial, desde o sul gaúcho à região amazônica. Os incentivos fiscais e as facilidades de crédito, propiciados pelo poder público, estão impulsionando a formação e a expansão da grande empresa na Amazônia legal. Ao mesmo tempo, cresce nessa região o contingente de peões, assalariados temporários, trabalhando no desmatamento das terras para a formação de fazendas. Mas é escassa, ou nula, a proteção legal que têm ali tanto o peão, enquanto assalariado temporário, como o vaqueiro, enquanto assalariado permanente habitando nas terras da fazenda de gado.

Em certas ocasiões encontramos alguma atuação do poder público, com referência à mão de obra, quanto aos direitos e deveres dos assalariados rurais. Às vezes essa atuação aparece na legislação, o que não significa que se efetiva na prática das relações de produção. Outras vezes há omissões do poder público. Mas há atuações que se realizam por modos indiretos, como aquelas relativas às condições de posse e domínio das terras devolutas, ao povoamento e à colonização, às reservas indígenas, ou outras modalidades de dinamizar o desenvolvimento das forças produtivas e relações de produção na agricultura.

Assim, para estudar o relacionamento entre o Estado e o trabalhador assalariado do campo, parece conveniente começar por estabelecer algumas preliminares. Primeiro, esse relacionamento pode ser visto ao longo do tempo, em seus desenvolvimentos. Segundo, em boa parte esse relacionamento e as suas modificações estão expressos na legislação trabalhista. Terceiro, também as omissões do poder público, quanto a questões sociais no campo, são outras tantas dimensões importantes do relacionamento entre o Estado e o trabalhador rural. Quarto, não é apenas a legislação trabalhista que expressa o caráter e a modificação do relacionamento entre o Estado e o trabalhador rural, mas também as políticas de terra, povoamento, colonização, indigenista e outras. Quinto, a legislação trabalhista pode sempre ser encarada na perspectiva do próprio trabalhador, além da perspectiva do empresário ou do Estado. Sexto, o relacionamento entre o Estado e o trabalhador rural, expresso na legislação trabalhista, nas omissões do poder público, ou nas atuações indiretas deste, pode ser considerado uma dimensão fundamental das relações de produção prevalecentes no campo, em distintas ocasiões e em diferentes lugares.

Neste ponto, antes de prosseguir, cabe um esclarecimento. Tomo a expressão agricultura brasileira em sentido amplo, englobando a pecuária, a agroindústria e o extrativismo. Nos pontos em que a exposição exigir, explicitarei a conotação principal envolvida na análise.

A história do trabalhador rural

Vejamos alguns dos acontecimentos que parecem mais relevantes à demarcação da história da mão de obra agrícola no Brasil. Primeiro, a extinção do tráfico de escravos, a imigração de braços para a lavoura, a Lei do Ventre Livre e a Lei dos Sexagenários, entre 1850 e 1885.

Segundo, a abolição do regime de trabalho escravo, em 1888, e a grande naturalização dos imigrantes, estabelecida pela Constituição de 1891. A abolição e a naturalização geral dos imigrantes que nada declarassem em contrário ao estipulado na Constituição foram atos políticos que instituíram o trabalho livre, o trabalhador como cidadão. Terceiro, o regime de trabalho livre vigente na fazenda de café, desde a segunda metade do século XIX até 1930, foi o regime de colonato, que se estruturou em forma jurídico-política, segundo leis especiais. Quarto, no ciclo amazônico da borracha, que teve o seu apogeu nos anos 1890-1912, não houve qualquer tentativa do poder público no sentido de garantir alguma reivindicação ou algum direito do seringueiro. O sistema de aviamento, que era baseado numa cadeia de endividamentos, subjugava o seringueiro ao seringalista, este ao aviador e o aviador ao exportador de borracha. Quinto, a Consolidação das Leis do Trabalho (CLT), promulgada pela ditadura do Estado Novo, em 1943, não contempla senão em plano muito secundário algumas reivindicações do proletariado rural. Aliás, o Estatuto da Lavoura Canavieira, de 1941, em seus artigos 19 a 26, procurava garantir a condição de morador para o trabalhador do canavial. Esse estatuto reeditava alguns dos dispositivos que haviam sido estabelecidos no começo do século para o colonato da fazenda de café. Sexto, em 1963 promulgou-se o Estatuto do Trabalhador Rural, no qual, pela primeira vez definem-se em forma relativamente sistemática as condições político-econômicas do contrato de trabalho na agricultura brasileira; e não apenas na cafeicultura ou na agroindústria canavieira.

    Vejamos, agora, a título de registro, algumas das principais leis adotadas e agências governamentais criadas, relativamente à mão de obra agrícola. Incluem-se também a referência a leis e agências concernentes à terra, ao índio, ao povoamento e à colonização. Direta ou indiretamente, esta legislação influencia as condições de trabalho e de vida do assalariado rural. Mas é também conveniente observar que a legislação brasileira relativa ao assalariado rural, ou a questões que o afetam, não pode ser entendida numa única perspectiva. Às vezes a lei reflete mais ou menos fielmente uma reivindicação do proletariado rural ou de um dos seus setores. Outras vezes reflete mais ou menos fielmente uma reivindicação da burguesia rural ou de algum dos seus setores. Mas também pode expressar uma correlação de forças de grupos ou classes sociais envolvidos. Há situações – que não são poucas – nas quais o governo pode impor uma resolução que atende, acomoda ou articula, tanto interesses de grupos ou classes sociais agrários como destes com grupos e classes urbanos. Muitas decisões adotadas pelo poder público, relativamente às relações de produção no mundo rural, expressam não só a supremacia da cidade sobre o campo, mas o crescente predomínio do capital industrial sobre a agricultura. A regra não é única, nem a mais complexa, nem a mais simples. São os contextos político-econômicos que explicam os significados da lei ou das agências governamentais. Não se pode esquecer, entretanto, que nem as relações sociais estacam-se nos moldes da lei, nem a lei se fixa numa única moldura.

Quanto à mão de obra, às *condições de trabalho do assalariado rural*, sua condição de grupo social em dado setor produtivo, ou sua condição de classe, a legislação desdobra-se nas seguintes leis e decretos. Em 1888 decretou-se a emancipação dos escravos, o que transformou o meio milhão restante de escravos do país em homens livres. Pode-se supor que a emancipação dos escravos conferiu uma nova definição social também aos negros e mulatos livres. Ao mesmo tempo, toda modalidade de trabalho braçal ganhou outra conotação social, não mais exclusiva do negro ou do escravo. Aliás, antes já vinha a mão de obra do imigrante sendo utilizada como trabalho livre. Assim, a emancipação dos escravos criou o trabalhador livre como categoria geral na sociedade brasileira, para as lidas do campo e da cidade, da fazenda e da fábrica. Essa mudança talvez se complete, no plano jurídico-político, com a grande naturalização dos imigrantes entrados no país em escala crescente nas décadas anteriores ao decreto da abolição. Em 1903, o Decreto-Lei nº 979, de 6 de janeiro, praticamente inicia o ordenamento das relações de trabalho no campo. E o Decreto-Lei nº 1637, de 1907, foi o principal instrumento legal do sistema sindical proposto para o ordenamento das relações de produção no campo. Mas foi a Lei nº 1299-A, de 27 de dezembro de 1911, do governo do Estado de São Paulo, que criou o Patronato Agrícola, instituição que se inseriu na base do regime de colonato então vigente na cafeicultura. O Decreto nº 22789, de 1 de junho de 1933, criou o Instituto do Açúcar e do Álcool (IAA) para assegurar o equilíbrio entre as safras anuais de cana e o consumo de açúcar, mas nada acrescentando quanto às condições de trabalho de moradores ou assalariados. E o Estatuto da Lavoura Canavieira, criado pelo Decreto-Lei nº 3.855, de 21 de novembro de 1941, focalizou as relações entre os fornecedores de cana, isto é proprietários de canaviais e as usinas. No contexto da economia de guerra, em 1942, a Portaria nº 28, de 30 de novembro desse ano, baixada pelo coordenador da Mobilização Econômica, criou o Serviço Especial de Mobilização de Trabalhadores para a Amazônia (SEMTA), serviço este que deveria responsabilizar-se pelo transporte e a localização de nordestinos na Amazônia, para trabalhar na produção da borracha e de outros materiais estratégicos. A Consolidação das Leis do Trabalho (CLT) foi promulgada pelo Decreto-Lei nº 5.452, de 1 de maio de 1943, estabelecendo todas as principais condições das relações entre assalariados e empresários, ou empregadores; mas estabeleceu, em seu artigo sétimo, que os preceitos da CLT não se aplicariam aos trabalhadores rurais, salvo nos casos em que isso fosse expresso. O Decreto-Lei nº 6.969, de 19 de outubro de 1944, tratou dos direitos dos trabalhadores rurais na agroindústria canavieira. Em 1963, a Lei nº 4.214, de 2 de março, criou o Estatuto do Trabalhador Rural (ETR). A Lei nº 4.870, de 1 de dezembro de 1965, em seus artigos 35 e 36, tratou de assistência aos trabalhadores da agroindústria canavieira. A Lei Complementar nº 11, de 25 de maio de 1971, criou o Programa de Assistência ao Trabalhador Rural (PRORURAL) e o Fundo de Assistência ao Trabalhador Rural (FUNRURAL). E a Lei nº 5.889, de 8 de junho de 1973, estatuiu normas reguladoras do trabalho rural, complementando o que havia sido estatuído no ETR.

Os *problemas relativos à imigração, à migração interna e à colonização* foram enfocados por leis, decretos e agências governamentais em diferentes épocas, desde o século passado. O quarto parágrafo do artigo 69 da Constituição brasileira de 1891 estabelecia que todos os imigrantes seriam considerados brasileiros, em seis meses, se nada declarassem em contrário. Durante os anos 1883-91 funcionou ativamente, e com apoio governamental, a Sociedade Central de Imigração, para defender a imigração europeia e fazer a sua propaganda, como alternativa para ampliar a oferta de mão de obra na agricultura. A agricultura, no caso, era principalmente a cafeicultura. E o governo financiava boa parte da importação de braços para a lavoura. "Campos Sales, quando presidente de São Paulo, na sua mensagem de 7 de abril de 1897 distinguia os dois tipos de imigração: 'Os operários agrícolas, que se colocam, satisfeitos, a serviço da grande lavoura, nas *fazendas,* e os colonos propriamente ditos, os pequenos proprietários, que povoam os núcleos coloniais e que dificilmente tomariam outro destino'. Depois de se declarar a favor, simultaneamente desses dois tipos de imigração 'para a solução do duplo problema do povoamento e do trabalho', Campos Sales defendia a *imigração estipendiada* nos seguintes termos: 'Fala-se também da imigração estipendiada e censura--se o sistema paulista. É este um ponto que deve ficar esclarecido, pois que dele depende essencialmente a orientação a imprimir-se a futuras resoluções legislativas. Desde que se trata de introdução de operários agrícolas, uma de duas: ou ela será estipendiada, ou não existirá'."[1]

Em 1909 o governo federal criou o Serviço de Povoamento, junto ao Ministério da Viação. Seguiram-se as seguintes agências governamentais relacionadas a problemas de imigração, migração interna e colonização: Departamento Nacional de Povoamento, em 1931; Divisão de Terras e Colonização, em 1938; Instituto Nacional de Imigração e Colonização, em 1954; Superintendência da Política Agrária (SUPRA), em 1962; Instituto Brasileiro de Reforma Agrária (IBRA) e Instituto Nacional de Desenvolvimento Agrário (INDA), em 1964; e Instituto Nacional de Colonização e Reforma Agrária (INCRA), em 1970.

Os *problemas indígenas,* tais como a preservação do seu contingente populacional, da sua cultura, das suas terras, em face das invasões e agressões das frentes de expansão ou pioneiras, dos posseiros, grileiros e fazendeiros, foram objeto das seguintes agências ou regulamentos governamentais: Serviço de Proteção aos Índios (SPI), criado pelo Decreto nº 8.072, de 20 de junho de 1910; Conselho Nacional de Proteção aos Índios (CNPI), criado pelo Decreto nº 1.794, de 22 de novembro de 1939; Fundação Nacional do Índio (FUNAI), criada pelo Decreto-Lei de 5 de dezembro de 1967; e o Estatuto do Índio, promulgado conforme a Lei nº 6.001, de 19 de dezembro de 1973.

A *questão da terra* tem sido objeto de uma legislação especial, na qual se destacam as seguintes disposições legais: Lei nº 601, de 18 de setembro de 1850; Decreto-Lei nº 9.760, de 5 de setembro de 1946; Lei delegada nº 11, do dia 11 de outubro de 1962, criando a Superintendência de Política Agrária (SUPRA); Lei nº 4.504, de 30 de novembro de 1964, dispondo sobre o Estatuto da Terra, ou seja,

---

[1] J. Fernando Carneiro, *Imigração e Colonização no Brasil,* Rio de Janeiro, Faculdade Nacional de Filosofia, Publicação Avulsa nº 2 da Cadeira de Geografia do Brasil, 1950, p. 28.

a política agrária governamental e a reforma agrária; Decreto-Lei nº 1.110, de 9 de julho de 1970, criando o Instituto Nacional de Colonização e Reforma Agrária (INCRA); e o Decreto-Lei nº 1.164, de 1º de abril de 1971, que declarou indispensáveis à segurança e ao desenvolvimento nacionais as terras devolutas situadas na faixa de cem quilômetros de largura de cada lado do eixo de rodovias na Amazônia legal.[2] Neste ponto, vale a pena reler dois textos que resumem um tópico básico da doutrina que tem inspirado a legislação da terra no Brasil. Antes da Lei nº 601, de 1850, preconizavam-se as seguintes providências: "1) a importação de trabalhadores, feita pelo governo, fixado, porém, o respectivo tempo obrigatório de serviço; 2) a alienação das terras devolutas por meio de venda, mas fora de hasta pública, e a preço tão elevado quanto bastasse para impedir o trabalhador importado de tornar-se proprietário, demasiado cedo; 3) a aplicação do produto total das alienações de terras a um fundo de imigração, destinado exclusivamente a custear a importação de maior número ainda de trabalhadores. Exceto a abolição da hasta pública, essas são, de fato, as providências constantes dos artigos 18, 14 e §2, e 19 da nossa Lei de Terras", de 1850.[3] E em 1888, numa consulta do Conselho de Estado, persistia a preocupação em "tornar mais custosa a aquisição de terras... Como a profusão em datas de terras tem, mais que outras causas, contribuído para a dificuldade que hoje se sente de obter trabalhadores livres, é seu parecer que d'ora em diante sejam as terras vendidas sem exceção alguma. Aumentando-se, assim, o valor das terras e dificultando-se, consequentemente, a sua aquisição, é de esperar que o imigrado pobre alugue o seu trabalho efetivamente por algum tempo, antes de obter meios de se fazer proprietário".[4]

Conforme sugerem essas breves informações sobre a legislação relativa ao trabalhador rural, à imigração, à colonização, ao indígena e à terra, o relacionamento entre o Estado e o assalariado rural envolve várias e diferentes situações político-econômicas. Mas cabe lembrar que uma coisa são as leis e as agências governamentais, outra é a

---

[2] Ainda quanto à terra, caberia lembrar o Grupo Executivo das Terras do Araguaia e Tocantins (GETAT) e o Grupo Executivo das Terras do Baixo Amazonas (GEBAM), em 1980.

[3] Ruy Cirne Lima, *Pequena História Territorial do Brasil*, 2ª ed. Porto Alegre, Livraria Sulina Editora, 1954, pp. 81-82.

[4] Ruy Cirne Lima, *op. cit.*, p. 82.

prática cotidiana das relações de produção, nas diferentes formas de organização social do trabalho. Às vezes a lei é apenas uma declaração de intenções; mas há casos em que ela se efetiva. Há leis que pegam e leis que não pegam.

Neste ponto, cabe uma breve informação sobre a *evolução recente da população ativa na agricultura*. Essa informação pode especificar alguns aspectos da história do trabalhador rural.

Durante todo o século XIX e boa parte do século XX, o Brasil foi um "país de vocação essencialmente agrária". A economia primária exportadora dominou a história social do país até 1930, de forma mais ou menos absoluta. Em seguida, entre 1930 e 1960, houve uma mudança estrutural notável, quando a economia brasileira em conjunto diversificou-se amplamente e desenvolveu-se um setor industrial que passou a predominar sobre o conjunto. Nem por isso, no entanto, a agricultura deixou de apresentar grande importância econômica e política. Inclusive ela se modificou acentuadamente, à medida que era reincorporada aos movimentos do capital industrial, às exigências da urbanização e às flutuações do comércio internacional. Esse é o contexto histórico no qual ocorrem a evolução e a diferenciação interna da população ativa empregada na agricultura.

Em 1872 havia no país 1.510.806 escravos; em 1888, no ano da abolição, ainda havia meio milhão. É óbvio que nem todos estavam na agricultura. Mas sabe-se que a grande maioria trabalhava nos eitos, roçados, fazendas e criações. Sem esquecer que já naquele então havia ex-escravos, nascidos livres e imigrantes trabalhando na agricultura. Na década de 1890-99 entraram no Brasil 1.205.803 imigrantes europeus, principalmente italianos. É verdade que uma parte desses imigrantes voltou aos seus países de origem; e outra parte foi povoar as colônias nos Estados do Rio Grande do Sul, Santa Catarina, Paraná e outros. Mas a grande maioria dos imigrantes entrados no país, tanto ao longo da segunda metade do século XIX como nas primeiras décadas do século XX, foi compor a mão de obra agrícola dos cafezais do Estado de São Paulo. Em 1920, havia 6.376.880 pessoas maiores de 14 anos de idade ocupadas na agricultura, ao passo que eram 1.264.007 as pessoas ocupadas em atividades de cunho industrial e artesanal.

Observemos, agora, a distribuição dos assalariados rurais nas décadas recentes. Em 1950, havia no país 23,61% assalariados permanentes e 38,37 temporários, no conjunto da população ocupada na agricultura. Em 1972, os assalariados permanentes na agricultura somavam 7,28%, ao passo que os temporários somavam 58,40 do total das pessoas ocupadas na agricultura. À medida que se desenvolve a agricultura, em termos de grande empresa agrícola, pecuária, agropecuária ou agroindustrial, cresce o contingente absoluto e relativo dos assalariados temporários, decrescendo algumas outras categorias de trabalhadores.

Relações de produção na agricultura

O relacionamento entre o Estado e o trabalhador rural aparece, de forma relativamente clara, em alguns momentos da história social da agricultura brasileira. Seria enganoso tomar esse relacionamento como contínuo e harmônico; ao contrário, é descontínuo e contraditório. Tanto assim que se podem eleger alguns momentos singulares, ou cruciais, nos quais a natureza do relacionamento entre o Estado e o trabalhador rural aparece de forma mais nítida. Penso que é válido sugerir que os principais momentos do relacionamento entre o Estado e o trabalhador rural são aqueles nos quais ocorrem o desenvolvimento das forças produtivas e relações de produção na agricultura. Alguns aspectos fundamentais dessa problemática estão presentes na cafeicultura capitalista, na política de povoamento e colonização, no ciclo da borracha, na política indigenista, na política da terra, no crescimento da agroindústria canavieira, na expansão da grande empresa agrícola, pecuária, agropecuária e agroindustrial. Há algumas correspondências e descontinuidades bastante expressivas, quando confrontamos a expansão dos negócios e atividades agrícolas, por um lado, e o relacionamento entre o Estado e o trabalhador rural, por outro.

Legislação trabalhista no regime de colonato. O colonato constitui-se nas fazendas do café, do chamado Oeste paulista, principalmente a partir de 1870. Sob esse regime de organização das relações de produção, é a família que é contratada para trabalhar na fazenda, na pessoa do seu chefe. O fazendeiro paga salário ao chefe da família, pelo trabalho executado no preparo da terra, plantio, replantio, limpa, apanha do café etc. Mas obriga-se a dar-lhe casa gratuita e alguma terra, para plantio de verduras, legumes e cereais, ou a criação, tudo para o consumo da família ou eventual comércio. O regime de colonato combina o salário com a produção para a autossubsistência do assalariado e seus familiares. Isso implica que o produtor era induzido a trabalhar diretamente na reprodução da própria força de trabalho.

Mas não eram tranquilas as relações de produção organizadas sob a forma de colonato. Houve tensões e conflitos, que estiveram na base da legislação que se adotou para organizar o relacionamento entre fazendeiros e colonos. "Não é necessário narrar aqui a longa luta social e diplomática que antecedeu e acompanhou a criação do regime de trabalho livre e do contrato de colonato. Houve fugas de imigrantes das fazendas; houve retorno de imigrantes aos países de origem; também protestos pela imprensa e meios diplomáticos. Inclusive houve interrupções nos fluxos migratórios, devido aos maus-tratos a que foram submetidos os imigrantes das primeiras épocas, à escravidão disfarçada ou aberta que lhes impunham. O que é necessário registrar aqui é que o contrato de colonato é o resultado de um processo de tensões, lutas e negociações, no qual envolveram-se fazendeiros, colonos e governos. Tantas foram as tensões, lutas e negociações, que no Brasil o sindicalismo rural surge nessa época. Evaristo de Moraes Filho sugere que num país predominantemente agrário, na época em que se extingue o regime escravista, "não podíamos deixar de iniciar a nossa legislação sindical senão por este lado".[5]

Na legislação relativa às relações de produção nas fazendas de café, cabe ressaltar uma lei inclusive pelo que envolve das outras. A Lei nº 1.299-A, de 27 de dezembro de 1911, do governo do Estado de São Paulo, cria o Patronato Agrícola com a finalidade de "auxiliar as execuções das leis federais e estaduais no que concerne à defesa dos direitos e interesses dos operários agrícolas. O Patronato é subordinado ao secretário da Agricultura e tem sua sede na capital do Estado de São Paulo. Ele se faz representar no interior do Estado por 106 promotores públicos. Essa lei obriga o fazendeiro a organizar a sua escrituração agrícola e a fornecer aos colonos as cadernetas que reproduzem os lançamentos feitos pelo fazendeiro em seu livro de contas correntes. Dentre os seus vários fins expressos, a Lei estadual nº 1.299-A, de 1911, destina-se a fiscalizar as cadernetas dos operários agrícolas, a

---

[5] Octavio Ianni, *A Classe Operária vai ao Campo,* São Paulo, CEBRAP-Brasiliense, 1976, p. 15; Evaristo de Moraes Filho, *O Problema do Sindicato Único no Brasil,* Rio de Janeiro, Editora A Noite, 1952, pp. 184-185.

fim de verificar se estas se revestem das formalidades prescritas pela Lei federal nº 6.437, de 27 de março de 1907".[6]

Ao lado do colono, assalariado permanente residente nas terras da fazenda, havia o camarada. Este era um assalariado temporário, empregado nas ocasiões de desmatamento, apanha ou secagem do café e mesmo outras atividades.[7] Em muitos casos, o camarada era um sitiante, ou membro da sua família, que se empregava para realizar alguma renda monetária, para fazer compras nas vendas e armazéns.

Ausência de legislação trabalhista no monoextrativismo da borracha. Nas atividades relativas à extração do látex, ao preparo das bolas e peles de borracha, ao transporte do produto até o barracão, armazém ou venda do seringalista, o seringueiro estava subordinado às imposições do seringalista, e só a ele. Não tinha para quem apelar. Estava atado ao seringalista, pela dívida continuamente renovada devido ao monopólio que este exercia na venda dos instrumentos de trabalho, armas, utensílios domésticos, roupas, calçados, bebidas etc. e compra das bolas e peles de borracha. Nessas condições, lá no fundo da mata, o seringueiro era prisioneiro das condições de produção articuladas no aviamento. O sistema de aviamento (provimento de mercadorias) atava o seringueiro ao seringalista, este à casa aviadora (provedora de mercadorias) e esta à empresa exportadora de borracha, que financiava a cada aviadora. Nessa cadeia de relações e subordinações, a pior posição era a do seringueiro, que se endividava ao preparar-se para seguir para o seringal e começar a trabalhar. E permanecia prisioneiro de uma sucessão de dívidas continuamente renovadas. "É preciso impedir que o trabalhador acumule reservas e faça economias que o tornem independente. Nesta região semideserta de escassa mão de obra, a estabilidade do trabalho tem sua maior garantia no endividamento do empregado. As dívidas começam logo ao ser contratado: ele adquire a crédito os instrumentos que utilizará, e que embora muito rudimentares (o machado, a faca, as tigelas onde recolhe a goma) estão acima de suas posses, em regra, nulas. Frequentemente estará ainda devendo as despesas de passagem desde sua terra nativa até o seringal. Estas dívidas iniciais nunca se saldarão porque sempre haverá meios

---

[6] Octavio Ianni, *op. cit.*, p. 15.
[7] Augusto Ramos, *O Café no Brasil e no Estrangeiro,* Rio de Janeiro, Pap. Santa Helena, 1923, pp. 203-204, 562, 568-569 e 571.

de fazer as despesas do trabalhador ultrapassarem seus magros salários. Gêneros caros (somente o proprietário pode fornecê-los porque os centros urbanos estão longe), a aguardente... E quando isto ainda não basta, um hábil jogo de contas que a ignorância do seringueiro analfabeto não pode perceber completará a manobra. Enquanto deve, o trabalhador não pode abandonar seu patrão credor; existe entre os proprietários um compromisso sagrado de não aceitarem a seu serviço empregados com dívidas para com outro e não saldadas. Aliás a lei vem sancionar este compromisso porque responsabiliza o patrão que contrata um trabalhador pelas dívidas deste (Código Civil Brasileiro, art. 1.230). E quando tudo isto não basta para reter o empregado endividado, existe o recurso da força. Embora à margem da lei ninguém contesta ao proprietário o direito de empregá-la."[8]

Foi grande a população que se deslocou de outras atividades, do campo e da cidade, de perto e de longe, para trabalhar nos seringais. Muitos eram nordestinos. Não houve legislação trabalhista, sequer incipiente, para proteger algum interesse do seringueiro. O regulamento do seringal era "impiedoso", resguardando apenas o interesse do seringalista.[9] O sistema de aviamento articulava de tal forma as relações de produção que o seringueiro estava totalmente fora do horizonte do poder público; ou melhor, no caso do seringueiro, o poder público estava totalmente omisso. Nem por isso, no entanto, o Estado deixava de beneficiar-se do produto do trabalho do seringueiro.

Preservar ou recriar o colonato? Na agroindústria canavieira, a legislação pouco avançou, salvo depois do Estatuto do Trabalhador Rural, adotado em 1963, complementado pela Lei nº 5.889, de 1973. Antes, pouco se havia feito. O Instituto do Açúcar e do Álcool (IAA), criado em 1933, tratou de disciplinar principalmente as reservas regionais de mercado para os engenhos e as usinas do Nordeste e do Centro-Sul. E o Estatuto da Lavoura Canavieira, de 1941, destinou-se a ordenar o relacionamento entre fornecedores de cana e usinas. Tratava-se de harmonizar ou acomodar as relações entre duas categorias de proprietários.

---

[8] Caio Prado Júnior, *História Econômica do Brasil*, 3.' ed., São Paulo, Ed. Brasiliense, 1953, p. 244.
[9] Euclides da Cunha, *Um Paraíso Perdido (Reunião dos Ensaios Amazônicos)*, Petrópolis, Ed. Vozes, 1976, pp. 109-112.

Foi o Decreto-Lei nº 6.969, de 19 de outubro de 1944, que começou a definir melhor o relacionamento dos trabalhadores com os proprietários de plantações de cana e usineiros. Nos artigos 19 a 26 desse decreto procurou-se garantir a sobrevivência do morador nas terras do proprietário do canavial. Vejamos o que estabelecia o art. 23 e seu parágrafo único: "O trabalhador rural com mais de um ano de serviço, terá direito à concessão, a título gratuito, de uma área de terra próxima à sua moradia, suficiente para plantação e criação necessárias à subsistência de sua família. O contrato-tipo ou as instruções do IAA indicarão as dimensões mínimas das áreas a que alude este artigo, bem como a distância máxima a que deverão ficar da moradia do trabalhador". Mas a Lei nº 4.870, de 1 de dezembro de 1965, no seu capítulo sobre a assistência aos trabalhadores na agroindústria canavieira (arts. 35 e 36) confere ao dono do canavial e ao usineiro total monopólio sobre o modo de aplicar o programa de assistência. Seja residente ou não, o assalariado permanente da fazenda de cana ou usina é levado a receber a assistência como um favor do empresário, antes do que uma parte de um direito seu. A forma pela qual pode ser aplicada a legislação relativa à assistência social aos trabalhadores das usinas, destilarias e canaviais permite que o usineiro e o fazendeiro aumentem o seu controle político sobre os operários rurais e industriais.

A grande empresa e o desenvolvimento do proletariado. Nas últimas décadas, a agricultura brasileira adquiriu uma conotação capitalista mais profunda e generalizada. Nem por isso, no entanto, deixa de ser bastante desigual, segundo as culturas, regiões ou outros característicos. Na estrutura fundiária brasileira predominam principalmente a grande propriedade rural e a pequena propriedade, sendo que em umas e outras a produção se organiza sob diferentes formas. Há grandes empresas que apresentam altos índices de mecanização e quimificação dos processos produtivos. Variam bastante os índices de utilização da força de trabalho, bem como as modalidades de sua vinculação à unidade produtiva. São diversas as formas de organização social das forças produtivas e das relações de produção que se encontram na agricultura brasileira. Não cabe descrever agora as formas que se encontram aqui e acolá. Mas são diversos os pesquisadores que concordam quanto à expansão da empresa capitalista no campo: multiplicam-se, expandem-se e diversificam-se, de ponta a ponta do país. E alguns indicam inclusive a influência que essa expansão acarreta na modificação da estrutura da mão de obra. Vejamos algumas observações de pesquisadores sobre a economia e as relações de produção na agricultura.

Hoffmann e Graziano da Silva: "A constância de valores elevados para os índices de concentração da posse da terra no Brasil nesse meio século (1920-1970) indica que as modificações ocorridas na estrutura agrária do país não romperam com o padrão de alta concentração da riqueza, e, consequentemente, do poder, no setor agrícola. Ainda hoje coexistem o latifúndio e o minifúndio como formas dominantes de propriedade da terra, traço característico de uma distribuição da posse da terra altamente concentrada".[10]

Mendonça de Barros, Rizzieri e Pastore: "Sem perda de generalidade é possível admitir que o papel da agricultura no processo do crescimento econômico apresente cinco aspectos: oferta adequada de alimentos e matérias-primas para o setor urbano; colaboração decisiva na oferta de divisas; oferta de mão de obra para as atividades urbanas; contribuição da poupança gerada no setor primário para a formação de capital na indústria; elevação do mercado para produtos industriais. Implícita no preenchimento destes papéis está, obviamente, a ideia de que junto com o crescimento da produção total também cresça a produtividade no setor rural".[11]

Correia de Andrade: "Essa expansão da área de produção é feita através do emprego cada vez maior do fator capital, de vez que os grandes proprietários e as sociedades anônimas fazem grandes inversões a fim de organizarem uma produção competitiva face à concorrência internacional e se processa com a incorporação de terras antes inexploradas ou ocupadas por pequenos agricultores que se deslocam abrindo frentes pioneiras. Constituindo-se dentre os moldes capitalistas mais modernos, visando à maximização dos lucros e contando com os incentivos oficiais, canalizados através de agências de desenvolvimento como a SUDAM na Amazônia e a SUDENE no Nordeste e com as facilidades oferecidas às atividades econômicas voltadas para a exportação, o processo se faz com a agregação de tecnologias mais

---

[10] Rodolfo Hofmann e José Francisco Graziano da Silva, *A Estrutura Agrária Brasileira,* Série Pesquisa nº 31, Piracicaba, Departamento de Ciências Sociais Aplicadas, Escola Superior de Agricultura Luiz de Queiroz, 1975, p. 35.
[11] José Roberto Mendonça de Barros, Juarez A. B. Rizzieri e Affonso Celso Pastore, *A Evolução Recente da Agricultura Brasileira,* São Paulo, Instituto de Pesquisas Econômicas (IPE), Faculdade de Economia e Administração, Universidade de São Paulo, 1975, pp. 1-2.

modernas e vem destruindo as formas de relações de trabalho tradicionais, arcaicas..."[12]

À medida que se desenvolvem as forças produtivas e as relações de produção, tanto se forma ou expande a grande empresa, como se desenvolvem as classes sociais. Desenvolvem-se – econômica e politicamente – tanto a burguesia de base agrária (com ou sem vínculos na cidade) como o proletariado rural. As classes sociais e a empresa capitalista passaram a ser elementos essenciais da sociedade agrária. É claro que de modo variável, conforme a área, o Estado ou a região do país. Em um mesmo Estado, encontram-se frequentemente desenvolvimentos desiguais desses elementos.

A grande empresa agrícola, pecuária, agropecuária ou agroindustrial se torna uma expressão fundamental da economia política do campo. É inegável que a pequena e a média empresa continuam a subsistir. Inclusive podem tornar-se, como de fato se tornaram, elementos importantes da expansão das atividades rurais. Os próprios regimes de arrendamento, parceria, meação, troca pela forma e outras modalidades de organização da produção subsistem e redefinem-se continuamente, nos quadros da produção rural capitalista. Ao lado destes desenvolvimentos, no entanto, expande-se a grande empresa. Mesmo porque ela recebe apoio e estímulo econômico e político do poder estatal, por intermédio de entidades públicas tais como o Instituto do Açúcar e do Álcool (IAA), Superintendência do Desenvolvimento da Amazônia (SUDAM), Banco da Amazônia S.A. (BASA), Banco do Brasil e outras.[13] Ocorre que o Estado propicia novos canais de atuação (ou dinamiza os preexistentes) do Capital industrial na economia rural: agrícola, pecuária, extrativa ou agroindustrial. Em boa parte, as

---

[12] Manuel Correia de Andrade, *O Planejamento Regional e o Problema Agrário no Brasil,* São Paulo, Ed. HUCITEC, 1976, pp. 148-149.
[13] Obras nas quais examinam-se aspectos da ação estatal no mundo rural: Ruy Miller Paiva, S. Schattan e C. F. Trench de Freitas, *Setor Agrícola do Brasil,* São Paulo, Secretaria da Agricultura, 1973; José de Souza Martins, *Capitalismo e Tradicionalismo,* São Paulo, Livraria Pioneira Editora, 1975; José C. A. Gnaccarini, *Estado, Ideologia e Ação Empresarial na Agroindústria Açucareira do Estado de São Pauio,* São Paulo, 1972, mimeo; Oriowaldo Queda, *A Intervenção do Estado e a Agroindústria Açucareira Paulista,* Piracicaba, 1972, mimeo; Tamás Szmrecsányi, *Contribuição à Análise do Planejamento da Agroindústria Canavieira do Brasil,* Campinas, 1976; Roberto M. Perosa Jr., *A Indústria no Campo,* Campinas, 1977, mimeo; Octavio Ianni, *A Luta pela Terra,* São Paulo, 1977, mimeo.

transformações havidas e em curso no mundo rural mostram como a indústria subjuga e modifica as condições de produção no campo. Quanto à burguesia de base agrária, é claro que em geral ela está amplamente articulada com as burguesias industrial e financeira, de base urbana. Ao lado de empresários (grandes, médios ou pequenos) de base exclusivamente agrária, cresce o número daqueles articulados com empresários industriais e banqueiros. Às vezes as empresas rurais, industriais e financeiras fazem parte do mesmo grupo econômico. Outras vezes o empresário é um só. Ocorre que o capital industrial submete, cada vez mais ampla e profundamente, a agricultura, ou seus ramos, às exigências da reprodução e expansão desse mesmo capital.

Ao mesmo tempo que se desenvolvem as forças produtivas e as relações de produção no campo, desenvolve-se a classe operária rural. Ainda que ela não se expanda permanentemente, em termos quantitativos, é inegável que ela se modifica e amadurece qualitativamente; desenvolve-se econômica e politicamente. Em várias partes do país, ocorre a expropriação de camponeses – isto é, sitiantes, posseiros, rendeiros, parceiros e outros – de seus meios de produção. Também ocorre a expulsão de colonos, moradores e outros residentes das terras de fazendas, criações, plantações ou usinas de açúcar. Inclusive verifica-se a expulsão de índios de suas terras e a transformação deles em assalariados. Pouco a pouco, formam-se dois contingentes principais de operários agrícolas: os permanentes e os temporários. Uns, os permanentes, em menor número, são aqueles contratados para trabalhar ao longo do ano, ou mesmo anos seguidos, para a mesma empresa ou fazendeiro. Às vezes, são residentes nas terras das fazendas, plantações, criações ou usinas; outras, residem fora ou longe das terras onde trabalham. Outros, os temporários, sempre residem fora ou longe das terras onde trabalham. São chamados "boia-fria", por exemplo, no Estado de São Paulo, "corumba", em Pernambuco, ou "peão", na Amazônia, entre outras denominações, pejorativas ou não. Na maioria dos casos, os trabalhadores assalariados temporários são arregimentados por um empreiteiro de mão de obra, que pode denominar-se "gato", "caminhoneiro" ou outro termo, pejorativo ou não. É este, o empreiteiro, que contrata a quantidade de trabalhadores e as condições sob as quais eles devem trabalhar para o fazendeiro ou a empresa, nas usinas, fazendas de gado ou plantações.

Rangel: "A monocultura agrícola e a pecuária, na medida em que, neste último caso, essa atividade passa a estágios superiores, tendendo a converter-se em exploração intensiva, caracteriza-se por uma demanda altamente flutuante de mão de obra, segundo a estação do ano. Sua saúde econômica e financeira exige, pois, um mercado especial de mão de obra, caracterizado por uma oferta fortemente elástica. Enquanto esse tipo de atividade constituía exceção ou estava ainda nos estágios iniciais do seu desenvolvimento, essa oferta de mão de obra era assegurada pela população camponesa, instalada no latifúndio convencional circunvizinho, ou no interior da própria fazenda, em processo de conversão. ... Trata-se de criar, em locais previamente escolhidos, aldeias destinadas a receber o trabalhador temporário com suas famílias. ... Ora, como seria aberrante, por hostil aos interesses *fundamentais* da fazenda, exigir estabilidade da ocupação minifundiária *dentro da fazenda,* urge que essa estabilidade seja assegurada *fora dela.* A estabilidade da oferta de mão de obra à monocultura, tanto em termos de quantidade como de salário, retiraria os óbices presentes à expansão do capitalismo no campo".[14]

Brandão Lopes: "Do modo como esta empresa (agropecuária) está surgindo no Brasil, os empregados permanentes, que tradicionalmente soem guardar pelo menos resquícios de relações não capitalistas, tendem a restringir-se ao mínimo e àquela mão de obra de mais alta qualificação (tratoristas, contador etc.). Processa-se a expulsão de colonos e moradores e cria-se assim um proletariado rural puro (chamados 'volantes' ou 'boias-frias', em São Paulo, 'trabalhadores de fora' ou 'clandestinos' na Zona da Mata nordestina), que se aglomera em novos bairros rurais à beira das estradas ou na periferia das cidades e vilas. A este proletariado recorrem as empresas agrícolas para a maior parte das fainas rurais, utilizando-se do sistema de empreiteiros de turmas. A produção, com o declínio das atividades para autoconsumo, especializa-se, e a população residente nessas empresas passa a recorrer, para a satisfação de suas necessidades, ao mercado. Passando a vigir completamente a lógica do capital, mecanizam-se as tarefas agrícolas, elevando-se a composição orgânica do capital".[15]

---

[14] Ignacio Rangel, *A Questão Agrária Brasileira,* Recife, Comissão de Desenvolvimento Econômico de Pernambuco, 1962, pp. 60-61.

[15] Juarez Rubens Brandão Lopes, *Tipo de Áreas Rurais no Brasil,* São Paulo, Caderno CEBRAP nº 26, 1975, p. 8. Consultar também: José P. Graziano da

Conceição d'Incao e Mello: "É comum dentre os empresários rurais, a referência ao Estatuto do Trabalhador Rural, como principal responsável por este tipo de exploração (intermitente) do trabalho no meio rural. Entretanto, os estudos de caso realizados revelaram que, embora muitas vezes o empregador adote o sistema de contratação de trabalhadores 'boias-frias', como um meio de fugir aos compromissos trabalhistas, o que lhe determina sobremaneira esta possibilidade é que sempre há disponibilidade de mão de obra na região".[16] "À medida, todavia, que a mecanização vai sendo introduzida na agricultura, em decorrência da própria acumulação, dos financiamentos bancários e da elevação do preço da terra, trazendo consigo o aumento da produtividade do trabalho e a consequente diminuição da mão de obra necessária, torna-se mais vantajosa para o empresário rural a exploração da força de trabalho pelo sistema de salariato. Esta solução desonera o proprietário dos compromissos com as instalações e a manutenção das numerosas famílias dos arrendatários e parceiros, além de permitir-lhe um maior controle sobre a qualidade da produção, feita agora em melhores condições técnicas. É quando o Estatuto do Trabalhador Rural aparece como variável significativa na opção, pela contratação do diarista."[17]

Essas modificações ocorridas na economia e sociedade agrárias provocaram o desenvolvimento das classes sociais no campo, principalmente o proletariado e a burguesia; e novos relacionamentos entre o campo e a cidade, a indústria e a agricultura. Desenvolveram-se dois setores importantes no interior do proletariado rural; o assalariado permanente e o assalariado temporário. Ao mesmo tempo, o proletariado rural e o proletariado urbano passaram a conviver cada vez mais nos mesmos espaços econômicos e políticos. Entrou em nova fase o desenvolvimento do mercado nacional (rural e urbano, agrícola e industrial) de força de trabalho.

À medida que se expandiu e diversificou a empresa agrícola, desenvolveu-se a legislação do trabalho no campo. O Estado passou a estabelecer diretrizes jurídicas, ou melhor, condições político-econômicas, destinadas a organizar ou reorganizar as relações de produção.

Silva e José G. Guasques, *Diagnóstico Inicial do Volante em São Paulo,* Botucatu, Faculdade de Ciências Médicas e Biológicas, 1976.

[16] Maria Conceição d'Incao e Mello, *O "Boia-fria": Acumulação e Miséria,* Petrópolis, Ed. Vozes, 1975, p. 117.

[17] Maria Conceição d'Incao e Mello, *op. cit.,* p. 120.

É claro que tem havido e continua a haver razoável descompasso entre o progresso da empresa, a prosperidade do empresário, a organização política da burguesia agrária, por um lado, e as condições políticas de negociação do assalariado permanente, assalariado temporário ou o conjunto do proletariado rural, por outro. O empresário, individualmente ou como classe, tem acesso às exigências governamentais, bancos, contabilidade de custos, garantia dos preços mínimos para as suas mercadorias, incentivos fiscais, facilidades para a exportação, reservas de mercado. O assalariado ainda tem poucas possibilidades de defender os seus interesses, com base na legislação vigente. O seu sindicato foi bastante burocratizado, atado ao aparelho estatal e orientado para o assistencialismo.

Com as modificações havidas na economia e sociedade agrária, desenvolveram-se não apenas as relações de produção e as classes sociais. Também generalizaram-se e aprofundaram-se os antagonismos sociais. Simultaneamente, e por isso mesmo, tornou-se conveniente, para a empresa, o empresariado, a reprodução do capital, que o governo estabelecesse limites à atividade política dos assalariados, em conjunto e em seus principais setores. Não interessava à empresa que as relações de produção ficassem totalmente ao acaso das forças políticas em jogo. Mesmo porque o sindicato rural e as ligas camponesas, ou outras organizações de trabalhadores do campo, estavam fazendo propostas e encaminhando soluções que pouco convinham aos interesses da empresa e do conjunto da burguesia agrária. Esse foi o contexto no qual desenvolveu-se uma formalização mais "burocrática" das relações de produção na agricultura brasileira.

A questão agrária e as formas do Estado*

No Brasil, a questão agrária é um elemento importante para explicar tanto as diversas formas adquiridas pelo Estado como as principais rupturas ocorridas na história deste. No Império e na República, os problemas da sociedade agrária marcam bastante, e às vezes de modo decisivo, a fisionomia do Estado brasileiro. O poder moderador, a política dos governadores, o Estado Novo, o populismo e o militarismo têm muito a ver com as forças sociais do campo; naturalmente sempre em combinação com as da cidade. Da mesma maneira, a abolição da escravatura, a proclamação da República, a Revolução de 1930, o golpe de Estado de 1945 e o golpe de Estado de 1964 revelam a presença e influência das controvérsias e interesses que se desenvolvem no campo.

É verdade que as formas mais notáveis do Estado brasileiro, bem como as suas rupturas, são inexplicáveis se não se levam em conta o Exército, a Igreja e o imperialismo. Outra vez, no Império e na República, essas são três "instituições" decisivas. Na história do povo brasileiro, desde a Independência, a questão agrária, o Exército, a Igreja e o imperialismo são forças decisivas, elos fundamentais, para explicar as formas do Estado e as suas rupturas. Parecem os quatro cavaleiros do apocalipse, se se toma a perspectiva do povo, principalmente

---

* Inédito, escrito em setembro de 1983. O tema deste trabalho foi objeto de uma conferência realizada no Departamento de Ciências Sociais da Universidade Federal do Rio Grande do Norte, em Natal, a 23 de setembro do mesmo ano.

índios, escravos, imigrantes, colonos, moradores, sitiantes, camaradas, seringueiros, posseiros, operários, empregados, funcionários. Sempre venceu, ou predominou, o Estado forte, o regime de exceção, a ditadura civil ou militar, com poucos entreatos de democracia limitada, de cidadania tolerada. Entreatos em geral abertos apenas a setores das populações urbanas das grandes cidades.

Naturalmente o Exército, a Igreja e o imperialismo não se apresentam sempre da mesma forma, em toda história. Às vezes estão divididos entre si, por divergências ocasionais ou mesmo profundas. Nem sempre o patriotismo se conjuga com nacionalismo; ou cristianismo com imperialismo. Cada uma dessas "instituições" tem as suas razões particulares. Inclusive internamente cada uma é campo de divergências, fissuras. Às vezes o nacionalismo é muito importante para alguns militares, mas não para outros. Há ocasiões em que setores da Igreja engajam-se em movimentos sociais, de base rural e urbana; lutam pela reforma agrária. Em todos os casos, ainda que em distintas gradações, o Exército, a Igreja e o imperialismo expressam principalmente o jogo dos interesses predominantes na ocasião. Em geral, essas "instituições" refletem as relações e os antagonismos de classes, mas na perspectiva das classes dominantes, em âmbito nacional e internacional.

Entretanto, é inegável a importância da questão agrária na conformação da fisionomia do Estado brasileiro; e nas rupturas que marcam momentos notáveis da sua história.

Pode-se dizer que o poder público tem sido levado a tomar decisões, criar órgãos, desenvolver políticas que influenciam bastante a agricultura, segundo os interesses da indústria, comércio e banco. A agricultura se desenvolve e se transforma segundo interesses do capital centrado na indústria, nacional e estrangeira. Ao longo da história, o campo é subordinado à cidade em escala crescente. Há mesmo uma industrialização do campo, seja em termos estritamente econômicos, seja em termos sociais e culturais. No campo, o capitalismo se desenvolve de forma extensa e intensa, conquistando e reconquistando fronteiras.

E é essa dominação que garante a influência da questão agrária no Estado. O caminho de ida é sempre o caminho de volta. Assim como a cidade vai ao campo, o campo entra pela cidade.

Tanto em sentido histórico como teórico, as diversas formas adquiridas pelo Estado, bem como suas principais rupturas, têm muito a ver com a questão agrária.

São vários os aspectos da sociedade agrária que revelam a presença e influência desta no Estado brasileiro.

Agricultura, região e nação

É a partir da agricultura – tomada em sentido amplo, como plantação, pecuária e extrativismo – que se desenvolvem as regiões que compõem a sociedade nacional. A Amazônia é múltipla, mas está assinalada pela borracha. O Nordeste não é um só; é cana, gado e agricultura; é úmido e semiárido, de flagelados e industriais da seca, coronéis e camponeses, beatos e cangaços, ligas e sindicatos, DNOCS e SUDENE, Antônio Conselheiro e Padre Cícero, Gilberto Freyre e Celso Furtado; mas está marcado pela cana-de-açúcar. São Paulo tem muita indústria; mas pode ter sido uma invenção do café. O Rio Grande do Sul tem pampa e coxilha, mas foi demarcado pela pecuária. E assim por diante. A agricultura, por seus surtos de expansão e crise, tanto assinala a ocupação do território como a conformação das estruturas regionais. E assinala também algumas das condições básicas das articulações entre região e nação.

Em termos da sociedade brasileira, como um todo, as diversidades e desigualdades regionais constituem as bases do desenvolvimento desigual e combinado que caracteriza a formação social brasileira. Primeiro, uma região não repete a outra. São diversas e muitas as formas de organização do trabalho, os graus de integração à economia de mercado, as articulações nacionais e estrangeiras. Segundo, cada região se articula com a outra, em termos de fluxos de capital, tecnologia e força de trabalho, mercadorias, gentes e ideias.

O Nordeste tem sido um vasto manancial de força de trabalho para: a primeira e a segunda borracha; a construção da cidade de Brasília e da rodovia Belém-Brasília; a criação da indústria automobilística em São Paulo; a "explosão" urbana no Rio de Janeiro, São Paulo e outras cidades; a construção e colonização da Transamazônica; e muitos "desenvolvimentos" fundamentais da economia e sociedade no país. Ao mesmo tempo, o Nordeste produz excedentes econômicos que são canalizados para o Centro-Sul, principalmente São Paulo, e o exterior, por meio da rede bancária, filiais de empresas industriais, conglomerados econômicos. Sem esquecer o mercado para produtos das indústrias do Centro-Sul – outra vez principalmente São Paulo – representado pela classe média e burguesia regionais. Em geral, todas essas relações desenvolvem-se com a proteção ou colaboração do poder estatal.

Na prática, todas as regiões brasileiras têm algum débito para com o Nordeste. A rigor, o Brasil é inexplicável sem o Nordeste, sem a a sua vasta contribuição, em termos de lucros e trabalhadores. Sem esquecer que essa contribuição envolve o social e o cultural, além do econômico.

Ao longo da história, o Nordeste, o Rio Grande do Sul, a Amazônia e diversas outras partes do país se empobrecem, em comparação com a acumulação de capital que se realiza em São Paulo. Aos poucos, os fluxos de capital, tecnologia e força de trabalho controlam-se cada vez mais desde São Paulo, em benefício de São Paulo, da grande burguesia baseada em indústrias, empresas comerciais, bancos e órgãos do poder público. Há sempre alguma tutela, ou cumplicidade, dos governantes que controlam o aparelho estatal; governantes esses que conhecem os interesses da grande burguesia. Tudo isso sob forte influência do capital estrangeiro. Também o imperialismo inventa a nação, procura criar a nação que melhor se ajusta aos seus interesses.

É forte a repercussão da crise econômica mundial (iniciada com o *crack* da Bolsa de Nova Iorque em 1929) na queda da Primeira República. Essa crise atinge drasticamente a cafeicultura, o principal setor da economia nacional desde fins do século XIX; uma base importante do Estado oligárquico inaugurado com a Proclamação da República. Mas também foi forte a influência da questão regional na Revolução de 30. Sob vários aspectos, essa Revolução expressou uma crise do predomínio de São Paulo e Minas Gerais sobre o conjunto dos outros Estados da federação. O movimento revolucionário caminha dos Estados que se acham em segundo plano (mais pobres, subordinados, cooptados, periféricos) para o centro de poder. Centro esse bastante apoiado na cafeicultura. Assim, a Revolução quebra a política dos governadores e o Estado oligárquico, ao mesmo tempo que também põe em questão a monocultura cafeeira. É claro que o fim da Primeira República também tem muito a haver com o tenentismo, o movimento pela democratização da vida política nacional, as lutas operárias e outras manifestações sociais, políticas e culturais que partiam principalmente dos principais centros urbanos, como Rio de Janeiro, São Paulo, Porto Alegre, Salvador, Belo Horizonte, Recife e outros.

Nessa época, já está em marcha uma nova onda de diversificação da agricultura, simultaneamente à incipiente industrialização. E as políticas de industrialização, adotadas em escala cada vez mais sistemática desde 30, colocam a agricultura como uma fonte básica de recursos: lucros, mão de obra, mercado, área de investimentos etc. Nesta altura, entram de novo em causa as relações econômicas externas, principalmente o imperialismo. O imperialismo ajudou a inventar tanto a vocação agrária do Brasil – tese prevalecente antes de 30 – como a vocação industrial, principalmente depois de 45. Nas últimas décadas, em especial sob os governos militares iniciados em 64, as multinacionais avançaram bastante na agricultura. Há grileiros, latifundiários, fazendeiros, empresários e órgãos governamentais, em todas as partes do país, trabalhando segundo os interesses das multinacionais.

Força de trabalho e relações de produção

Quem trabalha a terra é escravo, colono, camarada, peão, morador, parceiro, meeiro, arrendatário, seringueiro, ervateiro, posseiro, sitiante. Nos sítios, fazendas, latifúndios e empresas, o trabalhador rural produz para si e para outros, do campo e cidade. São muitas as formas de organização técnica e social do trabalho na agricultura, passando pelo mutirão e salário, aviamento e tarefa, enxada e avião, valor de uso e valor de troca. São muitas as formas de subordinação do trabalho ao capital. Na maioria dos casos, a produção de valor de troca generaliza-se, intensifica-se, toma conta do trabalhador. Pouco a pouco, volta-se para a produção mercantil, ocasional ou exclusivamente. Assim, índios, caboclos, negros, mulatos, brancos de diversas origens, todos engajam-se no trabalho da terra.

Entretanto, caminhou devagar a legislação do trabalho no campo. É verdade que no colonato da cafeicultura, desde o começo deste século, já houve alguma legislação sobre relações de trabalho, formalização contratual de direitos e deveres de vendedor e comprador de força de trabalho. Mas sempre foram bem mais lentos os avanços da legislação trabalhista no campo. O Estatuto do Trabalhador Rural data de 1963, precisamente 20 anos depois da Consolidação das Leis do Trabalho, que definiu as relações trabalhistas na cidade, nas fábricas, lojas e escritórios. O Programa de Assistência ao Trabalhador Rural, que compreende o

Fundo de Assistência ao Trabalhador Rural (FUNRURAL), data de 1971. Mas esses e outros dispositivos legais aplicam-se com lentidão, de forma incompleta. No campo, frequentemente a administração pública é ausente, omissa ou conivente com as práticas ilegais de grileiros, latifundiários, fazendeiros e empresários.

Tanto quanto possível, os governantes sempre atrasam o atendimento das reivindicações do trabalhador rural. Não atendem ou deixam que latifundiários, fazendeiros e empresários lancem mão da violência privada. No dia 12 de agosto de 1983, Margarida Maria Alves, presidente do Sindicato dos Trabalhadores Rurais de Alagoa Grande, na Paraíba, foi assassinada; precisamente devido a essa conivência de setores da administração pública com grandes proprietários rurais. Quando atendem às reivindicações dos trabalhadores rurais, os governantes só atendem depois de muita luta por parte destes. Em todos os casos, o favorecido é o fazendeiro, latifundiário, empresário, comprador de força de trabalho. Em todos os casos, o Estado reflete, ou mesmo representa abertamente, os interesses dos grandes proprietários rurais, nacionais e estrangeiros. Na escala da "cidadania" – e no Brasil há uma larga escala de cidadãos de primeira, segunda e diversas outras classes – o trabalhador rural está sempre nos últimos lugares. Na medida em que a ideia de sociedade civil implica a de povo, cidadão, opinião pública, sufrágio, representação etc., o camponês e operário rural continuam sendo colocados nas lonjuras, à parte, como membros de uma espécie de segunda sociedade.

Indústria e agricultura

A agricultura sempre esteve subordinada à indústria. Antes, a indústria estava localizada principalmente no exterior: Inglaterra, França, Alemanha, Estados Unidos e outros países. Depois, em especial a partir do governo Juscelino Kubitschek de Oliveira (1956-60), desenvolveu-se também a indústria situada no Centro-Sul, em grande parte concentrada na área da grande São Paulo; sem perder os vínculos externos, multinacionais, como o imperialismo.

O açúcar, café, algodão, mate, borracha, arroz, feijão, cítricos, carnes e outros gêneros alimentícios e matérias-primas destinam-se, em geral, às populações urbanas e fábricas; no país e no exterior. Produzem ganhos ou divisas. São mercadorias, por meio das quais os trabalhadores rurais produzem lucro ou mais-valia. Ao mesmo tempo, certos produtos alimentícios, cujos preços são administrados pelo poder público, garantem que os assalariados da cidade, tais como operários, empregados e funcionários civis e militares, tenham a sua reprodução assegurada, às custas do trabalhador rural, que padece a maior expropriação.

A rigor, o proprietário do capital, principalmente a burguesia industrial, beneficia-se várias vezes da subordinação do campo à cidade, da agricultura à indústria. Primeiro, pela garantia de suprimentos de gêneros alimentícios e matérias-primas. Segundo, devido à administração de preços pelo poder público, de acordo com os interesses da burguesia industrial; administração essa que se mescla com as políticas governamentais de crédito, modernização tecnológica, quimificação e outras, em favor da indústria. Terceiro, pela produção de divisas com as exportações de gêneros e matérias-primas, exportações essas favorecidas pelo poder público; divisas essas das quais se beneficiam bancos e indústrias ou o grande capital financeiro. Quarto, pela garantia de reservas de força de trabalho no mundo agrário, o que representa sempre um manancial, tanto para a expansão da indústria como para deprimir os níveis de salários reais na cidade.

Como se vê, são diversas as formas de industrialização da agricultura, de subordinação do trabalho rural ao capital. Se é verdade que em geral a industrialização do campo beneficia a burguesia industrial, isto não significa que esta e a burguesia agrária são diversas, separadas. Em alguns casos, tem havido divergências quanto às responsabilidades do poder estatal em face dos negócios rurais e industriais. Em muitos casos, no entanto, essas burguesias são uma só. O mesmo empresário, ou grupo econômico, detém o controle de indústrias, fazendas, bancos, empresas de comércio. Os favores creditícios e fiscais, os preços mínimos, as garantias das safras e outras políticas agrárias governamentais estão sempre na conta de empresários e grupos. Tanto assim que muitos têm negócios na terra. Umas vezes para desenvolver realmente empreendimentos agrícolas; outras apenas para ter acesso a créditos com juros negativos. São diversas as razões pelas quais a fazenda e a fábrica se conjugam. Não é por acaso que a Associação dos Empresários da Amazônia tem sede na cidade de São Paulo. Os projetos agropecuários, hidroelétricos, rodoviários, de mineração e outros (Transamazônica, Jari, Tucuruí, Itaipu, Carajás, GETAT e muitos outros) mostram que os negócios da terra podem aprimorar a integração entre a grande burguesia e o poder estatal. É assim que se dá a metamorfose da geopolítica interna e acumulação capitalista.

Fronteiras da reforma agrária

É possível afirmar que a história da agricultura brasileira, desde a Independência, tem muito de uma larga reforma agrária. Naturalmente, uma reforma agrária que se realiza do ponto de vista dos interesses predominantes na Monarquia, Estado Oligárquico da Primeira República, Estado Novo, República Populista e Ditadura Militar. Há continuidade e descontinuidades, surtos e retrocessos. Mas está sempre em marcha a reforma agrária dos blocos de poder que prevalecem em cada época.

Vejamos alguns aspectos desse tema, apenas para situá-lo.

Sob várias perspectivas, a história do Brasil parece ser a história de um povoamento que não termina. Nos séculos XIX e XX, o povoamento continua. Hoje se diz que a fronteira amazônica está fechando. Estariam terminando as terras tribais, devolutas, ocupadas, pois que toda terra remanescente está sendo titulada. Acha-se em seus momentos finais o largo processo histórico de monopolização das terras.

Durante o século XIX, a Monarquia, em acordo com os interesses dominantes nas províncias e suficientemente representados na Corte, favoreceu a imigração de colonos para povoar e cultivar nos Estados do Rio Grande do Sul, Santa Catarina, Paraná, São Paulo, Rio de Janeiro e Espírito Santo. Vieram italianos, alemães, poloneses, ucranianos e outros europeus para as colônias. Assim se realizou uma fase importante do povoamento. Com esse povoamento realizou-se uma espécie de reforma agrária, a partir da qual se criaram as colônias. Principalmente no Rio Grande do Sul, Santa Catarina e Paraná, as colônias são uma importantíssima realidade passada e presente.

Ao mesmo tempo, com a expansão cafeeira, a marcha do café seguiu da Baixada Fluminense ao Vale do Paraíba; daí ao Oeste paulista; em seguida aos outros "oestes" do Estado de São Paulo; continuou a caminhar para o Norte do Paraná; e avançou pelo Paraguai. Nesse roteiro – que é geográfico, ecológico, econômico, social, político, cultural e histórico – entram outra vez imigrantes. Além dos imigrantes – agora como braços para a lavoura; já que a escravatura estava em processo de extinção – entram também ex-escravos, trabalhadores nacionais, camaradas e outros. Nesse roteiro, as terras virgens transformam-se em fazendas. Em seguida, devido aos surtos de ascenso e crise da cafeicultura (superprodução, geadas, pragas etc.) ocorrem frequentes divisões de fazendas, ou suas partes, em pequenas propriedades familiares.

Durante o Estado Novo, o governo fez grande alarde da Marcha para Oeste, para o Centro-Oeste; organizando expedições para descobrir minérios, terras férteis, recursos extrativos e povoar. Incentivou-se a ocupação de terras virgens. E também se falou em Brasil grande, continente.

Antes, muito antes, desde meados do século XIX, o primeiro ciclo da borracha já havia provocado intensa migração de nordestinos para a Amazônia. Muitos foram tangidos como flagelados da grande seca de 1877, para afundarem-se no impaludismo e no aviamento das profundas das amazônias. Depois, durante a Segunda Guerra Mundial, novamente o governo tangeu nordestinos para a coleta da borracha. Nessa ocasião estava em curso o esforço de guerra dos norte-americanos, em conjunto com as nações aliadas que lutavam contra o nazifascismo. Anteriormente, como agora, na primeira e na segunda borracha, alegava-se a intenção de salvar os flagelados das secas. Em seguida, em 1970, a ditadura militar inventou o Plano de Integração Nacional, que implicou, entre outros interesses econômicos e políticos dos governantes, a transferência de flagelados das secas para a construção da Transamazônica e o povoamento das suas margens. Assim, a Amazônia tem sido ocupada e reocupada: drogas do sertão, primeira borracha, segunda borracha, integração nacional.

Desde o golpe de Estado de 1964, com a instalação da ditadura militar, o poder público tem multiplicado iniciativas de modo a provocar a migração de nordestinos, gaúchos e muitos outros trabalhadores rurais, de várias partes do país, para a Amazônia. Ao mesmo tempo que induz à expansão da agricultura, pecuária, extrativismo e mineração, induz à "redução" das contradições sociais em áreas como algumas do Nordeste, Rio Grande do Sul e outras. Sob vários aspectos, a "colonização" da Amazônia, intensificada desde 64, tem muito de uma vasta operação de geopolítica interna. Geopolítica de governantes aplicada aos governados, principalmente a camponeses e operários, como um povo conquistado.

Essa é uma parte importante da história da reforma agrária que se faz no Brasil desde o século XIX. É óbvio que essa é a reforma das classes dominantes, cujos interesses estão sempre representados pelos governos, desde a Monarquia à ditadura militar. É reforma agrária que expressa e concretiza um aspecto básico do desenvolvimento extensivo e intensivo do capitalismo no campo.

O problema da reforma agrária é particularmente importante para explicar o modo pelo qual a questão agrária entra na constituição do Estado brasileiro. Desde o século XIX, o poder público tem realizado intervenções diretas e indiretas nos assuntos fundiários. A partir da Lei de Terras de 1850, até o Ministério Extraordinário para Assuntos Fundiários, criado em 1982, muito se legislou sobre a posse e o uso da terra. Inclusive adotaram-se diretrizes que assinalam épocas e orientações: Estatuto de Lavoura Canavieira, em 1941; Estatuto da Terra, em 1963; Fundação Nacional do Índio (FUNAI), em 1967, sem esquecer o Serviço de Proteção aos Índios (SPI), de 1910; Plano de Integração Nacional (PIN), em 1970; Grupo Executivo das Terras do Araguaia e Tocantins (GETAT) e Grupo Executivo das Terras do Baixo Amazonas (GEBAM), em 1980; e muitas outras. Mas nunca deixou de estar presente e forte a questão da terra no processo político brasileiro. O problema do índio e posseiro continua sério em muitas partes do país, e não apenas na Amazônia.

Para os governantes do passado e hoje, a questão agrária sempre está sendo resolvida de modo conveniente. Para eles, há mesmo uma reforma em curso, com um mínimo de desorganização dos interesses de latifundiários, fazendeiros e empresários. Uma reforma agrária que nunca põe em questão o princípio da propriedade privada. Além disso, o modo pelo qual os governantes encaminham a resolução do problema da posse e uso da terra atende a algumas exigências estruturais dos interesses representados no Estado. Primeiro, só ocorre a discreta distribuição de títulos de propriedade a posseiros quando estes se revelam particularmente fortes, em termos de capacidade de luta. Em todos os outros casos, os grileiros, pistoleiros, jagunços e policiais são encarregados de resolver as pendências. Segundo, os poucos núcleos de colonos regularizados servem para produzir gêneros e matérias-primas, além de funcionarem como reservas de força de trabalho para empreendimentos de latifúndios, fazendas e empresas; sem esquecer os empreendimentos governamentais, tais como rodovias, hidroelétricas e outros, que também aproveitam essas facilidades de mão de obra. Terceiro, os posseiros e colonos, em todos os casos, compõem-se de "excedentes populacionais", isto é, trabalhadores rurais desempregados, subempregados, flagelados, pauperizados, provenientes de outras regiões. Assim, nordestinos e gaúchos, entre muitos outros, formam contingentes de posseiros e colonos na vasta região amazônica. Nesse sentido é que os governantes têm realizado a reforma agrária que convém aos interesses que representam. Interesses que não têm nada a ver com as reivindicações e lutas de índios, posseiros, sitiantes, parceiros, arrendatários, moradores e muitos outros trabalhadores do campo.

Movimentos sociais

São numerosos os movimentos sociais rurais, de base camponesa e operária, que expressam a luta pela posse e uso da terra. Também comunidades indígenas fazem parte dessa história. À medida que se desenvolve o capitalismo, a partir da indústria, comércio e banco, ou da cidade, os muitos núcleos de trabalhadores rurais e as muitas comunidades indígenas são induzidos a proletarizarem-se ou seguir adiante, em busca de outras terras. Muitos são os que resistem, lutam. Lutam para continuar em suas terras ou para reconquistá-las. Em face do desenvolvimento extensivo e intensivo do capitalismo no campo, compreendendo a monopolização da propriedade e exploração da terra, índios, posseiros, arrendatários, meeiros, parceiros, sitiantes, moradores e outros são levados à proletarização, busca de outras terras; ou lumpenizam-se. Há os que migram para as cidades, os centros industriais; os que se empregam em latifúndios, fazendas, empresas, empreendimentos públicos. São poucos os que conseguem consolidar ou recriar a condição camponesa. Nestes casos, quando há uma espécie de recamponesação, o trabalhador e a sua família são subordinados ao capital em forma mais sistemática que anteriormente. Isto ocorre tanto entre os colonos do vinho, no Rio Grande do Sul, como em agrovilas, na Amazônia.

São numerosos os movimentos sociais rurais que expressam diferentes aspectos dessas lutas, desde há muito tempo: Canudos, Juazeiro, Contestado, Trombas e Formoso, Santa Fé do Sul, Oeste Paranaense, Nonoai, Sul do Pará, Rondônia e outros, em diferentes partes da sociedade agrária. É claro que os movimentos sociais rurais são diferentes, quanto aos objetivos, composição social, organização, liderança e duração. Aí estão igrejas e seitas, ligas e sindicatos, partidos e órgãos governamentais. Mas todos se relacionam com a luta pela terra. Entretanto, isto não significa que levantem sempre a questão da reforma agrária.

Tem havido movimentos messiânicos, como Canudos e Contestado; e de banditismo social, como o cangaço. Também as ligas camponesas expressaram características importantes de movimento social. Tomadas em conjunto, as atuações de sindicatos, igrejas, partidos e movimentos sociais representam uma ampla luta pela terra, desde a Amazônia ao Rio Grande do Sul, desde o século XIX ao presente. Talvez mais do que na cidade, em diversos momentos da história das lutas sociais no país, tem sido muito importante a luta de camponeses e operários rurais.

Toda essa luta tem como referência básica a terra, como objeto e meio de produção. Põe em causa a terra como base da produção de valor de uso e valor de troca. Desenvolve o contraponto comunidade e sociedade, campo e cidade, agricultura e indústria.

Apenas em parte essa luta põe o problema da reforma agrária, se adotarmos a perspectiva do índio, posseiro, sitiante e outros. O que pretendem é a continuidade da forma de trabalho e vida, na qual a terra é dada, mesmo. Não se coloca a propriedade privada, mercantil, da terra. Colocam a exigência da terra como objeto e meio de produção para o próprio sustento. No limite, a luta compreendida pelo movimento social rural funda-se na preservação ou reconstrução da comunidade: imaginária ou possível. Imaginária, de um passado que não houve, que está sendo idealizado; ou de um futuro que não pode ser, porque no capitalismo não há espaço para a comunidade. Possível, quando pensada em uma sociedade a ser criada, na qual não haverá mais propriedade privada capitalista.

Mas toda essa luta passa pela ação estatal; diretamente, pelas políticas, diretrizes, atuações, empresas governamentais; indiretamente, pela sua deliberada omissão. Assim como Canudos foi destruída por forças militares, muitos são os núcleos de posseiros que são combatidos, ou destruídos, por grileiros, jagunços, pistoleiros, policiais. Em todos os casos, desde o Amazonas ao Rio Grande do Sul, do século XIX ao presente, o poder estatal está atuando, ou omitindo-se, em favor dos grandes proprietários rurais e os seus aliados na indústria.

Blocos de poder

Todos os principais aspectos da questão agrária revelam que, assim como a cidade vai ao campo, o campo vai à cidade. O caminho de ida é sempre o caminho de volta; revolta. Do mesmo modo como o Estado desenvolve diretrizes e atividades, de maneira a organizar e orientar a agricultura, também a agricultura ressoa nas diretrizes e atividades do Estado. Sob vários aspectos, a questão agrária é um elemento importante para explicar tanto as diversas formas adquiridas pelo Estado como as principais rupturas ocorridas em sua história.

É claro que à questão agrária juntam-se outros elementos básicos da formação social brasileira, sem os quais não se podem compreender as formas do Estado e as suas rupturas. Trata-se do Exército, Igreja, imperialismo e intelectuais. São esses os principais elos dos diferentes blocos que constituem o Estado nacional. É nesses elos que se polarizam as relações e os antagonismos de classes que fundam o movimento da sociedade e do Estado. Nesses termos é que a Monarquia e a República, assim como a abolição, proclamação da República, Revolução de 30, deposição de Vargas em 45, golpe de Estado de 64 e outros acontecimentos têm muito a ver com o jogo das classes sociais rurais e urbanas. É aí que se torna notável a presença e influência da questão agrária.

É verdade que a sociedade brasileira diversificou a sua economia e estrutura de classes, ao longo do tempo. A época do predomínio da agricultura não é homogênea; subdivide-se ou diversifica-se em cana, algodão, café, gado e assim por diante, compreendendo distintas modalidades de organização e dinamização do capital. E por dentro dessa época desenvolve-se alguma indústria, ao lado da urbanização, mercado interno, burguesia comercial, bancária, industrial e agrária; além de camponeses e operários rurais, operários urbanos e setores médios, estes ligados principalmente ao terciário. E a época do predomínio da indústria, iniciada com o Programa de Metas, durante o governo Kubitschek, em 1956-60, não prescinde de bases agrárias. Mais que isso, sob várias formas, a indústria e a cidade sempre se apoiam no campo, como fonte de gêneros, matérias-primas, força de trabalho, mercado para manufaturados, lucros etc. Aos poucos, a indústria instalada no país, em associação com as multinacionais, cria e recria o mundo agrário. E assim, reiteradamente recriada, a questão agrária se faz presente nas formas e rupturas do Estado nacional. Todas as formas e rupturas explicam-se pelos blocos de poder que se compõem, rearranjam ou rompem. São produtos das conjugações de forças expressas em classes sociais dominantes e subordinadas, combinando o campo e a cidade. Em perspectiva histórica ampla, é possível sugerir que os blocos históricos de poder constituídos ao longo da história apresentam as seguintes formas. Primeiro, em 1822-1888, predominou um bloco agrário de base açucareira, inicialmente; e açucareira e cafeeira, depois, em especial a partir de meados do século XIX. O Nordeste açucareiro e a Baixada Fluminense cafeeira, com o Vale do Paraíba cafeeiro, estão presentes na segunda metade do século passado. Compõem boa parte da força da Monarquia, que será derrubada pelo abolicionismo e a nova cafeicultura. Segundo, em 1888-1930 predominou um bloco agrário fortemente determinado pela cafeicultura de São Paulo, em associação com os interesses cafeeiros e outros dominantes no Estado de Minas Gerais. Esse bloco subordina bastante os outros Estados da federação. Nessa época, Primeira República, constitui-se o Estado Oligárquico. Terceiro, em 1930-64 predominou um bloco de composição industrial-agrária, outra vez com base em São Paulo, mas com novas alianças no âmbito do país. O Instituto do Açúcar e do Álcool, de 1933, o Estatuto da Lavoura Canavieira, de 1941, a Consolidação das Leis do Trabalho, de 1943, o Conselho Federal de Comércio Exterior, de 1934-44, para mencionar alguns dados importantes, configuram os novos interesses e laços em que se funda o bloco de poder, que se configura, desenvolve e transforma ao longo da Revolução de 30, Estado Novo e populismo. Essa é a época em que a estrutura econômica passa por uma drástica mudança, quando a indústria instalada no país se impõe sobre a agricultura, subordinando-a à acumulação que se realiza na cidade. Quarto, desde 1964 passou a predominar um bloco propriamente industrial. Pouco a pouco, toda a economia e sociedade, assim como a tecitura do poder estatal, tudo passou a ser fortemente determinado pelo capital financeiro, que combina indústria e banco, em escala nacional e internacional. Nesta época, a agricultura se industrializa; o campo se urbaniza, vira cidade.

O intelectual e o bloco de poder

Toda essa história fica pela metade, ou ao menos incompleta, se não descobrimos as ideias que expressam, simbolizam ou amarram a trama dos interesses, o contraponto das forças sociais em jogo. Há uma argamassa ideológica que cimenta os blocos de poder, ajuda a construí-los, reconstruí-los, explicar as suas mudanças. Em diversos níveis, as metamorfoses campo-cidade, agricultura-indústria, classes sociais rurais e urbanas-sociedade civil, sociedade civil-Estado, sob várias perspectivas essas metamorfoses compreendem sempre a produção intelectual. Há sempre construções ideológicas organizando a "vocação agrária" do Brasil, a "sociedade civil débil", a "democracia racial nos trópicos", a "índole pacífica" do povo brasileiro, a "vocação industrial" do Brasil, o "milagre brasileiro", o "Brasil potência", a importância da "conciliação nacional" para evitar-se a revolução social.

É possível afirmar que a Monarquia deveu muito a Varnhagen e a José de Alencar. Talvez tenham formulado as primeiras invenções mais elaboradas do que poderia ser a nação brasileira. Inclusive no sentido de resignar-se aos trópicos; escravismo com base em africanos; miscigenação; pálido reflexo da civilização europeia. Julgaram que havia alguma civilização possível no meio da barbárie. Duas invenções muito próximas entre si, congruentes, expressando razoavelmente o que a Monarquia poderia pensar do escravismo, negro e índio, escravo e senhor, povo e cidadão, sociedade e Estado. Também é possível dizer que a República muito deve a Alberto Torres, Oliveira Vianna e Gilberto Freyre. São autores de novas interpretações sobre raça e povo, povo e cidadão, campo e cidade, sociedade civil e Estado. Em geral, pensam o povo, cidadão, camponês, operário, índio, negro, desde cima, a partir dos interesses prevalecentes no bloco de poder que se forma ou reforma. Em quase todos predomina a tese de que a sociedade civil é pouco estruturada, gelatinosa, débil, sujeita a controvérsia, indisciplina, anarquia, desordem, revolução. Por isso julgam que o Estado deve ser forte, tutelar a sociedade e o cidadão. Fazem o Estado aparecer como demiurgo da história.

Sobre o Autor

Nasceu em 1926, na cidade de Itu, Estado de São Paulo; formou-se em Ciências Sociais na Faculdade de Filosofia, Ciências e Letras, da Universidade de São Paulo (USP); doutorou-se em 1961, pela mesma universidade, onde lecionou até 1969 quando, em decorrência do AI-5, foi aposentado compulsoriamente. Foi membro do Centro Brasileiro de Análise e Planejamento (CEBRAP) e professor visitante, entre outras, nas seguintes universidades: Nacional autônoma de México, Colúmbia de Nova Iorque, Oxford na Inglaterra. Foi professor da Pontifícia Universidade Católica de São Paulo (PUC-SP) e Universidade de Campinas (UNICAMP).

Recebeu prêmios como o Jabuti em 1993, o Troféu Juca Pato de Intelectual do Ano e o da Academia Brasileira de Letras (ABL), ambos em 2000.

Além de estudos de cunho teórico, realizou pesquisas sobre aspectos da história social brasileira e latino-americana. Nos últimos anos, dedicou seus estudos para a análise da globalização.

Faleceu em 04 de abril de 2004.